Peter Rütters
Der Internationale Bergarbeiterverband 1890 bis 1993

Peter Rütters

# Der Internationale Bergarbeiterverband 1890 bis 1993

Entwicklung und Politik

Bund-Verlag

Die Deutsche Bibliothek – CIP-Einheitsaufnahme
**Rütters, Peter:**
Der Internationale Bergarbeiterverband 1890 bis 1993:
Entwicklung und Politik /
Peter Rütters. –
Köln : Bund-Verl., 1995
ISBN 3-7663-2661-9


© 1995 by Bund-Verlag GmbH, Köln
Verlagsbetreuung: Jo-Jo Legrand
Herstellung: Heinz Biermann
Umschlag: Roberto Patelli, Köln
Druckvorstufe: Satzbetrieb Schäper GmbH, Bonn
Druck: Plump, Rheinbreitbach
Printed in Germany 1995
ISBN 3-7663-2661-9

Alle Rechte vorbehalten,
insbesondere die
des öffentlichen Vortrags,
der Rundfunksendung und der Fernsehausstrahlung,
der fotomechanischen Wiedergabe,
auch einzelner Teile.

# Vorwort

Der Internationale Bergarbeiterverband (IBV), der auf seinem letzten Kongreß in Budapest, im Mai 1993, auf eine über hundertjährige Geschichte zurückblicken konnte, ist der älteste der heute bestehenden internationalen Gewerkschaftsverbände.
Die Bergarbeiter aus Belgien, Deutschland, Frankreich, Großbritannien und Österreich, die im Mai 1890 im belgischen Jolimont zusammengekommen waren, um einen von den politischen Arbeiterkongressen und damit von politischen Parteien unabhängigen internationalen Bergarbeiterverband zu gründen, haben in der Tat Weitblick besessen, denn die von ihnen aufgestellten Grundsätze, Werte und Forderungen sind heute noch genauso gültig wie vor über 100 Jahren.
Freilich, die Anfänge waren bescheiden, und es war ein langer Weg bis zum heutigen IBV, der über 4 Millionen Bergarbeiter aus 72 Ländern vereinigt.
Aber selbst zwei Weltkriege, die großen politischen Umwälzungen des letzten Jahrzehnts und die zunehmende Individualisierung unserer Gesellschaften haben dem Leitmotiv, der internationalen Solidarität der Bergleute, keinen Schaden zufügen können. Im Gegenteil, die Praxis aktionsorientierter internationaler Solidarität hat dem IBV in den letzten Jahren zu einer nie dagewesenen Größe verholfen.
Nennenswerte gegnerische Organisationen gibt es nicht mehr, zum ersten Mal öffnet sich der Weg für die internationale Einheit aller Bergarbeiter.
Dadurch wird der Blick frei für neue Aufgaben. Gilt es doch für die Bergarbeiter in Osteuropa und den Ländern der Dritten Welt, in denen sich heute der größte Teil der Produktion abspielt, die gleichen Rechte auf menschenwürdige Arbeits- und Lebensbedingungen zu erlangen, wie sie sich die Bergarbeiter in Westeuropa, Nordamerika und Australien erkämpft haben. Deswegen haben wir dafür gesorgt, daß zehntausende Bergarbeiter von Peru bis Chile und von Rußland bis Südafrika in den letzten Jahren in Seminaren und Schulungen ihre Rechte und Einflußmöglichkeiten kennen-

gelernt haben. Es hat beigetragen zum Ausbau starker und einflußreicher Gewerkschaften, auf die es auch ankommt, um geschlossen für die Besserung und Sicherung der Bergleute im weltweiten Rahmen einzutreten. Dem Ziel dient auch die jüngste Initiative des IBV zur Schaffung eines weltweit geltenden Übereinkommens zum Arbeitsschutz im Bergbau, das von der 82. Konferenz der Internationalen Arbeitsorganisation im Juni dieses Jahres in Genf verabschiedet worden ist.

Die hier vorgelegte Studie verweist auch auf die Grenzen der Arbeit der vergangenen Jahrzehnte und führt uns neben wichtigen Leistungen und Erfolgen ebenso die Schwächen der Organisation vor Augen. Oftmals wird dafür Ressourcenknappheit verantwortlich gemacht. Als eine Antwort hierauf hat sich der IBV auf den Weg des Zusammenschlusses mit der Internationale der Chemie-, Energie- und Fabrikarbeiter (ICEF) gemacht. Die für November 1995 vorgesehene Gründung einer gemeinsamen Internationale der Bergbau-, Chemie-, Energie- und Fabrikarbeitergewerkschaften wird umfassende Synergieeffekte freisetzen und damit den zukünftigen Anforderungen im Zeichen einer weiter zunehmenden Globalisierung und Interdependenz unserer Industrien weitaus gerechter werden können.

Bewußt haben wir den Rückblick auf die Geschichte unserer Internationale einem anerkannten Fachhistoriker überlassen. Verbunden mit der kritischen Analyse ist ihm eine anschauliche und lebhafte Darstellung der einhundertjährigen Entwicklung unseres Verbandes gelungen. Dafür sind wir ihm dankbar. Ebenso allen, die ihn in den verschiedenen Archiven und Institutionen bei seiner Arbeit unterstützt haben. Ganz besonders danken wir dem Bund-Verlag. Mit der durch ihn möglich gemachten Veröffentlichung der Studie hoffen wir, über den Kreis der Bergleute und ihrer gewerkschaftlichen Organisationen hinaus viele zu erreichen, die ein Interesse an unserer Geschichte haben.

Brüssel, im Juli 1995

Peter Michalzik

# Inhalt

Vorwort ................................... 5
Einleitung ................................. 11

## Gründung und Politik des IBV: 1890–1949

Gründung und Entwicklung der Bergarbeiter-Internationale
(1890–1914) ................................ 23
    Aufbau und Struktur des IBV ............. 26
    Mitgliederstruktur ...................... 30
    Ziele und Aktivitäten des IBV bis 1914 .. 33
    Arbeitskonflikte und Überproduktion ..... 37
Zwischenkriegszeit (1918/20–1939/45) ....... 41
    Wiederbelebung der Bergarbeiter-Internationale 1920 .. 41
    Strukturkrise des Kohlenbergbaus ........ 46
    Mitgliederstruktur und gewerkschaftspolitische
    Differenzen ............................. 49
    Perspektiven und Aktivitäten ............ 53
    ILO-Aktivitäten der Bergarbeiter-Internationale .. 56
    Unterstützungen und Hilfen angesichts des Faschismus .. 60
    Vorbereitung auf die Nachkriegszeit – der Provisorische
    Internationale Bergarbeiterverband ...... 65

Reorganisation des Internationalen Bergarbeiterverbandes
1945–1949 ................................. 68

## Struktur und Politik des IBV: 1949–1993

Organisationsinterne Handlungsvoraussetzungen .. 85
    Organisationsstruktur ................... 87
        Kongreß ............................ 88

Exekutivkomitee (Internationales Komitee) . . . . . . . . . . . . 92
Büro/Präsidentschaft (Präsidium) . . . . . . . . . . . . . . . . . 93
Sekretariat und Generalsekretär . . . . . . . . . . . . . . . . . . 95
Sektorale Strukturen . . . . . . . . . . . . . . . . . . . . . . . . . . . 98
Regionale Strukturen . . . . . . . . . . . . . . . . . . . . . . . . . . . 99
Europäischer Bergarbeiterverband (EBV) . . . . . . . . . . . . 101
Mitgliederentwicklung und Mitgliederstruktur . . . . . . . . . . . . 102
Regionale Mitgliederentwicklung . . . . . . . . . . . . . . . . . . 104
Sektorale Mitgliederentwicklung . . . . . . . . . . . . . . . . . . 114
Politische Heterogenität und die Gründung der International
Miners' Organisation (IMO) . . . . . . . . . . . . . . . . . . . . . 117
Ressourcen und Finanzierung . . . . . . . . . . . . . . . . . . . . . . . 122

Handlungsfelder des IBV (1945/49–1993) . . . . . . . . . . . . . . . . 135
Industriepolitische (sektorale) Interessenvertretung . . . . . . . . . 136
Kohlenbergbau- und Energiepolitik . . . . . . . . . . . . . . . . 136
Mineralbergbau-Politik . . . . . . . . . . . . . . . . . . . . . . . . 146
Solidaritätsaktionen . . . . . . . . . . . . . . . . . . . . . . . . . . 150
Regionaltätigkeit . . . . . . . . . . . . . . . . . . . . . . . . . . . . . . . 154
Organisations- und Schulungsprogramme . . . . . . . . . . . . . 164
Verteidigung von Gewerkschafts- und Menschenrechten . . . . . 171
Anti-Apartheitpolitik/Südafrika . . . . . . . . . . . . . . . . . . . . . . 177
Arbeitssicherheit und Gesundheitsschutz . . . . . . . . . . . . . . . 183
Information und Koordination . . . . . . . . . . . . . . . . . . . 184
Arbeitssicherheit und Gesundheitsschutz im Rahmen der ILO  187
Hilfs- und Unterstützungsaktivitäten des IBV . . . . . . . . . . 190
Interessenvertretung gegenüber internationalen Organisationen . 191

Perspektiven . . . . . . . . . . . . . . . . . . . . . . . . . . . . . . . . . . . . . 199

**Bildteil**

Der Internationale Bergarbeiterverband 1890–1993 . . . . . . . . . . 207

**Anhang**

Abkürzungsverzeichnis . . . . . . . . . . . . . . . . . . . . . . . . . . . . 239
Tabellenverzeichnis . . . . . . . . . . . . . . . . . . . . . . . . . . . . . . 242
Quellen- und Literaturverzeichnis . . . . . . . . . . . . . . . . . . . . 243

Protokolle und Geschäftsberichte . . . . . . . . . . . . . . . . . . . 243
Literatur . . . . . . . . . . . . . . . . . . . . . . . . . . . . . . . . 247
Bildnachweis . . . . . . . . . . . . . . . . . . . . . . . . . . . . . . 250
Personenregister . . . . . . . . . . . . . . . . . . . . . . . . . . . . 251

# Einleitung

Die vorliegende Darstellung zur Geschichte des Internationalen Bergarbeiterverbandes will einen Überblick über Entstehung und Entwicklung, über die Struktur und Politik dieses Internationalen Berufssekretariats geben. Die Frage nach den Handlungsvoraussetzungen und Einflußmöglichkeiten internationaler Gewerkschaftspolitik strukturiert Darstellung und Analyse.

Studien zur internationalen Gewerkschaftspolitik gingen lange Zeit von hochgesteckten Erwartungen an die Möglichkeiten »internationaler Gegenmacht-Bildung« aus und konstatierten ebenso oft deren offensichtliche Handlungsschwäche und vermeintliche »Ohnmacht«, deren Versagen und Scheitern. Als Ursachen, die Ohnmacht und Scheitern zu erklären haben, werden in der Literatur meist zahlreiche hemmende Faktoren aufgelistet: die Dominanz nationaler Orientierung der Gewerkschaften und ihre Begrenzung auf eine reformistische Gewerkschaftspolitik in Form einer systemimmanenten Schutz- und Gestaltungsfunktion, die politisch-ideologische Zersplitterung der Gewerkschaftsbewegung, eine Bürokratisierung der internationalen Gewerkschaftsorganisationen und eine daraus folgende Basisferne und Mobilisierungsunfähigkeit, Interessendifferenzen zwischen Gewerkschaften in Industrie- und Entwicklungsländern, schließlich die fehlende Bereitschaft der nationalen Gewerkschaften, Kompetenzen an die internationalen Organisationen abzugeben, usf. Diese Erwartungen an einen vielleicht »emphatisch« zu nennenden Internationalismus fußen meist auf der Annahme einer vorbehaltlosen, »objektiven« Interessenidentität, auf der eine ebenso vorbehaltlos verstandene, aber reformistisch verhinderte »internationale Solidarität« basieren soll. Im Gegensatz zu dieser in Variationen dargebotenen Position wird im folgenden davon ausgegangen, daß internationale Gewerkschaftspolitik als »Resultante« mehr oder weniger divergierender nationaler Interessen entsteht. Die oft nur als hemmender Faktor begriffene, vorrangig nationale Handlungsorientierung der einzelnen Gewerkschaften wird als konstitutives und konstantes Element der

Entwicklung und Politik Internationaler Berufssekretariate aufgefaßt. Es ist von divergierenden, dennoch meist kompromiß- und konsensfähigen Interessen der nationalen Gewerkschaften auszugehen, die im Rahmen einer internationalen Organisation gebündelt und in eine – wie auch immer – durchsetzungsfähige Politik umzusetzen versucht werden.

Die nationale Handlungsorientierung der Gewerkschaften nimmt eine Schlüsselstellung ein. Denn Bestandsvoraussetzung und Handlungsfähigkeit der einzelnen Gewerkschaften – und mittelbar der internationalen Gewerkschaftsorganisationen – hängen von der Fähigkeit des einzelnen Verbandes ab, auf nationaler Ebene die Interessen seiner Mitglieder zu vertreten, dadurch die Loyalität der Mitglieder und deren Bindung an die Gewerkschaft zu erreichen, diese dauerhaft zu stabilisieren und auf potentielle Mitglieder auszudehnen. Konstitutiv ist diese nationale Handlungsorientierung, da wesentliche Rahmen- und Handlungsbedingungen für die Gewerkschaften trotz Internationalisierung des Kapitals und Bildung supranationaler Staatenzusammenschlüsse (Europäische Gemeinschaft) noch immer nationalstaatlich gesetzt und für die meisten gewerkschaftsrelevanten Bereiche auch auf dieser Ebene zu beeinflussen sind.

Diese weitreichende nationale Autonomie der Gewerkschaften, ihre auf nationaler Ebene herzustellende, bestehende und zu sichernde Bestands- und Handlungsfähigkeit und die daraus resultierende eigenständige Machtbasis strukturiert für internationale Gewerkschaftsorganisationen wie den IBV in entscheidender Weise die eigenen Konstitutionsbedingungen und Handlungsperspektiven. Da internationale Gewerkschaftsorganisationen nicht in einem entwickelten internationalen System institutionalisierter Kooperation und Konfliktaustragung[1] – vergleichbar etwa den nationalen Tarifvertragssystemen und institutionaliserten Formen gewerkschaftlicher Interessenvertretung – verortet sind, nehmen sie keine für die Mitgliedsverbände unverzichtbare Funktion ein. Sie verfügen auch nicht über ein eigenständiges Handlungspotential, das eine gegenüber den Mitgliedsverbänden relativ unabhängige Existenz (Organisationsressource und Machtbasis) begründen könnte. Die Machtbasis Internationaler Berufsse-

---

[1] Das gilt mit einigen Einschränkungen auch für die EG-Ebene. Und auch Multinationale Konzerne (MNK) erfüllen diese Funktion nicht und nehmen diese Rolle nicht ein, zumal sie bislang Internationale Berufssekretariate als Tarifvertragspartner weitgehend ablehnen. Änderungen deutet sich an mit der Bildung von Konsultationsgremien in einigen europäischen MNK, deren Kompetenzen jedoch durchweg auf Informations- und Konsultationsfunktionen eingegrenzt sind, vgl. M. Gold, M. Hall, Europaweite Informations- und Beratungsmaßnahmen in multinationalen Unternehmen: Auswertung der Praxis, Luxemburg 1992.

kretariate ist entscheidend von der Mobilisierbarkeit der nationalen Gewerkschaften abhängig, indem

- Bestand und Entwicklung von der Bereitschaft und Fähigkeit der Mitgliedsverbände bestimmt werden, die erforderlichen materiellen Ressourcen zur Verfügung zu stellen, und
- ihre Handlungsmöglichkeiten und ihr Einfluß darauf basieren, die Mitgliedsverbände auf eine beschlossene Politik zu verpflichten, sowie auf deren Fähigkeit, diese Politik durchzuführen.

Unter diesen Konstitutionsbedingungen erhalten die Mitgliederbeziehungen, d. h. die organisationsinternen Handlungsvoraussetzungen und die mitgliederbezogenen Tätigkeitsfelder, für die Politik Internationaler Berufssekretariate eine zentrale Bedeutung und rücken in den Mittelpunkt von Analyse und Darstellung. Internationale Gewerkschaftspolitik ist unter diesen Voraussetzungen auch nicht nur »Restposten« nationaler Gewerkschaftspolitik, sondern kann deren Erweiterung und Ergänzung sein durch Information, Koordination und Unterstützung von Gewerkschaften. Handlungsfelder wie Organisations- und Schulungsprogramme und die Verteidigung von Gewerkschafts- und Menschenrechten erlangten mit der globalen Expansion der Berufssekretariate seit Anfang der 50er Jahre eine wachsende Bedeutung. Die Labilität und Organisationsschwäche vieler Gewerkschaften in den Ländern der Dritten Welt, die Einschränkung ihrer Interessenwahrnehmung und die Bedrohung der Organisationsexistenz durch restriktive und repressive staatliche und unternehmerische Einflußnahmen verlangen eine direkte Förderung und Unterstützung der Gewerkschaften. Mittelbar und langfristig dient diese Politik auch der Sicherung des Bestandes und der Handlungsfähigkeit der internationalen Gewerkschaftsorganisationen selbst.

Relativiert wird mit der Betonung mitgliederbezogener Handlungsfelder eine Blickrichtung, die die Aktionsfähigkeit Internationaler Berufssekretariate in erster Linie – und verkürzt – an ihrer Fähigkeit bemißt, beschlossene Programme und Ziele durch Einflußnahme auf verschiedene »internationale Adressaten« (internationale zwischenstaatliche Organisationen, Multinationale Konzerne usf.) durchzusetzen.

Internationale und regionale zwischenstaatliche Organisationen (International Governmental Organisation, IGO), nichtstaatliche internationale Institutionen sowie Multinationale Konzerne haben ohne Zweifel Bedeutung für eine internationale gewerkschaftliche Interessenvertretung. Ebenso beeinflussen strukturelle Veränderungen mit globaler Reichweite wie die wachsende Weltmarktintegration, die Internationalisierung der Produktion und die internationale Arbeitsteilung die Chancen gewerkschaftlicher Interessenvertretung auf nationaler und internationaler Ebene.

Politikrelevant für den IBV wurden solche Entwicklungen beispielsweise durch einen bereits Ende des 19. Jahrhunderts entstandenen interdependenten europäischen Kohlenmarkt; inzwischen hat er Weltmarktdimensionen angenommen. Von Bedeutung wurde in den letzten zwei Jahrzehnten ein zunehmender Einfluß multinationaler Energiekonzerne auf die Förderung, Vermarktung, Nutzung und Kontrolle der Energieressourcen. Beide Entwicklungen haben die Handlungs- und Organisationsbedingungen der nationalen Gewerkschaften unmittelbar beeinflußt, und sie haben verschiedene Aktivitäten im Rahmen der Bergarbeiter-Internationale veranlaßt.

Die zunehmende globale Interdependenz ökonomischer, politischer und sozialer Entwicklungen und Probleme hat zu einem Anwachsen der Zahl und Aufgaben internationaler und regionaler staatlicher und nichtstaatlicher Organisationen beigetragen. In unterschiedlichem Maße sind diese Institutionen in der Lage, den nationalstaatlichen Handlungs- und Orientierungsrahmen der Gewerkschaften zu beeinflussen, so daß sie Anlaß für international koordinierte Aktivitäten der Gewerkschaften bieten und als Adressaten für IBV-Aktivitäten in Frage kommen können. Jedoch nur wenige dieser internationalen Organisationen eröffnen Spielräume für eine koordinierte Einflußnahme der Gewerkschaften und sind handlungsrelevant für den IBV. Die Mehrzahl der Organisationen besitzt keine oder nur geringe eigenständige (supranationale) Regelungskompetenzen. Sie weisen zudem strukturelle Defizite für eine gewerkschaftliche Interessenvertretung auf, da eine institutionalisierte Mitwirkung von Gewerkschaften fehlt oder nur ungenügend ausgebildet ist (Beraterstatus, Anhörungsrecht). Repräsentation und Interessenvertretung hat der IBV daher (abgesehen von den begrenzten personellen und materiellen Ressourcen für Lobbytätigkeiten) mit unterschiedlicher Intensität auf die wenigen internationalen/regionalen Organisationen beschränkt, in denen eine gewerkschaftliche Mitwirkung institutionalisiert ist, die einen Beraterstatus für den IBV eingeräumt haben oder die für die Informationsvermittlung als wichtig angesehen werden.

Der geringe Stellenwert einer systematischen Lobbytätigkeit und Koordination der Mitgliedsverbände in und gegenüber zwischenstaatlichen Organisationen ist letztlich auch Ausdruck der Dominanz des Nationalstaates als Entscheidungsträger im System internationaler Beziehungen und Organisationen. Auch für Probleme, die weder im nationalen Handlungsraum entstanden noch in diesem lösbar sind und die eine international koordinierte Gewerkschaftspolitik verlangen, bietet der IBV in den meisten Fällen nur ein Forum zur Abstimmung der Politik und der Zielrichtung von Interventionen der einzelnen Mitgliedsgewerkschaften im jeweiligen nationalen Aktionsraum, zumal internationale Probleme meist eine nationalstaatliche »Verarbeitung« erfahren. Dem entspricht, daß die Machtbasis internationaler Gewerkschaftsorganisationen bei den nationalen Gewerkschaften liegt, die ihren Kompetenzvorbehalt bislang aufrechterhalten haben.

Die komplexe internationale »Organisationsumwelt« des IBV – internationale/globale Strukturen und Institutionen, die, wie vermittelt auch immer, auf die Handlungsbedingungen nationaler Gewerkschaften einwirken – entzieht sich weitgehend einer direkten und effizienten Einflußnahme. Auch aus diesem Grund besteht die wichtigste und wirksamste Handlungsdimension Internationaler Berufssekretariate noch immer in der Information und Koordination sowie in der Förderung und Unterstützung der Mitgliedsverbände.

*Zum Aufbau der Studie*

Die Darstellung der Entwicklung und Politik des IBV umfaßt zwei Teile. Im ersten, »historischen« Teil wird die Gründung und Entwicklung des IBV bis 1948 in drei Abschnitten skizziert. In chronologischer Folge werden die Gründungsphase (1890 bis 1913/14), die Zwischenkriegszeit einschließlich der Aktivitäten während des Zweiten Weltkriegs sowie die Phase unmittelbar nach dem Weltkrieg 1945/48, als der IBV mit der Frage der Integration in den Weltgewerkschaftsbund (WGB) konfrontiert war, beschrieben. Der zweite Teil behandelt die Entwicklung seit 1949 und untersucht systematisch zum einen die internen Handlungsvoraussetzungen (Organisationsstruktur, Mitgliederentwicklung, Ressourcen), zum anderen einzelne Handlungsfelder (Industriepolitik, Regionalpolitik, Arbeitsschutzpolitik etc.).

Die Darstellung der Gründung und Entwicklung der Bergarbeiter-Internationale versucht zunächst, die Motive und Erwartungen aufzuzeigen, die 1890 mit der Einberufung des ersten internationalen Bergarbeiterkongresses verbunden wurden. Angesichts divergierender Handlungserwartungen der Gründungsmitglieder an eine internationale Gewerkschaftsorganisation einerseits und des unterschiedlichen Entwicklungsniveaus zwischen den bereits etablierten britischen Gewerkschaften und den erst im Aufbau befindlichen kontinentalen Verbänden andererseits verwundert auf den ersten Blick die erstaunliche Stabilität des über viele Jahre von der Miners' Federation of Great Britain (MFGB) beherrschten IBV. Immerhin fand von 1890 bis 1913 jedes Jahr ein Kongreß statt. Auch im Hinblick auf die langfristige

Entwicklungsperspektive des IBV, der in allen Phasen gewerkschaftspolitisch divergierende Organisationen und Positionen zu integrieren hatte, ist daher nach den Bedingungen dieser Integrationsfähigkeit zu fragen. Und im Hinblick auf die Handlungsperspektive ist zu erörtern, welche Funktionen der IBV für seine Mitgliedsverbände hatte, zumal sich – angesichts eines interdependenten europäischen Kohlenmarktes, der die Einflußchancen der nationalen Gewerkschaften immer wieder unterminierte – Erwartungen an internationale Aktionen nicht erfüllten und Forderungen an einen organisatorischen Ausbau nur zögernd und in reduziertem Umfang durchsetzbar waren.

Nachdem der Erste Weltkrieg die Tätigkeit des IBV abrupt unterbrochen hatte, gelang seine Rekonstitution erst 1920. Bestimmt wurde die Zwischenkriegsphase durch Strukturprobleme des europäischen Kohlenbergbaus (Überkapazitäten), die die Weltwirtschaftskrise Ende der 20er Jahre noch verschärfte, sowie durch die politische Krise des europäischen Staatensystems (Faschismus, Nationalsozialismus) und die politische Spaltung der Arbeiterbewegung nach der Oktoberrevolution. Vorrangig wird der Frage nachzugehen sein, wie die seit Anfang der 20er Jahre aufgrund der Strukturkrise im Kohlenbergbau verengten Handlungsspielräume der Gewerkschaften im Rahmen des IBV verarbeitet wurden. Problematisch für die Entwicklung einer gemeinsamen Strategie war es, daß sich die Strukturkrise in den einzelnen Ländern unterschiedlich, von Sonderkonjunkturen unterbrochen, und zeitlich verschoben auswirkte. Ein in dieser Zeit zunehmender Einfluß der Staaten auf Förder-, Vermarktungs- und Arbeitsbedingungen differenzierte – bei gleicher Problemlage – den Handlungsrahmen der einzelnen Gewerkschaften, ihre gewerkschaftspolitische Orientierung und ihre Erwartungen an eine internationale Gewerkschaftspolitik. Demgegenüber vermochten koordinierte internationale Aktionen des IBV kaum, den Anspruch einer realistischen Handlungsperspektive zu erheben. Politisch-ideologische und gewerkschaftsstrategische Divergenzen gefährdeten seit Mitte der 20er Jahre zeitweise den Bestand des IBV. Denn die Strukturprobleme verengten einerseits die Einflußmöglichkeiten der Gewerkschaften auf nationaler Ebene und verstärkten andererseits konfliktorische Strategien, mit denen Optionen für eine alternative internationale Kooperation (Rote Gewerkschaftsinternationale/russischer Bergarbeiterverband) und Gewerkschaftspolitik verbunden wurden, die im IBV jedoch nicht mehrheitsfähig waren. Nachdem konfliktorische Strategien auf nationaler Ebene (Arbeitskampf im britischen Bergbau 1926) gescheitert waren, versuchte der IBV – unter Beteiligung aller relevanten Mitgliedsverbände – die Einflußschwäche auf nationaler Ebene dadurch zu kompensieren, daß er im Rahmen internationaler Organisationen (ILO, Völkerbund) eine internationale Regulierung des Kohlenbergbaus und insbesondere eine Arbeitszeitkonvention anstrebte. Auch dieser »reformistischen« Strategie blieb der Erfolg versagt. Die mit hohem Koordinationsaufwand seit Ende der 20er Jahre verfolgte ILO-Politik verdeutlichte indes für den IBV und seine Mitgliedsverbände, daß eine interventionsfähige internationale Gewerkschaftspolitik einflußmächtige Organisationen auf nationaler Ebene voraussetzt. Die politische Krise Europas, die Machtübernahme faschistischer/ nationalsozialistischer und autoritärer Regime, verengte den Handlungsspielraum des IBV in den 30er Jahren und reduzierte gegen Ende des Jahrzehnts seine Tätigkeit auf punktuelle Unterstützungen und Hilfen.

Bestand und Autonomie der Bergarbeiter-Internationale wurden nach 1945 durch die Bildung des Weltgewerkschaftsbundes, der das Konzept integrierter Berufsabteilungen durchzusetzen versuchte, in Frage gestellt. Der von der britischen NUM zu dieser Zeit dominierte IBV zählte zu den wenigen Organisationen, die bis 1948 zu einer – wenn auch nicht völlig bedingungslosen – Integration bereit waren und Vorbereitungen für die Selbstauflösung trafen. Nicht die Politik des IBV, sondern zögernde und ablehnende Reaktionen anderer IBS stoppten 1946/48 die Integration der Bergarbeiter-Internationale in den WGB. Die dadurch bewahrte Autonomie des IBV und die Abgrenzung zum WGB wurden seit 1948/49 von der Mehrheit der IBV-Mitglieder getragen. Eine Minderheit, die eine Kooperation mit den WGB-Bergarbeitergewerkschaften befürwortete (vor allem in der NUM), blieb jedoch latent erhalten.

Die Untersuchung der Entwicklung des IBV seit 1945/49 hat zwei für den IBV relevante Veränderungen zu berücksichtigen, die Rückwirkungen auf die Handlungsvoraussetzungen und die Aktionsbereiche haben: zum einen die globale Expansion des IBV durch die Aufnahme von Gewerkschaften in Afrika, Asien und Lateinamerika; zum anderen den seit Ende der 50er Jahre tiefgreifenden Strukturwandel in der Energieversorgung, der zur Ablösung von Kohle als wichtigstem Energieträger und vor allem zu einer einschneidenden Reduzierung des europäischen Steinkohlenbergbaus führte.

Die Analyse der organisationsinternen Handlungsvoraussetzungen geht auf drei Ebenen – Organisationsstruktur, Mitgliederentwicklung und -struktur, Ressourcen – der Frage nach, wie die Expansion organisatorisch bewältigt wurde und welche Rückwirkungen die Verringerung der Mitglieder in den europäischen Gewerkschaften, in Nordamerika und Japan, die massiv vom energiewirtschaftlichen Strukturwandel betroffen wurden, auf die Handlungsbedingungen und Aktivitäten des IBV hatten. Die globale Expansion stellte im Hinblick auf die Organisationsstruktur die Anforderungen, eine wachsende, global verteilte und heterogene Mitgliederschaft zu integrieren und an Entscheidungsprozessen zu beteiligen. Unterscheiden lassen sich zwei Phasen. Eine Aufbauphase in den 50er Jahren, in der der IBV erstmals (abgesehen von einem kurzen Zwischenspiel Mitte der 20er Jahre) ein ständiges Sekretariat einrichtete, einen gut ausgestatteten Fonds für die Regionalarbeit bereithielt und Regionalvertreter entsendete oder in den Regionen ernannte. Seit Anfang der 60er Jahre beschränkten die bis Ende der 80er Jahre fortlaufenden Mitgliederverluste und Ressourceneinbußen infolge des erwähnten Strukturwandels die Handlungsvoraussetzungen und -möglichkeiten des IBV. Krisenhaft kulminierte dieser Trend 1983, als die NUM auf einen Zusammenschluß mit Bergarbeitergewerkschaften des Weltgewerkschaftsbundes drang, aus dem IBV austrat und 1985 Mitgründer der International Miners' Organisation (IMO) wurde. Mit Blick auf die Entwicklung und Struktur der Mitglieder soll der Frage nachgegangen werden, weshalb der IBV trotz der globalen Expansion keine breite und stabile Mitgliederstruktur gewinnen konnte, die den Schrumpfungsprozeß in Europa und Nordamerika hätte ausgleichen können. Transparent gemacht werden soll auch das Problem, daß die Stabilität der Mitgliederbeziehungen keineswegs mit dem Beitritt von Organisationen gewährleistet ist und daß verschiedene Faktoren, die außerhalb des unmittelbaren Einflusses des IBV lagen, die Verbindungen zu einzelnen Gewerkschaften vor allem in den Ländern der Dritten Welt beeinträchtigten.

Die Analyse der Ressourcen und Finanzierung zeigt dieses Problem der Handlungsvoraussetzung und der restriktiven Handlungsspielräume auf einer weiteren Ebene. Deutlich wird dabei, daß in größerem Maße als bei anderen Berufssekretariaten Existenz und Handlungsfähigkeit des IBV von der Bereitschaft weniger mitgliederstarker Gewerkschaften abhängt, seine Ressourcenbasis sicherzustellen. Die Folgen des Strukturwandels, aber auch latente und Ende der 70er/Anfang der 80er Jahre zunehmende politische Differenzen und divergierende Vorstellungen über die Perspektive der Bergarbeiter-Internationale trugen dazu bei, die finanzielle Grundlage für die Tätigkeit des IBV zu verengen. Der Austritt der NUM und die Gründung der IMO hatte Katalysatorfunktion für die Klärung der Positionen der Mitgliedsgewerkschaften und der Perspektive des IBV. Die größere gewerkschaftspolitische Homogenität der Mitgliedsverbände sowie das Bestehen eines Konkurrenzverbandes, dessen Potenz und Entwicklung anfangs (im Gegensatz zur MTUI des WGB) nicht einzuschätzen war, stärkten die Bereitschaft der IBV-Gewerkschaften, die finanziellen Voraussetzungen für den Bestand und den Ausbau des IBV seit Mitte/Ende der 80er Jahre zu gewähren. Problematisch blieb jedoch, daß der IBV die Basis der beitragsleistenden Mitglieder bislang nicht wesentlich verbreitern konnte und daß seit Anfang der 80er Jahre die Schulungsaktivitäten extern finanziert wurden.

Die folgende Betrachtung wichtiger Handlungsfelder ist orientiert an der Frage nach den Koordinations- und Interventionsleistungen des Berufssekretariats für die Mitgliedsverbände. Anhand der Regionalpolitik, der Schulungs- und Organisationstätigkeit und der Verteidigung von Gewerkschafts- und Menschenrechten soll aufgezeigt werden, daß ein wichtiger Tätigkeitsbereich des IBV seit den 50er Jahren darauf gerichtet war, die Handlungsbedingungen der Mitgliedsverbände zu sichern und zu verbessern. Mit der Darstellung der industriepolitischen Interessenvertretung (Kohle- und Energiepolitik, Mineralbergbau-Politik) und der Arbeitsschutzpolitik werden Handlungsfelder in die Analyse einbezogen, die einerseits gemeinsame Probleme der Mitgliedsverbände berühren, auf denen aber zumindest die Gewerkschaften in den Industrieländern meist eigenständige Vertretungs- und Durchsetzungskompetenzen entwickelt haben und die zudem sehr weitreichend von staatlichen Reglementierungen durchdrungen sind, so daß der Spielraum für koordinierte Aktivitäten im Rahmen des IBV gering blieb. Schließlich gilt es die Chancen der Interessenvertretung in und gegenüber internationalen zwischenstaatlichen Organisationen (IGO) zu skizzieren und den Stellenwert dieser gewerkschaftlichen Interessenvertretung im Rahmen der IBV-Politik zu erörtern.

Zum Schluß soll der Frage nach den Perspektiven des IBV nachgegangen werden. Systemwandel in Mittel- und Osteuropa und der Abbau der Konfrontationsmuster des Kalten Krieges haben die internationalen und nationalen Rahmenbedingungen verändert und den IBV mit neuen Aufgaben konfrontiert.

Diese Studie über den Internationalen Bergarbeiterverband entstand im Rahmen eines am Fachbereich Politische Wissenschaft der Freien Universität Berlin durchgeführten Forschungsprojektes zur »Struktur und Politik internationaler Gewerkschaftsorganisationen«. Das Forschungsprojekt – von Prof. Dr. Siegfried Mielke geleitet – wurde von der Volkswagen-Stiftung gefördert.

# Gründung und Politik des IBV: 1890–1949

# Gründung und Entwicklung der Bergarbeiter-Internationale (1890–1914)

*Es ist in Vorschlag gebracht worden, einen internationalen Congreß von Arbeitern, die in den Kohlen- und Eisengruben in England, Deutschland, Frankreich, Belgien usw. beschäftigt sind, abzuhalten. Belieben Sie nun gefälligst anzugeben:*
*1. Ob Ihre Genossen sich auf diesem Congresse vertreten lassen möchten?*
*2. Ob Ihrem Dafürhalten gemäß der Congreß in England oder in einem Lande des Continents stattfinden sollte, und in letzterem Falle, in welchem?*[2]

Mit diesem zurückhaltend formulierten Schreiben, das William Crawford, Sekretär der britischen Miners' National Union (MNU), im Dezember 1889 an verschiedene europäische Bergarbeitervertreter sandte, wurde von den beiden britischen Gewerkschaften, der MNU und der Miners' Federation of Great Britain (MFGB), eine internationale Bergarbeiterkonferenz angeregt. Wenige Monate später, vom 20. bis 23. Mai 1890, trafen daraufhin im belgischen Jolimont Bergarbeitervertreter aus Belgien, Deutschland, Frankreich, Großbritannien und Österreich zu einer Konferenz zusammen, auf der die Gründung eines Internationalen Bergarbeiterverbandes beschlossen wurde[3].
Die Initiative von William Crawford griff eine Anregung einer Bergarbeiterkonferenz auf, die im Juli 1889 am Rande der beiden in Paris tagenden internationalen Arbeiterkongresse (Possibilisten und Sozialisten) stattge-

---

2 Vgl. Wiedergabe des Schreibens in: Protokoll des 7. Internationalen Bergarbeiter-Congresses zu Aachen. Abgehalten vom 25. bis 28. Mai 1896. Mit einem Vorwort von Heinrich Möller (Weitmar), Bochum 1896, S. 9.
3 Vgl. International Miners' Congress, held in Jolimont, Belgium, May 20th, 21st, 22nd, and 23rd, 1890, S. 23.

funden hatte⁴ und auf der Vertreter britischer, belgischer, französischer und deutscher Bergarbeiter die Einberufung eines von den politischen Arbeiterkongressen unabhängigen internationalen Bergarbeiterkongresses vereinbart hatten⁵. Die eher zufällige personelle Zusammensetzung bisheriger Treffen und deren enger zeitlicher Rahmen für die Behandlung berufsspezifischer Fragen sollte durch eine eigenständige internationale Bergarbeiterkonferenz überwunden werden, um gleichzeitig die Grundlage für eine kontinuierliche Zusammenarbeit von Bergarbeitergewerkschaften der verschiedenen europäischen Länder zu schaffen. Vorausgegangen waren die Gründungen von nationalen Bergarbeiterverbänden in Frankreich, Belgien und Deutschland nach einer Streikwelle, die 1889 mehrere Bergbaureviere im kontinentalen Europa erfaßt hatte. Ebenso bedeutsam war die Bildung der Miners' Federation of Great Britain, zu der sich im November 1889 Gewerkschaften verschiedener Bergbaureviere in Großbritannien zusammengeschlossen hatten und deren Gründung nicht zuletzt auf eine Überwindung der liberalen, trade-unionistischen Orientierung der Miners' National Union (MNU) gerichtet war. Diese parallel verlaufenden Entwicklungen schufen die Voraussetzung für eine dauerhafte Etablierung eines Internationalen Berufssekretariats der Bergarbeitergewerkschaften⁶.

Das Interesse der Bergarbeitergewerkschaften an internationalen Verbindungen reagierte nicht zuletzt auf die Expansion des Kohlenbergbaus und den Beginn seiner großindustriellen Entwicklung in dieser Zeit. Verbunden mit dem Wachstum insbesondere des Ruhrbergbaus war eine zunehmende Konkurrenz der beiden großen Förderländer, Großbritannien und Deutschland, um Absatzmärkte. Günstige Exportbedingungen aufgrund niedriger Transportkosten verstärkte diese Konkurrenz, die im Kohlenbergbau aufgrund der fördertechnisch bedingten Tendenz zur Überproduktion bestand. Diese Entwicklung des europäischen Kohlenbergbaus gegen Ende des 19. Jahrhunderts konnte – abgesehen von einer durchweg paternalistischen und gewerkschaftsfeindlichen Haltung der meisten Kohlengrubenbesitzer

---

4 Die beiden Arbeiterkongresse, die zum Gedenken der französischen Revolution stattfanden, waren Anlaß für eine Vielzahl von Berufskonferenzen, von denen die Bildung einiger Internationaler Berufssekretariate in den nächsten Jahren ausging.
5 Vgl. Otto Hue, Die Bergarbeiter. Historische Darstellung der Bergarbeiter-Verhältnisse von der ältesten bis in die neueste Zeit, Bd. 2, Stuttgart 1913, S. 426; Daniel C. Lazorchick, Miners' International Federation. An International Labor Study, Washington 1962, S. 1; Karl-Georg Herrmann, Der Internationale Bergarbeiterverband 1890–1939. Fallstudie einer internationalen Berufsorganisation, Diss., Ms, München 1985, S. 10 f.
6 Vgl. K.-G. Herrmann, 1985, S. 11 f.

in jedem europäischen Land – die Verhandlungspositionen der einzelnen Gewerkschaften unmittelbar und entscheidend schwächen[7].

Die Motive und Erwartungen der einzelnen nationalen Gewerkschaftsvertreter, die an der Gründungskonferenz der Bergarbeiter-Internationale teilnahmen, waren dennoch unterschiedlich. Sie hingen vor allem vom Entwicklungstand der jeweiligen Gewerkschaft und von der erreichten Handlungsfähigkeit der einzelnen Organisationen ab. Handelte es sich bei den britischen Gewerkschaften[8] um etablierte und durchsetzungsfähige Verbände, standen die kontinentalen Gewerkschaften am Anfang ihrer Entwicklung[9]. Sie hatten nur eine geringe, stark fluktuierende Mitgliedschaft, waren gesellschaftlich kaum akzeptiert, als Interessenvertretung der Bergarbeiter von seiten der Unternehmen abgelehnt und somit nicht in der Lage, einen maßgebenden Einfluß auf die Arbeitsbedingungen ihrer Mitglieder zu gewinnen. Die Initiative der britischen Gewerkschaften war nicht zuletzt von der langfristigen Perspektive geprägt, ihre Mitglieder vor der kontinentalen Konkurrenz als Folge ungünstiger Arbeitsbedingungen und geringer Entlohnung zu schützen. Dieses Motiv schloß den Versuch ein, über internationale Kontakte und materielle Unterstützungen den Organisationsaufbau und die Einflußfähigkeit der kontinentalen Gewerkschaften zu verbessern[10]. Die kontinentalen Vertreter hingegen gingen überwiegend von der kurzfristigen Erwartung aus, mit einem internationalen Verband die Handlungsschwäche ihrer Organisationen durch gemeinsame internationale Aktionen ausgleichen zu können.

Die Bergarbeiterkonferenz von 1890, auf der etwa 100 Delegierte 400 000 organisierte Bergarbeiter vertraten, bildete den Auftakt zu einer Folge von Kongressen, die – ungewöhnlich im Vergleich mit anderen Internationalen Berufssekretariaten – bis zum 24. Kongreß 1913 jedes Jahr stattfanden und

---

7 Vgl. die Begründung William Crawfords, M. P., für einen internationalen Zusammenschluß der Bergarbeiter auf dem Gründungskongreß, International Miners' Congress, 1890, S. 3 f.
8 Neben der MFGB und der MNU waren eigenständige Organisationen aus Schottland und Wales auf dem Gründungskongreß vertreten. Bis 1908 konnte die MFGB diese Bergarbeitergewerkschaften integrieren, wobei die Revierorganisationen bis in die Gegenwart ein hohes Maß an Eigenständigkeit bewahrt haben.
9 Auf dem Kongreß 1890 repräsentierten die 36 britischen Gewerkschafter etwa 340 000 Mitglieder, während 50 belgische, 7 französische und 5 deutsche Delegierte sowie ein österreichischer Gewerkschafter ca. 65 000 Mitglieder vertraten. – Von den deutschen Bergarbeitern waren auf diesem Kongreß nur 5 Delegierte anwesend, da Repressionen preußischer Behörden Geldsammlungen für die Entsendung von Delegierten verhindert hatten und die Drohung bestand, die Teilnehmer an der internationalen Konferenz wegen Landesverrats anzuklagen, vgl. International Miners' Congress, 1890, S. 4, 7; K.-G. Herrmann, 1985, S. 13 f.
10 Vgl. ebd., S. 11.

den Internationalen Bergarbeiterverband (IBV)[11] konstituierten. Mit der Gründungskonferenz im Jahr 1890, die noch keine Statuten beschloß – das gelang erst zwei Jahre später –, und mit dem kontinuierlichen Bestand des internationalen Verbandes bis in die Gegenwart (unterbrochen bzw. eingeschränkt nur durch die zwei Weltkriege) gehört der IBV zu den ersten und zugleich beständigsten Berufssekretariaten, die Ende des 19. und Anfang des 20. Jahrhunderts gegründet wurden[12].

## Aufbau und Struktur des IBV

Der Kongreß von 1890 hatte das erhebliche Organisationsgefälle zwischen den britischen und den kontinentalen Gewerkschaften deutlich werden lassen. Mitgliederstärke, Organisationsentwicklung und Finanzkraft der britischen Verbände begründeten in den nächsten zwei Jahrzehnten ihren maßgebenden Einfluß in der Bergarbeiter-Internationale, deren Struktur und Arbeitsweise sie von Anfang an festlegen konnten.

Der Kongreß von Jolimont hatte am letzten Versammlungstag einstimmig die Gründung eines Internationalen Bergarbeiterverbandes beschlossen. Die Satzung für den internationalen Verband sollte auf dem nächsten Kongreß, der Ende April 1891 stattfand, beraten und beschlossen werden[13]. Auf dem Pariser Kongreß 1891 konnte jedoch kein Konsens über die Stimmrechtsregelung für den Kongreß, d. h. über die damit verbundene Kontrolle über das Kongreßgeschehen und die Verbandsentwicklung, erzielt werden. Während die kontinentalen Gewerkschaften aufgrund ihrer Mitgliederschwäche auf einem sie begünstigenden Abstimmungsverfahren nach vertretenen »Nationen« beharrten, verlangten die britischen Gewerkschaften eine Stimmengewichtung nach repräsentierten Mitgliedern[14], was ihnen bei einheitlichem Votum zunächst eine Majorisierung der Beschlüsse erlaubt

---

11 Die deutsche Bezeichnung des IBV variiert in dieser Zeit zwischen Internationale Bergarbeiterföderation, Internationaler Verband der Bergarbeiter, Internationaler Verband der Grubenarbeiter und Internationaler Bergarbeiterverband.
12 Vgl. J. Sassenbach, Twenty-Fife Years of International Trade Unionism, Amsterdam 1926.
13 Vgl. International Miners' Congress, 1890, S. 23 f.
14 Die kontinentalen Vertreter hatten in einem Abstimmungsverfahren nach Handzeichen (anwesenden Delegierten) eine Stimmrechtsregelung auf der Basis der vertretenen »Nationen« für den Kongreß beschlossen, mußten es aber hinnehmen, daß die britischen Gewerkschafter nun nicht mehr bereit waren, den von ihnen vorbereiteten Statutenentwurf vorzulegen, vgl. MFGB, International Miners' Conference, 1891, S. 5–14, 31.

hätte. Die Satzung, die der Londoner Kongreß 1892 annahm[15], bestätigte ein mitgliederproportionales Stimmrecht für den Kongreß, nachdem die britischen Gewerkschaften mit ihrem Rückzug von der Bergarbeiter-Internationale gedroht hatten[16]. Anscheinend war jedoch informell ein Kompromiß darüber erzielt worden, das Stimmrecht nicht nur nach den organisierten und beitragsleistenden Mitgliedern, sondern nach der Zahl der Bergarbeiter im Organisationsbereich jeder Gewerkschaft bemessen zu können.

Die Statuten sahen nur eine geringe Differenzierung der Organisationsstruktur vor. Zentrales Gremium und Entscheidungsorgan des IBV blieb der jährlich tagende Kongreß, auf dem nationale Organisationen ohne Einschränkungen der Delegiertenzahl vertreten waren. Daneben wurde ein Organisationskomitee (International Committee/Internationaler Ausschuß) geschaffen, dem mindestens zwei Vertreter jeder »Nationalität« angehörten, sowie eine administrative Leitung aus vier »Beamten« (Officers) – Präsident, Vizepräsident, Generalsekretär und Schatzmeister –, die Mitglieder des Organisationskomitees sein sollten und vom Kongreß zu wählen waren.

Das Internationale Komitee, das nach »Nationalitäten« abstimmte und die Aufgabe hatte, den Kongreß vorzubereiten, Berichte über wichtige Angelegenheiten vorzulegen und Vorschläge für die Kongreßdebatte zu entwikkeln, trat in der Regel nur einmal im Jahr zur Vorbereitung des Kongresses und Festlegung der Tagesordnung zusammen. Zusätzliche Treffen blieben die Ausnahme und kamen nur bei besonderen Anlässen vor (nationale Streiks, Diskussion und Bearbeitung von Aufgaben, die der Kongreß an das Internationale Komitee überwiesen hatte). Zu einem informellen Leitungs- und Entscheidungsgremium konnte sich das Internationale Komitee daher nicht entwickeln. Auch die Wahl der Funktionäre des IBV charakterisiert die geringe institutionelle Differenzierung und die Konzentration auf den

---

15 Ein Statutenentwurf, der nur unwesentlich verändert vom Kongreß angenommen wurde, war Anfang Juli 1891 vom Internationalen Ausschuß, einem Gremium, das der Kongreß 1890 zur Vorbereitung des nächsten Kongresses eingesetzt hatte, erarbeitet worden, vgl. O. Hue, Bd. 2, 1913, S. 756 f. – Anlage Nr. 7: »Konferenz des Internationalen Organisationskomitees der Bergarbeiter am 1. und 2. Juli 1891 in Köln a. Rh[ein]«, dort auch der Text des Statutenentwurfs; ferner mit geringer Variation in: W. Kulemann, Die Gewerkschaftsbewegung. Darstellung der gewerkschaftlichen Organisation der Arbeiter und Arbeitgeber aller Länder, Jena 1900, S. 465 f.; die englische Fassung, die an einigen Stellen erheblich vom deutschen Text abweicht, in: D. C. Lazorchick, 1962, S. 187 f., sowie in: Miners' International Congress, 1892.

16 Gustav Defnet begründete die Zustimmung der belgischen Bergarbeiter dann auch entsprechend: »They nevertheless saw that it was perhaps wiser to agree with the English proposal of proportional representation, because that without England in an International Federation of Miners that Federation would amount to zero«, ebd., S. 12.

Kongreß. Von den vier in der Satzung vorgesehenen »Beamten« wurden nur der Sekretär und der Schatzmeister regelmäßig vom Kongreß gewählt. Beide Funktionen nahmen bis 1914 ausschließlich Vertreter der britischen Gewerkschaften wahr[17].

Organisation und Arbeitsweise des IBV stellten mehr oder weniger eine Übertragung der Struktur der MFGB auf die internationale Ebene dar[18]. Die Mitgliedsverbände verfügten über uneingeschränkte Autonomie, während dem IBV keine eigenständigen Befugnisse zugewiesen wurden. Die geringe institutionelle Ausprägung verhindert, daß der IBV informell irgendwelche Kompetenzen erlangen konnte, zumal seine Tätigkeit nur durch Kongreßgebühren und seit 1906 durch ein Umlageverfahren finanziert wurde. Im Mittelpunkt stand der jährliche Kongreß als zentrale Veranstaltung für einen Informations- und Erfahrungsaustausch.

Nicht allein von den britischen Delegierten, auch von französischen und belgischen Gewerkschaftern wurde der Kongreß trotz gelegentlicher Kritik als wichtiges, publizitätsträchtiges Forum für die Unterstützung ihrer nationalen Forderung angesehen. Versuche, die Struktur des IBV zu verändern, stießen daher auf starken Widerstand. Sie konnten nur allmählich und in abgeschwächter Form eingeleitet werden. Der seit 1895 vom deutschen Verband, unterstützt von österreichischen Gewerkschaftern, wiederholt gestellte Antrag, die Kongreßperiode auf zwei Jahre zu verlängern[19], fand erst 1912 eine breite Mehrheit, gegen die nur noch der belgische Verband votierte[20]. Nur in abgeschwächter Form erhielt der vom »Alten Verband« auf dem Kongreß von 1902 vorgelegte Antrag nach Einrichtung eines permanenten

---

17 Von 1893 bis 1903 wurde Benjamin Pickard (MFGB) regelmäßig zum Generalsekretär gewählt, danach von 1904 bis 1913/19 Thomas Ashton (MFGB); als Schatzmeister wurde von 1893 bis 1900 Thomas Burt (MNU), von 1901 bis 1913 William Abrahams bestätigt.
18 Neben den Statuten hatten die britischen Gewerkschaften auch die Geschäftsordnung für die Kongresse aufgestellt, deren formale Handhabung, abgesehen von erheblichen Sprach- und Übersetzungsschwierigkeiten, in den ersten Jahren zu heftigen Konflikten führte, vgl. K.-G. Herrmann, 1985, S. 92 ff.
19 Vgl. Report of the 6th International Miners' Congress, 1895, S. 19 f. Als Begründungen für eine Verlängerung der Kongreßperiode wurde auf die Schwierigkeit einiger Verbände verwiesen, die finanziellen Belastung zu tragen, vor allem aber auf die geringe Effizienz, die sich wiederholenden Themen und Diskussionen sowie die mangelnden Aktivitäten zwischen den Kongressen. – Ihre Forderung versuchten der »Alte Verband« und der österreichische Bergarbeiterverband mit der Ankündigung Gewicht zu verleihen, nur noch alle zwei Jahre am Kongreß teilzunehmen. Während der österreichische Verband 1897, 1900, 1901, 1905, 1910 und 1912 nicht auf den Kongressen vertreten war, blieb die deutsche Bergarbeitergewerkschaft nur im Jahr 1901 dem Kongreß fern, entsandte 1898 nur einen Beobachter und reduzierte ansonsten einige Jahre die Zahl der Delegierten.
20 Vgl. IBV, 23. Internationaler Bergarbeiterkongreß, 1912, S. 80–85; wegen der bereits getroffenen Vorbereitungen für den nächsten Kongreß sollte der zweijährige Tagungsrhythmus erst nach dem Kongreß von 1913 eingeführt werden.

Sekretariats, das zudem noch in Brüssel eingerichtet werden sollte[21], drei Jahre später die Zustimmung des Kongresses[22]. Beschlossen wurde, die Aufgaben des Internationalen Sekretärs zu erweitern, indem dieser nun mit der Publikation vierteljährlicher Berichte, der Herausgabe der Kongreßprotokolle und mit der Korrespondenz des IBV betraut wurde[23]. Damit war ein stetiger Informationsaustausch zwischen den Mitgliedsverbänden und eine verbesserte Koordination möglich. Zugleich blockierte diese Lösung eine institutionelle Eigenständigkeit des IBV-Sekretariats und verhinderte einen Kontrollverlust für die britischen Gewerkschaften.

Der geringe Ausbau des IBV und die weitgehende Beschränkung auf die Kongreßveranstaltungen[24] resultierten ohne Zweifel aus dem dominanten Einfluß der britischen Gewerkschaften, der sich bis 1913/14 nur allmählich durch den Ausbau und die Stabilisierung kontinentaler Organisationen sowie die Mitgliedschaft der United Mine Workers of America (UMWA) verringerte. Für die skizzierte Entwicklung spielten noch andere Faktoren eine Rolle, die einen institutionellen Ausbau hemmten oder als nicht notwendig erscheinen ließen. Die geringe Zahl der Mitgliedsverbände – 1913 waren z. B. Gewerkschaften aus sieben Ländern auf dem Kongreß vertreten – verlangte keinen hohen Koordinationsaufwand. Dieser blieb auch deshalb gering, weil der IBV Service-Funktionen wie Reise- und Unterstützungskassen, Streikfonds und differenzierte Überweisungssysteme, wie sie andere Berufssekretariate unterhielten, nicht eingeführt hatte. Für derartige Ein-

---

21 Vgl. Protokoll des 13. internationalen Kongresses der Bergarbeiter, 1902, S. 28.
22 Anlaß für den Antrag war die unzureichende Koordination der IBV-Mitglieder vor und während des französischen Bergarbeiterstreiks 1901, die sich bei der Streikbewegung von 1905 wiederholte. Blockiert wurde der Antrag vor allem von der MFGB. Benjamin Pickard sah in ihm einen Versuch, den britischen Einfluß auf den IBV zu schwächen. Aber auch die belgischen und französischen Verbände behandelten den Antrag, dessen Umsetzung mit erheblichen Kosten verbunden gewesen wäre, eher dilatorisch. Erst als die United Mine Workers of America (UMWA), die 1904 erstmals an einem Kongreß teilnahm, den Antrag auf Einrichtung eines permanenten Sekretariats unterstützte und der Kongreß sich gegen das Votum der MFGB prinzipiell für die Einrichtung eines ständigen Sekretariats aussprach, kam ein Jahr später eine Kompromißlösung zustande, vgl. K.-G. Herrmann, 1985, S. 98–101; ferner Bericht vom 15. Internationalen Bergarbeiter-Kongreß, 1904, S. 34–40.
23 Vgl. Internationaler Verband der Grubenarbeiter, 16. Internationaler Congress, 1905, S. 33; ferner K.-G. Herrmann, 1985, S. 105 f. – Die Publikationstätigkeit und die Übersetzungen sowie ein Anerkennungshonorar von £ 50 für den Internationalen Sekretär hatten eine erhebliche Steigerung der Kosten zur Folge. Die Aufwendungen betrugen z. B. für 1905/1906 £ 267, das bedeutete einen Beitrag von 3 s/1 000 Mitglieder; in den nächsten Jahren stiegen die Ausgaben durch die Publikationstätigkeit auf £ 474, £ 518 und £ 536.
24 Vgl. die Kritik in zeitgenössischen Publikationen: 9. Sonderheft zum Reichs-Arbeitsblatte. Die internationalen Beziehungen der deutschen Arbeitgeber-, Angestellten- und Arbeiterverbände, Berlin 1914, S. 105; W. Kulemann, Die Berufsvereine, 6. Bd., Berlin 1913, S. 249; E. Deinhardt, Die Internationalen Beziehungen der Gewerkschaften, in: Sozialistische Monatshefte, 13. Jg. (1907), Heft 10, S. 835–847, hier S. 840.

richtungen fehlte entweder die berufsspezifische, handwerkliche Tradition (Reise- und Unterstützungskassen) oder sie waren wie bei internationalen Streikfonds angesichts der Entwicklungsdifferenzen der Gewerkschaften und der Konfliktmuster im Bergbau nicht funktional[25]. Unabhängig von der Institutionalisierung einer Unterstützungseinrichtung hatte vor allem die MFGB die Mitgliedsverbände des IBV bei allen größeren Arbeitskämpfen finanziell unterstützt[26]. Als einzige Serviceeinrichtung hatte die Bergarbeiter-Internationale auf Antrag der UMWA 1906 eine internationale Überweisungskarte für die gegenseitige Anerkennung der Gewerkschaftsmitgliedschaft eingeführt[27]. Ein hoher administrativer Aufwand war damit allerdings nicht verbunden.

## Mitgliederstruktur

Gegründet wurde der Internationale Bergarbeiterverband von Gewerkschaften, die in den wichtigsten Kohlenförderländern Europas hauptsächlich oder ausschließlich Bergarbeiter im Kohlenbergbau organisierten. Dieser sektorale Organisationsschwerpunkt prägt bis in die Gegenwart den IBV. Sowohl die Probleme, mit denen sich der IBV seit der Gründungsphase befaßte, als auch seine organisatorische Entwicklung wurden in erster Linie von Veränderungen im (europäischen) Kohlenbergbau und der Funktion von Kohle als Energieträger bestimmt.

Aufgrund dieser sektoralen Ausrichtung, aber auch wegen der organisatorischen Defizite mancher europäischer Gewerkschaften schlossen sich dem IBV bis 1913/14 nur zwei weitere Verbände an. Die erste und wichtig-

---

25 Arbeitskämpfe mögen bei den kontinentalen Gewerkschaften zwar die Anerkennung als Tarifvertragspartei durch die Bergbaugesellschaften intendiert haben, dieses Ziel wurde jedoch nicht (Deutschland, Belgien) oder nur auf einem sehr niedrigen und ungesicherten Niveau (Frankreich) erreicht, so daß Arbeitskampfmaßnahmen teils darauf gerichtet waren, Einfluß auf Regierungen und Parlamente zu nehmen oder Druck auf Arbeitgeber auszuüben, um bestimmte Forderungen durch einseitige Erklärungen anerkannt zu bekommen. Die geringe Konfliktkanalisierung im Bergbau bedingte »spontane«, von den Gewerkschaften nicht geplante Ausstände. Vgl. zu den großen Bergarbeiterstreiks im Ruhrgebiet Albin Gladen, Die Streiks der Bergarbeiter im Ruhrgebiet in den Jahren 1889, 1905 und 1912, in: Arbeiterbewegung an Rhein und Ruhr. Beiträge zur Geschichte der Arbeiterbewegung in Rheinland-Westfalen, hrsg. von Jürgen Reulecke, Wuppertal 1974, S. 111–148.
26 Beispielsweise erhielt der »Alte Verband« während des Streiks der Ruhrbergarbeiter 1905 Finanzhilfen in Höhe von 158 000 M von der MFGB, vgl. 9. Sonderheft zum Reichs-Arbeitsblatte. Die internationalen Beziehungen der deutschen Arbeitgeber-, Angestellten- und Arbeiterverbände, Berlin 1914, S. 106.
27 Vgl. Internationaler Verband der Grubenarbeiter, 17. Internationaler Kongress, 1906, S. 45–49; daneben bestanden differenzierte Vereinbarungen auf bilateraler Basis zwischen der deutschen und der österreichischen Bergarbeitergewerkschaft.

ste Erweiterung konnte 1904 verzeichnet werden, als die UMWA mit zwei Delegierten auf dem IBV-Kongreß vertreten war. Die vorausgegangene intensive Werbung für eine Teilnahme des amerikanischen Verbandes war nicht zuletzt von der befürchteten Konkurrenz der USA auf dem Weltkohlenmarkt veranlaßt[28]. Die UMWA nahm von 1904 bis 1907 und erneut 1912 und 1913 an den Kongressen teil[29]. Aufgrund ihrer Mitgliederstärke konnte sie bei einigen umstrittenen Fragen (Einrichtung eines permanenten Sekretariats, internationale Überweisungskarte) den Einfluß der MFGB relativieren. Die auf Europa bezogene Orientierung des IBV erfuhr dadurch jedoch weder in dieser Phase noch in der Zwischenkriegszeit eine Veränderung. Dauerhaft schloß sich bis 1913 nur noch ein holländischer Bergarbeiterverband (1910) an, der Beschäftigte des seit der Jahrhundertwende in den Niederlanden entstandenen Kohlenbergbaus vertrat[30].

Geprägt war die Mitgliederstruktur des IBV in dieser Phase neben dem sektoralen Organisationsschwerpunkt durch den bereits erwähnten erheblichen Unterschied zwischen den mitgliederstarken und gefestigten britischen Gewerkschaften bzw. der MFGB und den kontinentalen Verbänden, die erst nach der Jahrhundertwende Mitgliederwachstum und Stabilität erlangten. In dieser Zeit bahnte sich allmählich ein konkurrierender Einfluß zwischen den beiden mitgliederstärksten europäischen Bergarbeiterverbänden, der MFGB und der deutschen Bergarbeitergewerkschaft (»Alten Verband«), im IBV an, der nach dem Ersten Weltkrieg die Bergarbeiter-Internationale zeitweise polarisieren sollte.

Trotz der geringen Zahl der Mitgliedsverbände waren im IBV verschiedene gewerkschaftspolitische Positionen vertreten. Bei den britischen Gewerkschaften reichte das gewerkschaftspolitische Spektrum von liberalen, tradeunionistischen Positionen, die insbesondere die MNU propagierte, aber auch in der MFGB vertreten waren, bis zu sozialistischen Orientierungen. Strategische und gewerkschaftspolitische Differenzen, die zwischen der MNU und der MFGB bestanden, beherrschten zahlreiche Kongreßdebatten der 1890er Jahre. Bei den kontinentalen Verbänden erstreckten sich die

---

28 Vgl. 12. International Miners' Congress, 1901, S. 22.
29 Auf dem Kongreß 1913 war neben der UMWA auch die Western Miners' Federation of America, die 150000 Mitglieder repräsentierte, mit einem Delegierten vertreten; die UMWA vertrat zwischen 550000 (1906) und 350000 (1912/13) Mitglieder auf den Kongressen.
30 Ein Vertreter bulgarischer Bergarbeiter und ein Delegierter der schwedischen Erzbergbauarbeiter nahmen jeweils nur einmal (1910 bzw. 1911) an einem Kongreß teil. Gewerkschaften in anderen Ländern, um deren Anschluß sich Thomas Ashton als IBV-Sekretär bemühte, erwiesen sich als zu schwach oder zu unbeständig, um regelmäßige internationale Verbindungen aufnehmen zu können; vgl. K.-G. Herrmann, 1985, S. 108 f.

*Tabelle 1:*
**Mitgliedergröße der IBV-Gewerkschaften auf den Kongressen 1907–1913 a)**
(in: 1 000)

| Jahr | insges. | GB | Db) | B | F | Ö | USA | NL |
|---|---|---|---|---|---|---|---|---|
| 1907 | 1 258 | 538 | 217 | 65 | 30 | 33 | 375 | – |
| 1908 | 858 | 596 | 146 | 44 | 40 | 32 | – | – |
| 1909 | 845 | 585 | 151 | 36 | 40 | 32 | – | – |
| 1910 | 824 | 599 | 149 | 36 | 40 | – | – | 1 |
| 1911c) | 848 | 594 | 163 | 33 | 40 | 18 | – | 1 |
| 1912 | 1 175 | 588 | 164 | 33 | 40 | – | 350 | 1 |
| 1913 | 1 433 | 603 | 175 | 40 | 100 | 14 | 500 | 1 |

GB = Großbritannien; D = Deutschland; B = Belgien, F = Frankreich; Ö = Österreich; NL = Niederlande
(a) Erst ab 1906/1907, als die Kosten des IBV durch ein Umlageverfahren auf die Gewerkschaften verteilt wurden, gaben die kontinentalen Gewerkschaften als Mitgliederzahlen nicht mehr die Zahl der in ihrem Organisationsbereich im Bergbau Beschäftigten, sondern die Zahl der beitragsleistenden Mitglieder an.
(b) Für 1907 repräsentiert die Zahl vier deutsche Bergarbeiterverbände, neben dem »Alten Verband« den christlichen Gewerksverein, den Hirsch-Dunckerschen Verband und den polnischen Berufsverband; ab 1908 drei, da der christliche Verband, der auch 1906 auf dem Kongreß vertreten war, nicht mehr an IBV-Kongressen teilnahm; 1910 konnte der Hirsch-Dunckersche Verband nicht am Kongreß teilnehmen.
(c) In der Zahl für alle Mitglieder ist der schwedische Verband mit 2 000 Mitgliedern enthalten.

Positionen von den syndikalistisch orientierten Gewerkschaften in Frankreich und Belgien bis zu den sozialdemokratisch/sozialistisch geprägten Organisationen in Österreich und Deutschland. Nicht zuletzt diese Bandbreite gewerkschaftspolitischer Positionen erlaubte eine – auch bei anderen Berufssekretariaten in dieser Zeit zu findende – richtungspolitische Offenheit[31], so daß seit 1906/1907 neben dem »Alten Verband« auch der Gewerksverein Christlicher Bergarbeiter Deutschlands (nur 1906/1907)[32], der Hirsch-Dunckersche Bergarbeiterverein und der polnische Berufsverband

---

[31] Zwar hatte der österreichische Delegierte Simon Stark 1896 die Forderung erhoben, »in Zukunft (…) nur internationale sozialdemokratische Bergarbeiter-Congresse einzuberufen«, fand dafür jedoch keine Unterstützung, vgl. Protokoll des 7. Internationalen Bergarbeiter-Congresses, 1896, S. 18 ff.
[32] Als Mitglieder des IBV galten laut Statuten »nationalities«, die sich dem Verband anzuschließen wünschten. Aufnahmeverfahren oder Regelungen für die Mitgliedschaft waren 1892 nicht näher bestimmt worden, vgl. Miners International Congress, 1892, S. 3. – Die Vertretung des christlichen Gewerksvereins auf dem Kongreß 1906 und 1907 hatte insbesondere bei den österreichischen Delegierten Ablehnung hervorgerufen. Auf dem Kongreß 1907 eröffnete eine Debatte über die Teilnahme von »Sonderorganisationen«, was auf den Ausschluß christlicher Gewerkschaften zielte, vgl. IBV, 18. Internationaler Kongress, 1907, S. 21–28. Eine 1908 vom Kongreß beschlossene Satzungsänderung sah den Ausschluß von Sonderorganisationen vor und verlangte eine gemeinsame Delegation, wenn in einem Land mehrere Organisationen bestehen, legte jedoch keine richtungspolitischen oder weltanschaulichen Kriterien für die Mitgliedschaft von Gewerkschaften bzw. den Ausschluß von nicht näher definierten »Sonderorganisationen« fest, vgl. IBV, 19. Internationaler Kongress, 1908, S. 10 f.

auf IBV-Kongressen vertreten waren. Gewerkschaftspolitische Differenzen zwischen den IBV-Verbänden trugen insbesondere in den ersten Jahren dazu bei, daß Kongreßdebatten kaum auf Konsensfindung und Verständigung über gemeinsame Positionen gerichtet waren. Erst mit der Wahrnehmung der Handlungsgrenzen der Bergarbeiter-Internationale intensivierte sich der Informations- und Erfahrungsaustausch und wurden konsensfähige Forderungen aufgestellt.

## Ziele und Aktivitäten des IBV bis 1914

Die vom Kongreß 1892 beschlossenen Statuten formulierten als Ziele der Bergarbeiter-Internationale neben dem proklamierten »Zusammenwirken aller Bergleute der Welt« auch konkrete Forderungen wie die Beschränkung der Arbeitszeit auf 8 Stunden (einschließlich der Ein- und Ausfahrt) und die Verbesserung der Grubensicherheit durch Arbeiterinspektoren, die von den Bergarbeitern frei zu wählen und vom Staat zu bezahlen sind[33]. Die programmatische Auflistung von konkreten Forderungen[34] und die vage Orientierung auf internationale Aktionen drückten bereits zurückgenommene Erwartungen an die Handlungsmöglichkeiten des IBV nach den ersten beiden Kongressen aus.

Zentrales Thema der Kongresse von 1890 und 1891 war die Forderung nach einer gesetzlichen Regelung des Acht-Stunden-Arbeitstages. Bei der Diskussion trat der für die nächsten Jahre charakteristische Gegensatz zwischen der MFGB und der MNU, die eine gesetzliche Regelung ablehnte und als Ausdruck der Schwäche der Gewerkschaften ansah[35], zu Tage. Brisanter war der vom schottischen Gewerkschafter Keir Hardy gestellte Antrag, diese Forderung mit dem Beschluß über einen internationalen Bergarbeiterstreik zu verknüpfen, falls bis zum 1. Mai 1891 gesetzliche Regelungen nicht erfolgen sollten. Obwohl die belgischen und französischen Delegierten diesen Antrag unterstützten, war nur eine Vertagung der Entscheidung bis zum nächsten Kongreß mehrheitsfähig. Vor einer endgültigen Entscheidung sollte das Votum der einzelnen Verbände eingeholt werden[36]. Auf dem nächsten Kongreß, der vom 31. März bis 4. April 1891 tagte und auf dem der

---

33 Vgl. Miners' International Congress, 1892.
34 Ähnliche Forderungen hatten bereits nationale Bergarbeiterverbände aufgestellt, vgl. z. B. die Forderungen des Bergarbeitertages in Halle vom 15.–19. 9. 1890, wiedergegeben in: O. Hue, Bd. 2, 1913, S. 415, oder die der belgischen Gewerkschaften, vgl. International Miners' Congress, 1890, S. 12.
35 Vgl. ebd., S. 17.
36 Vgl. ebd., S. 21–23.

belgische Verband die Forderung nach einer internationalen Aktion erneut zur Debatte stellte[37], mußten die meisten Gewerkschaftsvertreter die gegenwärtige Schwäche ihrer Organisation konstatieren, so daß nur noch eine Resolution beschlossen werden konnte, die die »prinzipielle« Bereitschaft zu internationalen Aktionen bekundete[38].

Das auf den ersten Kongressen konstatierte Eingeständnis der Handlungsschwäche der kontinentalen Bergarbeiterverbände und das Scheitern der Streikwelle im Frühjahr 1891, die im April im Ruhrgebiet begann, den belgischen Bergarbeiterverband am 26. April zum Streikbeschluß veranlaßte und auch im Saargebiet zu Aktionen führte[39], verdeutlichten die Handlungsgrenzen der Bergarbeiter-Internationale. Der Kongreß und der Organisationsrahmen des IBV konnten noch nicht als Netzwerk für die Koordinierung internationaler Aktionen dienen, um wenigstens ansatzweise Durchsetzungsschwächen nationaler Verbände auszugleichen. Nach dieser Erfahrung verschoben sich die Erwartungen der meisten Mitgliedsverbände an den IBV und an die Funktion der Kongresse. Die jährlichen Tagungen dienten nun zunehmend als Forum für einen berufsbezogenen Informations- und Erfahrungsaustausch und als internationales Podium für eine öffentlichkeitswirksame Unterstützung der nationalen Agitation und Propaganda. Sie boten darüber hinaus weiterhin der MFGB eine Gelegenheit, auf internationaler Bühne die Auseinandersetzung mit der liberal orientierten MNU über gewerkschaftspolitische und gewerkschaftsstrategische Differenzen fortzusetzen.

Die zwangsläufige Akzeptanz dieser begrenzten Aufgabe der Bergarbeiter-Internationale und die Beherrschung des Kongreßgeschehens (und der Abstimmungen) durch die britischen Verbände erzeugten in den ersten Jahren erhebliche Friktionen bei den kontinentalen Gewerkschaftsvertre-

---

37 Die belgische Delegation nahm eine abweichende Position ein, weil die belgischen Arbeiterorganisationen für 1891 Aktionen zur Durchsetzung des allgemeinen, gleichen Wahlrechts planten. Für diesen Generalstreik suchten die Delegierten die Unterstützung der IBV-Gewerkschaften, die aufgefordert wurden, durch Streiks oder Produktionseinschränkungen Kohlenexporte nach Belgien zu verhindern oder in anderer Weise Hilfe zu leisten. Der IBV-Kongreß nahm zwar eine entsprechende Resolution an, der britische Delegierte William Parrott wies jedoch auf die geringen Chancen der Gewerkschaften hin, den britischen Kohlenexport zu beeinflussen, vgl. MFGB, International Miners' Conference, 1891, S. 30.
38 Konsensfähig war nur eine Resolution, die die Möglichkeit eines internationalen Generalstreiks zur Durchsetzung des Acht-Stunden-Arbeitstages betonte, aber zunächst die Regierungen aufforderte, sich auf eine internationale Konvention zu einigen, um in allen Ländern eine Arbeitszeitbeschränkung für den Bergbau gesetzlich einzuführen, vgl. ebd, S. 14–29.
39 Zur Streikbewegung im Frühjahr 1891 vgl. K.-G. Herrmann, 1985, S. 30 f.

tern[40]. Kulturelle Unterschiede, politische Differenzen und nicht zuletzt Übersetzungsschwierigkeiten führten mitunter zu heftigen Auseinandersetzungen und zum Eklat, ohne indes den Bestand des IBV grundsätzlich in Frage zu stellen.

Nachdem auf den ersten Kongressen (1890–1892) der Schwerpunkt berufsbezogener Debatten auf der Arbeitszeitfrage gelegen hatte – die Forderung nach gesetzlicher Regelung der Acht-Stunden-Schicht wurde auf jedem der 24 Kongresse, die bis 1913 stattfanden, wenngleich in zunehmend differenzierter Form behandelt –, erweiterte sich seit 1893 die berufsbezogene Diskussion. Neben der Arbeitszeitforderung und der vom französischen Verband eingebrachten, aber nicht mehrheitsfähigen Resolution, die für Unter- und Übertagearbeiter die gleiche Arbeitszeit verlangte, wurde 1893 einstimmig ein Verbot der Frauenarbeit im Bergbau gefordert und die Verbesserung der Grubensicherheit durch Arbeiterinspektoren verlangt sowie der belgische Vorschlag für eine Regulierung der europäischen Kohlenproduktion (Lewy-System) zur weiteren Behandlung dem Internationalen Komitee überstellt. Auf dem nächsten Kongreß standen über die erwähnten Themen hinaus die Forderungen nach Unfallhaftung (Gefährdungshaftung) der Unternehmen und nach Einführung eines Mindestlohns (»living wage«) zur Debatte.

Die Tagesordnung der Kongresse wurde im Laufe der Zeit umfangreicher, die berufsbezogenen Forderungen spezifischer und differenzierter, wenn sie wiederholt zur Debatte standen wie Forderungen zur Arbeitszeitgestaltung, zur sozialen Absicherung und zum Unfallschutz[41].

Die Themen der IBV-Kongresse betrafen:

Arbeitsbedingungen – Acht-Stunden-Arbeitstag, Mindestlohn, Festlegung der Wochenarbeitszeit, Ferienregelungen, Strafwesen, Offenlegung von Lohnabrechnungen, Ausweisung aus Zechenwohnungen,

Arbeitsschutz – Arbeiterinspektion, Verbot von Frauen- und Kinderarbeit im Bergbau, Hygieneeinrichtungen, me-

---

40 Bereits 1893 hatte Peter Cinger (Österreich/Böhmen) sich enttäuscht über die wiederkehrende, vor allem zwischen der MFGB und der MNU kontrovers geführte Debatte über die Acht-Stunden-Tag-Forderung geäußert. Sie schien ihm fruchtlos für schwache Organisationen wie den österreichischen Verband, der hoffte, daß etwas getan würde. Und er befürchtete, unter diesen Bedingungen an zukünftigen Kongressen nicht mehr teilnehmen zu können. Cingers Einschätzung blieb nicht unwidersprochen. William E. Harvey (Großbritannien) sah bereits Erfolge der Kongreßdebatten, da die Acht-Stunden-Frage eine breite Öffentlichkeit erreicht und zu parlamentarischen Aktivitäten geführt habe, vgl. Miners' Federation of Great Britain, Fourth International Congress, 1893, S. 10, 12 f.
41 Vgl. die ausführliche Darstellung bei K.-G. Herrmann, 1985, S. 52–92.

| | dizinische Versorgung, Wurmkrankheiten, Verbesserung der Arbeitssicherheit, |
|---|---|
| Arbeitsbeziehungen – | Forderung nach Tarifverhandlungen und Schlichtungsausschüssen, Koalitionsrecht, |
| soziale Sicherheit – | Unfallhaftpflicht der Unternehmen, Invaliden- und Altersrenten, Krankenversicherung, Mindestrente, |
| Produktionsbedingungen – | internationale Regulierung der Produktion (Lewy-System), Forderung nach bedarfsgerechter Förderung, Verstaatlichung/Nationalisierung des Bergbaus. |

Entschließungen, die die Wahl von Parlamentsabgeordneten empfahlen, sofern diese die Forderungen des IBV unterstützten, oder die Weiterleitung von einstimmig gefaßten Beschlüssen an die nationalen Parlamente und Regierungen festlegten, stellten schließlich den Versuch dar, die auf dem Kongreß geführte Debatte durch eine systematische politische Einflußnahme auf nationaler Ebene zu ergänzen.

Da der IBV über keine direkten Interventionsmittel verfügte, die Durchsetzung von Forderungen auf nationaler Ebene erfolgen mußte und dies u. a. von der Konfliktfähigkeit der einzelnen Gewerkschaften abhing, bestimmten eine stetige Wiederholung von Themen (Acht-Stunden-Arbeitstag, Mindestlohnforderung, Frage der Kranken-, Unfallhaftpflicht-, Invaliden- und Altersversicherung) und eine Orientierung auf nationale Problemlagen das Kongreßgeschehen. Die behandelten Themen und vorgelegten Resolutionen waren auf die jeweiligen nationalen Entwicklungen, Ziele und Handlungsbedingungen bezogen. Und Zustimmung oder Ablehnung auf dem Kongreß hingen in den ersten Jahren von der Übereinstimmung mit den jeweiligen Zielen der einzelnen nationalen Gewerkschaften ab[42]. Nur lang-

---

42 Beispielsweise forderte die MFGB die gesetzliche Einführung der Acht-Stunden-Schicht, was von den kontinentalen Verbänden unterstützt wurde. Eine gleiche Arbeitszeit für Unter- und Übertagearbeiter wollte die MFGB jedoch bis 1897 nicht unterstützen, weil sie u. a. ihre parlamentarische Initiative für ein Arbeitszeitgesetz nicht gefährden wollte, vgl. MFGB, Fourth International Congress, 1893, S. 44 f.; MFGB, Eigth International Miners' Congress, 1897, S. 24. Ähnliche Vorbehalte gab es bei der Forderung nach einem gesetzlichen Verbot der Kinderarbeit (unter 14 Jahren) im Bergbau und für Jugendliche (unter 16 Jahren) für die Untertagearbeit, bei der sich die britischen und französischen Delegierten der Stimme enthielten, vgl. Internationaler Verband der Grubenarbeiter, 16. Internationaler Congress, Lüttich, 1905, S. 15–18. Bis 1913 konnte zu dieser Frage kein einstimmiges Votum auf den Kongressen erzielt werden. Aufgrund der niedrigen Löhne in Frankreich erbrachte die Mitarbeit von Kindern einen unverzichtbaren Teil des Familieneinkommens; und in Großbritannien waren Hilfsdienste von Kindern untertage Voraussetzung für den relativ hohen Lohn der Hauer.

sam entstand die Bereitschaft, divergierende Positionen zu unterstützen und variierende Forderungen zu einer gemeinsamen Entschließung zusammenzufassen. Politische Differenzen zwischen den IBV-Verbänden, Konsensprobleme sowie die Dominanz der britischen Gewerkschaften erzeugten jedoch kaum zentrifugale Wirkungen, die den Bestand des IBV bedrohten. Die jährlichen Kongresse stellten einen stabilisierenden Lernprozeß dar, indem durch Berichte über die nationalen Handlungsbedingungen und Organisationsentwicklungen sowie durch den ausführlichen berufsbezogenen Informations- und Erfahrungsaustausch eine gegenseitige Akzeptanz erreicht werden konnte. Stabilisierend wirkte gleichfalls, daß politische Themen von den Kongressen nicht explizit behandelt wurden[43] und – was paradox klingen mag – der IBV über kein eigenständiges Handlungspotential verfügte. Aber nur wenige Probleme verlangten gemeinsame oder parallele Aktivitäten der Mitgliedsverbände, und die Umsetzung von Forderungen blieb dem autonomen Handeln der einzelnen Gewerkschaften überlassen. Generell sicherten die geringe Aktionsfähigkeit sowie die Konzentration auf einen berufsbezogenen Informations- und Erfahrungsaustausch und Meinungsbildungsprozeß die Integrationsfähigkeit der Bergarbeiter-Internationale. Integrativ wirkten schließlich auch finanzielle Unterstützungen, die die kontinentalen Organisationen bei allen größeren Arbeitskonflikten von den britischen Gewerkschaften erhielten.

## Arbeitskonflikte und Überproduktion

Ein in die Zukunft weisendes Grundproblem für die Gewerkschaften im europäischen Kohlenbergbau stellte die Interdependenz des Kohlenmarktes und die Tendenz zur Überproduktion im Kohlenbergbau dar. Die hohe Exportfähigkeit des britischen und zunehmend seit den 1890er Jahren auch des deutschen Kohlenbergbaus sowie der Bestand großer Kohlenhalden unterminierten insbesondere in den kleineren Förderländern (Frankreich, Belgien, seit der Jahrhundertwende auch in den Niederlanden) die Chancen, durch Streiks die Arbeits- und Lohnbedingungen zu verbessern. Bereits 1891 hatte daher der belgische Verband angesichts des bevorstehenden Generalstreiks die IBV-Gewerkschaften auf dem Kongreß aufgefordert, ihren Streik »in Anbetracht des Principes der Internationalen Solidarität,

---

43 Zu den wenigen explizit politischen Themen gehörte die seit 1905 regelmäßig angesprochene Frage der Kriegsverhinderung.

welches gegenseitige Unterstützung zur Pflicht macht, (...) mit allen möglichen Mitteln zu unterstützen«, durch Streikmaßnahmen, um Kohlenexporte nach Belgien zu verhindern, durch Begrenzung der Produktion auf den nationalen Bedarf oder durch andere geeignete Maßnahmen[44]. Abgesehen von einer prinzipiellen Zustimmung waren die Gewerkschaften jedoch nicht in der Lage, bindende Zusagen für Sympathie- oder Unterstützungsstreiks abzugeben[45]. Ähnliche Schwierigkeiten, für nationale Arbeitskämpfe Unterstützungen durch Parallelstreiks oder die Einschränkung des Kohlenexports zu organisieren, zeigten sich 1901, als der französische Verband einen Arbeitskampf plante, um Forderungen nach Arbeitszeitverkürzung, Regelung der Altersrente und die Einführung von Mindestlöhnen durchzusetzen[46]. Und auch 1905, als ohne Vorbereitung und gegen das Votum des »Alten Verbandes« Anfang Januar im Ruhrrevier ein Bergarbeiterstreik begann, war ein in Belgien ausgerufener Anschlußstreik nicht Folge eines koordinierten Vorgehens; er brach dann auch schnell zusammen, als der Arbeitskampf im Ruhrgebiet beendet wurde[47]. Diese Aktionen, bei denen die MFGB die kontinentalen Gewerkschaften mit erheblichen finanziellen Mitteln unterstützte, machten indes deutlich, daß Anlaß und Dauer von Arbeitskämpfen vorrangig von den nationalen Handlungsbedingungen abhingen, zu denen die Konfliktbereitschaft der Mitglieder und deren Verbandsloyalität – als Bestandsvoraussetzung der Gewerkschaften – gehörten. Diese konnten durch Aktionsbeschlüsse des IBV nicht ersetzt werden.

Daß unter Berücksichtigung der nationalen Handlungsbedingungen der IBV als Netzwerk für eine begrenzte Abstimmung von Arbeitskampfmaßnahmen dennoch fungieren konnte, zeigte sich 1912[48]. Anfang des Jahres hatte die MFGB einen Streik beschlossen, um eine landesweite Tarifvereinbarung über die Einführung von Mindestlöhnen zu erreichen. Ein Treffen des Internationalen Komitees am 21./22. 2. 1912 in London sollte vor Beginn des Ausstandes zwar nur Möglichkeiten von Arbeitszeitverkürzungen bei den kontinentalen Gewerkschaften erörtern, um Kohlenexporte

---

44 Zweiter Internationaler Congress der Bergarbeiter, 1891, S. 12.
45 Vgl. MFGB, International Miners' Conference, 1891, S. 29f. – Abgesehen von der begrenzten Konfliktfähigkeit der kontinentalen Verbände, stellte die belgische Anforderung auch ein Problem für den innerorganisatorischen Entscheidungsprozeß dar, da eine konkrete Zusage der Legitimation durch die Gewerkschaftsmitglieder bedurft hätte.
46 The Twelfth International Miners' Congress, London 1901, S. 42–48; Special International Committee Meeting, November 14th, 1901; ferner K.-G. Herrmann, 1985, S. 86f.
47 Vgl. ebd., S. 104f; ferner A. Gladen, 1974, S. 131–141.
48 Vgl. zum folgenden K.-G. Herrmann, 1985, S. 113–119.

nach England und Verluste von Absatzmärkten zu verhindern[49]. Bei den kontinentalen Gewerkschaften bestand jedoch die Bereitschaft, über diese Erwartung hinauszugehen. In Belgien, Deutschland und Frankreich waren Lohnbewegungen bereits eingeleitet worden, oder es lagen Beschlüsse für Arbeitskampfmaßnahmen unter bestimmten Bedingungen vor. Anlaß und Zielsetzung gingen von der jeweiligen nationalen Situation aus, wenngleich die Erwartung eines längeren Streiks in Großbritannien für die Entscheidung über die Einleitung von Arbeitskämpfen ein wichtiger Faktor war.

Die Streiks, die in verschiedenen Kohlerevieren Europas im März/April 1912 stattfanden, hatten nicht den Charakter eines immer wieder geforderten internationalen Generalstreiks mit gemeinsamen Forderungen. Es handelte sich um parallele, zeitlich abgestimmte Aktionen mit unterschiedlichen Zielen und Ergebnissen[50], die aber ein entscheidendes Handikap in den bisherigen Arbeitskämpfen reduzieren konnten: die Unterminierung lokal und regional begrenzter Streiks durch Kohlenimporte und hohe Haldenbestände.

Das für eine gewerkschaftliche Interessenvertretung bedeutende Problem im europäischen – und zu dieser Zeit vor allem im kontinentalen – Kohlenbergbau, war die wachsende Förderkapazität des britischen und deutschen Bergbaus und die häufig hohen Haldenbestände in allen wichtigen Revieren. Nachdem Anfang der 1890er Jahre Arbeitskämpfe nicht zuletzt aufgrund dieser Rahmenbedingungen gescheitert waren, versuchten belgische und französische Delegierte seit 1893 den IBV für ein System zur Regulierung der europäischen Kohlenförderung, den Lewy-Plan, zu gewinnen[51]. Durch die Bildung eines internationalen/europäischen Kartells, dem Vertreter der Gewerkschaften, der Grubenbesitzer und der Regierungen angehören sollten, sollten produktions- und absatzregulierende Mechanismen eingeführt werden, um die Konkurrenz der Förderländer zu vermindern, Absatzschwankungen aufzufangen, Preisstabilität zu erreichen und bestimmte Lohnstandards zu gewährleisten. Obwohl dieser Vorschlag bei der

---

49 Vgl. Internationale Bergarbeiterföderation, Sitzung des Internationalen Komitees, 21. und 22. Februar, 1912. Hermann Sachse vom »Alten Verband« wies darauf hin, daß Arbeitszeitreduzierungen so schwierig durchzusetzen seien wie Arbeitskämpfe. Auch sah er nur geringe Chancen, Kohlenexport nach England zu verhindern, erklärte sich aber bereit, eine Verbindung mit der Transportarbeiter-Gewerkschaft herzustellen, ebd. 23 f.
50 Vgl. IBV, Sitzung des Internationalen Komitees, 3. und 4. Mai 1912, S. 3–17.
51 MFGB, Fourth International Congress, 1893, S. 51–54; ausführlich zur Debatte auf den Kongressen siehe K.-G. Herrmann, 1985, S. 79–92.

Mehrzahl der IBV-Verbände keine Akzeptanz fand[52], wiederholte der belgische Verband seine Forderung nach einer internationalen (europäischen) Regulierung der Produktion beharrlich. Eine nach langer Verzögerung vom Internationalen Komitee 1913 geführte Diskussion konnte schließlich nur die Durchsetzungsschwäche der meisten Gewerkschaften für die Unterstützung von Forderungen nach einer Regulierung der Kohlenförderung konstatieren[53].

Die Überkapazitäten und die Absatzmarktkonkurrenz des europäischen Kohlenbergbaus blieb bis 1914 ein ungelöstes Problem, mit dem die Gewerkschaften der Bergarbeiter-Internationale nach dem Ersten Weltkrieg in verschärfter Form konfrontiert wurden und dessen Auswirkungen den IBV schwer belasten sollten.

---

52 Beispielsweise sahen die britischen Gewerkschaften das Problem der Überproduktion vor allem durch die Beschäftigung von ungelernten Arbeitern im Bergbau bedingt, während der deutsche Verband in seiner 1894 vorgelegten Resolution den Grund in der Unterkonsumption bestimmte und Arbeitszeitverkürzung und Lohnerhöhungen forderte, vgl. MFGB, The Fifth International Miners' Congress, Berlin, 1895, S. 45–50.
53 Vgl. Internationale Bergarbeiterfoederation, Bericht über die Sitzung des Internationalen Komitees, abgehalten zu Brüssel, im Maison du Peuple, am 28. Februar und ersten März 1913, S. 2–8; IBV, 24. Internationaler Bergarbeiterkongress, Karlsbad, 1913, S. 53 f.

# Zwischenkriegszeit (1918/20–1939/45)

**Wiederbelebung der Bergarbeiter-Internationale 1920**

Der Beginn des Ersten Weltkriegs hatte die Tätigkeit des IBV abrupt unterbrochen. Es war der Bergarbeiter-Internationale im Sommer 1914 nicht einmal gelungen, die europäischen Mitgliedsverbände zu einer Dringlichkeitssitzung des Internationalen Komitees zusammenzurufen[54]. Chauvinismus und Militarismus breiteten sich auch in den europäischen Gewerkschaften aus, die in den folgenden Jahren ihren Beitrag zur Organisierung der nationalen Kriegswirtschaften leisteten. Der IBV – wie alle anderen internationalen Gewerkschaftsorganisationen – besaß nicht die strukturelle Eigenständigkeit gegenüber den Mitgliedern, um diesem nationalistischen Rückzug entgegenwirken zu können.

Die Rekonstitution des IBV, um die die MFGB seit Mitte 1919 bemüht war, mußte – wie bei anderen internationalen Organisationen der Arbeiterbewegung – Vorbehalte insbesondere französischer und belgischer Gewerkschafter gegen eine Wiederaufnahme der Zusammenarbeit mit den deutschen Verbänden überwinden[55]. Der 25. Internationale Bergarbeiterkongreß konnte daher erst für Mitte 1920 einberufen werden. Er tagte vom 2. bis 6. August 1920 auf neutralem Boden in Genf. Heftige Angriffe und Vorwürfe der belgischen und französischen Delegierten gegen den deutschen Bergarbeiterverband, dem die Unterstützung der deutschen Annexionspolitik und mangelnde Proteste gegen die Deportation und die Einsetzung belgischer und französischer Kriegsgefangener als Zwangsarbeiter in deutschen Bergwerken während des Krieges vorgehalten wurden, bestimmten den

---

54 Vom IBV-Sekretär Thomas Ashton abgesandte Telegramme waren anscheinend durch staatliche Zensurmaßnahmen unterdrückt worden, vgl. den Bericht von Robert Smillie, IBV, Protokoll 25. Internationaler Bergarbeiter-Kongreß, Genf, 1920, S. 39.
55 Zu den Problemen, die eine gemeinsame Konferenz bis 1920 verhinderten, vgl. K.-G. Herrmann, 1985, S. 127 ff.

ersten Konferenztag[56]. Dennoch fand der erwartete Eklat und Abbruch des Kongresses nicht statt, da sich der Präsident der britischen Bergarbeitergewerkschaft, Robert Smillie, nachdrücklich für eine Versöhnung und für eine zukunftsorientierte Zusammenarbeit der Bergarbeitergewerkschaften einsetzte[57]. Eine gemeinsame Basis für die zukünftige Zusammenarbeit wurde mit einer einmütigen Stellungnahme des Kongresses gegen Krieg und Militarismus erreicht. Untermauert wurde dieser Konsens durch die Annahme des nur geringfügig vom Kongreß veränderten Statutenentwurfs des belgischen Verbandes, der vor allem durch einen institutionellen Ausbau die Handlungsfähigkeit der Bergarbeiter-Internationale verbessern wollte.

In der vom Kongreß 1920 angenommenen »Krieg und Frieden«-Resolution, die der französische Verband vorgelegt und der deutsche Bergbauindustriearbeiter-Verband (BAV) unterstützt hatte, wurde kritisch auf die Haltung des deutschen und des österreichischen Verbandes vor 1914 verwiesen. Auf verschiedenen Kongressen vor Beginn des Ersten Weltkriegs hatten beide Verbände die Verabschiedung von Resolutionen blockiert, die im Falle eines drohenden Konflikts die Bereitschaft der IBV-Verbände zum Generalstreik bekunden sollten[58]. Einmütig beschloß der Kongreß nun, im Falle eines drohenden Krieges »den internationalen Generalstreik zu erklären« oder einen internationalen »Boykott zu verhängen«[59]. Diesem Kongreßbeschluß wie auch den weiteren Anti-Kriegsdebatten in den 20er Jahren kam vor allem symbolische und integrative Bedeutung zu. Der Kongreß blieb in den 20er Jahren ein Forum für die Anti-Kriegsdebatte und Propaganda. Bemühungen des französischen Verbandes, der das Thema »Krieg und Frieden« regelmäßig auf die Tagesordnung der Kongresse setzte, die IBV-Gewerkschaften auf Aktionen zu verpflichten und für einen die Handlungsbereitschaft des IBV demonstrierenden 24- oder 48stündigen Generalstreik

---

56 Vgl. die Reden von Joseph Déjardin (Belgien) und Casimir Bartuel (Frankreich), IBV, Protokoll 25. Internationaler Bergarbeiter-Kongreß, Genf, 1920, S. 43 f., 48 f. – Zu den »Kriegszielen« der deutschen Gewerkschaften, insbesondere zur Akzeptanz und Ablehnung von Annexionen sowie zu unterschiedlichen Positionen dazu im »Alten Verband« vgl. Hans-Joachim Bieber, Gewerkschaften in Krieg und Revolution. Arbeiterbewegung, Industrie, Staat und Militär in Deutschland 1914–1920, Bd. 1, S. 223–232.
57 Vgl. IBV, Protokoll 25. Internationaler Bergarbeiter-Kongreß, Genf, 1920, S. 38.
58 Vertreter des französischen Verbandes forderten vor 1914, daß der IBV die Bereitschaft der Bergarbeiter bekunden sollte, im Kriegsfall einen Generalstreik auszurufen. Eine derartige Resolution wurde den Kongressen jedoch nicht vorgelegt, da der deutsche und der österreichische Verband befürchteten, ihren vereinsrechtlichen Status als nicht-politische Koalition zu verlieren, vgl. u. a. die Kongreßdebatten 1910 und 1911, IBV, 21. Internationaler Bergarbeiterkongreß, Brüssel, 1910, S. 54–58, ferner IBV, Internationaler Bergarbeiterkongreß, London, 1911, S. 63–67, sowie IBV, Sitzung des Internationalen Komitees, Brüssel, 3. und 4. Mai 1912, S. 23.
59 IBV, Protokoll 25. Internationaler Bergarbeiter-Kongreß, Genf, 1920, S. 48 f., 125 f.

zu gewinnen, fanden bei der Mehrzahl der Delegierten, die der syndikalistischen Tradition demonstrativer Aktionen reserviert gegenüberstand, keine Unterstützung[60].

Die vom 25. IBV-Kongreß angenommenen Statuten gingen von einem wachsenden, wenn nicht maßgebenden Einfluß der Arbeiterbewegung auf die Wirtschafts-, Sozial- und Gesellschaftspolitik aus, wie er sich kurzzeitig in der unmittelbaren Nachkriegsphase zeigte[61]. Mit den Forderungen nach »Abschaffung des Kapitalismus« und »Nationalisierung oder Sozialisierung der Bergwerksindustrie« (Artikel 2) waren sie an einer sozialistischen Programmatik orientiert. Und indem in den Statuten die Möglichkeit verankert wurde, für die Ziele des IBV notfalls »einen Generalstreik der verbündeten Organisationen« durchzuführen, sollten zum einen die vermeintliche Durchsetzungsschwäche vor 1914 und das Ausbleiben jedweder Aktion zu Beginn des Ersten Weltkriegs zukünftig vermieden und zum anderen ein Instrument für koordinierte Aktionen der IBV-Verbände bereitgestellt werden[62].

Diese Ziele und Interventionsabsichten erforderten einen institutionellen Ausbau des IBV durch eine differenzierte und professionalisierte Struktur[63]. Als wichtigstes Element sahen die Statuten die Einrichtung eines perma-

---

60 Vgl. IBV, Protokoll 27. Internationaler Bergarbeiter-Kongreß, Prag, 3.–8. 8. 1924, S. 61–69; IBV, Protokoll 28. Internationaler Bergarbeiter-Kongreß, Nîmes, 28.–31. 5. 1928, S. 156–161; IBV, Protokoll 29. Internationaler Bergarbeiter-Kongreß, Krakau, 12.–16. 5. 1930, S. 70–76.

61 Vgl. die optimistische Einschätzung im Bericht des belgischen Verbandes für den Kongreß, IBV, Protokoll 25. Internationaler Bergarbeiter-Kongreß, Genf, 1920, S. 8–12.

62 In den Artikeln 5 und 6 wurde das Verfahren festgelegt, nach dem ein internationaler Generalstreik stattfinden sollte. Es bewahrte weitgehend die Autonomie der nationalen Verbände, indem vor einem internationalen Streik von den einzelnen Gewerkschaften eine Legitimation durch ein für nationale Streikbeschlüsse geltendes Entscheidungsverfahren verlangt wurde. Bei Zweidrittelmehrheit zugunsten eines internationalen Streiks sollte dann das Exekutivkomitee (Internationale Komitee) des IBV die Kompetenz erhalten, über Streikbeginn und Ende zu bestimmen, während die Mitgliedsverbände verpflichtet wären, diese Entscheidungen auszuführen, vgl. den Text der Statuten in: IBV, Protokoll 26. Internationaler Bergarbeiter-Kongreß, Frankfurt a. M., 1922, S. 136–138.

63 Die Satzung sah zunächst jährliche Tagungen des Kongresses vor, was bereits 1921 aufgegeben wurden. Für den Kongreß wurde ein degressives, mitgliederbezogenes Stimmrecht eingeführt, das in der Zwischenkriegszeit nicht angewandt wurde, da alle Kongreßabstimmungen durch ungewichtete Abstimmung der Delegierten erfolgten. Als neues Organ wurde ein Vorstand eingerichtet, den die nunmehr fünf IBV-Funktionäre (Präsident, Vizepräsident, Generalsekretär, 2. Sekretär und Schatzmeister) bilden sollten. Dieses Gremium erlangte in der Zwischenkriegszeit keine Funktion, u. a. weil die Funktionäre nicht in dieser Zusammensetzung gewählt wurden. – Bis 1930 wurden nur drei Positionen (Präsident, Generalsekretär und Schatzmeister) regelmäßig besetzt, das 1925/1927 ausschließlich von MFGB-Vertretern. Seit 1930 kam es mit der Wahl von Vizepräsidenten (1930–1934 wurden zwei, seit 1934 drei Vizepräsidenten gewählt) zu einer repräsentativeren Besetzung der Funktionärspositionen. Die Position des Schatzmeisters, die Thomas Ashton noch bis 1927 innehatte, danach William P. Richardson (1927–30), Arthur J. Cook (1930–31) und Ebby Edwards (1932–34), wurde 1934 mit der Funktion des Internationalen Sekretärs vereinigt.

nenten Sekretariats mit einem hauptamtlichen Generalsekretär (Internationalen Sekretär) vor. Um die Mittel dafür aufzubringen, wurde erstmals die Einführung eines regelmäßig zu entrichtenden, festen Beitrags beschlossen, dessen Höhe (2s/6 p je 1000 Mitglieder) jedoch bereits auf dem Kongreß 1920 als zu gering angesehen wurde, um den organisatorischen Ausbau finanzieren zu können[64]. Eine Entscheidung über die Einrichtung eines permanenten Sekretariats und die Wahl eines hauptamtlichen Internationalen Sekretärs kam jedoch 1920 nicht zustande, da die MFGB wegen der relativ hohen finanziellen Belastungen und wohl auch wegen des befürchteten Einflußverlustes einen Beschluß verhinderte. Verzögert wurde eine Entscheidung in den nächsten Jahren auch durch die Haltung der UMWA, die eine Beteiligung an den Kosten für ein Sekretariat bis 1924 ablehnte[65]. Erst der Kongreß 1924 traf eine verbindliche Entscheidung für die Bestellung eines hauptamtlichen Internationalen Sekretärs[66], der im Mai 1925 schließlich eingestellt werden konnte.

Die Wahl von Frank Hodges, der bis 1924 Sekretär der MFGB und in dieser Funktion von 1919–1924 nebenamtlich Generalsekretär des IBV war[67], zum hauptamtlichen Internationalen Sekretär verminderte den unmittelbaren Einfluß der MFGB auf das Sekretariat des IBV und erwies sich als außerordentlich belastend für den IBV. Hodges hatte bei seiner Wahl und Tätigkeit die Unterstützung der kontinentalen Gewerkschaften und der UMWA, war aber aufgrund seiner gewerkschaftspolitischen Position in der MFGB umstritten, in der sich die Machtverhältnisse Mitte der 20er Jahre zugunsten des radikaleren, konfliktorischen Flügels verschoben hatten[68]. Belastend für den IBV wurde, daß er gegenüber dem britischen Verband nicht die gebotene Neutralität wahrte. Seine öffentliche Kritik an der konfliktorischen Politik der MFGB während der siebenmonatigen Generalaussperrung der britischen Bergarbeiter 1926 trug mit dazu bei, daß das IBV-Sekretariat nicht als

---

64 So die Kritik von Casimir Bartuel (Frankreich) an dieser Satzungsregelung, vgl. Protokoll 25. Internationaler Bergarbeiter-Kongreß, Genf, 1920, S. 95.
65 Vgl. ebd., S. 95–99, 120 f.; IBV, Sitzung des Komitees des Internationalen Bergarbeiterverbandes, Haag, am 1. August 1921, Wien, am 4. und 5. Oktober 1921, und Amsterdam, am 14. November 1921, S. 6 ff. – Zum folgenden die detaillierte Beschreibung des Entscheidungsprozesses bis 1924/25 und der konfliktreichen weiteren Entwicklung bis 1927 in: K.-G. Herrmann, 1985, S. 157–172.
66 Vgl. IBV, Protokoll 27. Internationaler Bergarbeiter-Kongreß, Prag, 1924, S. 87–94.
67 Frank Hodges war 1924 als MFGB- und IBV-Sekretär ausgeschieden, um ein Amt unter der kurzlebigen ersten Labour-Regierung auszuüben, vgl. R. Page Arnot, The Miners: Years of Struggle. A History of the Miners' Federation of Great Britain (from 1910 onwards), London 1953, S. 522 f.
68 In der Wahl von Arthur J. Cook zum MFGB-Sekretär (1924–31), der eine konfliktorische Gewerkschaftspolitik vertrat und als kommunistisch orientierter Gewerkschafter galt, fand die innergewerkschaftliche Machtverschiebung ihren personellen Ausdruck.

integrative Koordinationsstelle zwischen der MFGB und den kontinentalen Gewerkschaften, deren Beziehungen zu dieser Zeit sehr gespannt waren[69], fungieren konnte. Ende Mai 1927 erzwang die MFGB den Rücktritt von Hodges und beendete für die Zwischenkriegszeit die Episode eines permanenten Sekretariats mit einem hauptamtlichen Internationalen Sekretär. Um die Differenzen zwischen den kontinentalen Gewerkschaften und der MFGB zu entschärfen, wurde Achille Delattre (Belgien) 1927 zum nebenamtlichen IBV-Sekretär gewählt und der Sitz des IBV nach Brüssel verlegt[70]. Erst mit der 1934 erfolgten Wahl von Ebby Edwards (Sekretär der MFGB) zum nebenamtlichen Internationalen Sekretär übersiedelte das Sekretariat wieder nach London.

Im Hinblick auf den institutionellen Ausbau und die Stabilität des IBV – trotz der erheblichen internen Konflikte – bildete die Aufwertung des Internationalen Komitees (IK) in dieser Phase die wichtigste Veränderung. In ihm waren bis zu vier Spitzenfunktionäre der einzelnen Verbände vertreten. Mit durchschnittlich drei bis vier Sitzungen im Jahr tagte das IK wesentlich häufiger als vor 1914. Es wurde zum eigentlichen Lenkungs-, Entscheidungs- und Koordinationsorgan[71]. Der Kongreß konnte die intensiver und dichter werdende Kommunikation und Abstimmung zwischen den Mitgliedsverbänden sowie die Koordination bei gemeinsam angestrebten Zielen (u. a. seit Ende der 20er Jahre bezogen auf die Internationale Arbeitsorganisation, ILO) bei einem zweijährlichen Tagungsrhythmus nicht mehr leisten. Der Internationale Sekretär (auch in der Zeit des hauptamtlichen

---

69 Problemerzeugend waren unterschiedliche Strategien der kontinentalen Gewerkschaften und der MFGB gegen Verschlechterungen der Lohn- und Arbeitsbedingungen im Bergbau Mitte der 1920er Jahre. Im britischen Bergbau erfolgten sie allerdings von einem höheren Niveau und in drastischerer Form als auf dem Kontinent. Die kompromißlose Strategie der MFGB war von den kontinentalen Gewerkschaften, insbesondere vom BAV, schwerlich zu akzeptieren. Die Differenzen spitzten sich zu durch öffentliche Angriffe des MFGB-Sekretärs auf das IBV und die kontinentalen Verbände, durch die Aufnahme von Verbindungen der MFGB mit dem russischen Bergarbeiterverband, der die MFGB während der siebenmonatigen Aussperrung mit erheblichen finanziellen Mitteln unterstützte, sowie durch die geplante Gründung eines anglo-russischen Bergarbeiter-Komitees.

70 Die Bereitschaft der MFGB, auf den Sekretariatssitz und den Posten des Internationalen Sekretärs zu verzichten, nach Möglichkeit auch finanzielle Belastungen vom Sekretariatsbetrieb abzuschieben und den nächsten Kongreß bis 1928 zu verschieben (vgl. K.-G. Herrmann, 1985, S. 173 ff.), war nicht nur Folge der finanziellen Krise der MFGB und der geringen Erwartung an den IBV nach dem zerrütteten und erfolglosen Arbeitskampf von 1926. Beeinflußt wurde diese Haltung der MFGB anscheinend auch von der zu dieser Zeit noch erwogenen Option einer engeren – zum IBV letztlich alternativen – Zusammenarbeit mit den russischen Gewerkschaften.

71 Die Spitzenfunktionäre des britischen, deutschen, belgischen und französischen Verbandes nahmen fast ohne Ausnahme an jeder IK-Sitzung teil, häufig waren die holländische, die tschechoslowakische und die polnische Organisation vertreten, seit Anfang der 30er Jahre auch die schwedische Gewerkschaft. – Eine zentrale Funktion kam dem IK bereits deshalb zu, weil ihm die Regelung von Fragen überantwortet wurde, für die auf dem Kongreß kein Konsens erzielt oder keine Entscheidung getroffen werden konnte.

Sekretärs) verfügte weder über die satzungsmäßigen Kompetenzen noch über die Sekretariatskapazität, um die Koordinationsfunktionen zu übernehmen. Diese waren allerdings auch wegen der zeitweise erheblichen Differenzen zwischen den Mitgliedsorganisationen auf der administrativen Ebene nicht zu bewältigen.

Der 1920 angestrebte Ausbau des IBV wurde in der Zwischenkriegszeit nur ansatzweise ausgeführt. Eine institutionelle Eigenständigkeit erlangte das Berufssekretariat nicht, zumal gewerkschaftspolitische Differenzen der Mitgliedsverbände diese Option in den 20er Jahren blockierten. Ihr Gewicht erhielten diese Differenzen jedoch erst vor dem Hintergrund der krisenhaften Entwicklung des europäischen Kohlenbergbaus und der Krise der Weltwirtschaft in den 20er und 30er Jahren, die den Gestaltungsspielraum aller Gewerkschaften dramatisch verengten oder zersetzten.

**Strukturkrise des Kohlenbergbaus**

Als der 25. Kongreß des IBV 1920 tagte, schienen die Chancen für den Ausbau der Bergarbeiter-Internationale und für einen wachsenden Einfluß auf nationaler und internationaler Ebene günstig zu sein. Die nationalen Bergarbeiterorganisationen hatten während des Krieges und in der unmittelbaren Nachkriegsphase unter den Bedingungen der »Kohlennot« die Arbeitsbedingungen (Löhne und Arbeitszeit) entscheidend verbessern können. Und es gab in den europäischen Ländern 1919/20 eine breite Diskussion über die Sozialisierung bzw. Nationalisierung des Bergbaus. Bereits 1920/21 veränderte sich für den europäischen Kohlenbergbau die Situation[72]. Die während des Weltkriegs ausgebauten Förderkapazitäten überstiegen angesichts der Anfang der 20er Jahre einsetzenden wirtschaftlichen Stagnation die Nachfrage erheblich. Kurzfristig begünstigten Sonderkonjunkturen aufgrund von Förderausfällen in den großen Produktions- und Exportländern (Großbritannien, Deutschland, USA) in den 20er Jahren den nationalen Kohlenbergbau[73], verzögerten dadurch jedoch Maßnahmen zur Überwindung der Strukturkrise.

---

72 Generell zur Problematik vgl. das Referat von Achille Delattre zur »Kohlenfrage«, in: IBV, Protokoll 28. Internationaler Bergarbeiter-Kongreß, Nîmes, 1928, S. 15–50; ferner IBV, Berichte zum 30. Internationalen Bergarbeiter-Kongreß, London, 1932, S. 25–66.
73 So stabilisierten der mehrmonatige Bergarbeiterstreik in den USA 1922 und die Ruhrbesetzung 1923 vorübergehend den britischen Kohlenbergbau. Die von Deutschland zu leistenden Reparationen in Form von Kohlenlieferungen an Belgien, Frankreich und Italien begünstigten 1920/22 die Beschäftigungssituation im Ruhrbergbau, hatten jedoch negative Folgen für die Förderung und den Arbeitskräftebedarf

Die durch die hohen Förderkapazitäten im europäischen Kohlenbergbau bedingte Strukturkrise wurde in den 20er Jahren aufgrund der zunehmenden Substituierung des Energieträgers Kohle durch Öl und Wasserkraft sowie durch rationellere, energiesparende Produktions- und Versorgungssysteme verschärft[74]. Hinzu kam in den 20er und 30er Jahren ein Rationalisierungsschub im Kohlenbergbau. Mechanisierung und Automatisierung der Förderung hatten die Schließung unrentabel gewordener Zechen und eine beachtliche Steigerung der Produktion je Beschäftigten zur Folge[75]. Rationalisierungsmaßnahmen, die im Verlauf der 20er/30er Jahre in unterschiedlichem Umfang in den einzelnen Ländern stattfanden und den Bedarf an Arbeitskräften verringerten, waren von Konzentrations- und Kartellisierungsprozessen auf nationaler Ebene begleitet. Die fast permanente Absatzkrise führte seit Mitte der 20er Jahre zu protektionistischen Maßnahmen und direkten und indirekten Exportsubventionen. Die Folge war eine Preis-Dumping-Politik, die auch in Nicht-Export-Ländern (d.h. Ländern wie Belgien, Frankreich, Niederlande, deren Förderkapazität unterhalb des eigenen Verbrauchs lag) die Förder- und Arbeitsbedingungen beeinträchtigte. Verschärft wurde die Situation des europäischen Kohlenbergbaus, dem in den 20er Jahren eine Strukturanpassung nicht gelang, durch die Weltwirtschaftskrise, die seit 1930/31 in den großen europäischen Förder- und Exportländern (Großbritannien und Deutschland) einen weiteren Anstieg der Arbeitslosigkeit unter den Bergarbeitern zur Folge hatte (siehe Tabellen 2 und 3).

Die Strukturkrise des Kohlenbergbaus verringerte seit Anfang der 20er Jahre den Handlungs- und Einflußspielraum der nationalen Bergarbeitergewerkschaften und des IBV. Prekär wurde die Situation mit Beginn der Weltwirtschaftskrise. Die politische Krise Europas in den 30er Jahren verengte mit der Etablierung faschistischer und autoritärer Regime den Hand-

---

im Kohlenbergbau der Empfängerländer. Die siebenmonatige Generalaussperrung im britischen Bergbau 1926 führte zu Produktionssteigerungen und einer Verbesserung der Beschäftigungssituation im nordamerikanischen, polnischen und deutschen Bergbau, die durch erhöhte Exporte den Förderausfall in Großbritannien ausglichen.

74 Z.B. nahm seit 1914 der Anteil der Schiffe, die mit Mineralöl (Diesel, Schweröl) anstelle von Kohle betrieben wurden, erheblich zu. Nach dem Lloyds Register der Schiffe wurden 1914: 2,65 % und 1931: 28,52 % der Schiffe mit Mineralöl angetrieben, vgl. IBV, Bericht zum 32. Internationalen Kongress, 1936, S. 41.

75 Der Anteil der mit Maschinen geförderten Kohle nahm in Großbritannien von 8,5 % (1913) auf 35 % (1931) zu, in Deutschland von 2 % auf 96 %, in den USA von 51 % auf 79 %; in Frankreich von 44 % (1925) auf 81 % (1931) und in Belgien im gleichen Zeitraum von 63 % auf 93 %, vgl. ebd., S. 45. – Zur Rationalisierung im Ruhrbergbau vgl. Rudolf Tschirbs, Tarifpolitik im Ruhrbergbau 1918–1933, Berlin 1986, S. 241–259.

*Tabelle 2:*
**Steinkohlenproduktion in den wichtigsten Kohlenförderländern Europas und in den USA (1913–1935)**
(in: Mio. t)

| Länder | 1913 | 1924 | 1929 | 1931 | 1933 | 1935 |
|---|---|---|---|---|---|---|
| Belgien | 22,8 | 23,3 | 26,9 | 27,0 | 25,3 | 26,5 |
| Tschechoslowakei | 14,2 | 15,1 | 16,5 | 13,1 | 10,6 | 10,8 |
| Frankreich | 43,8 | 44,0 | 53,7 | 50,0 | 46,8 | 46,2 |
| Niederlande | 1,9 | 6,1 | 11,5 | 12,9 | 12,5 | 11,8 |
| Polen | 40,9 | 32,2 | 46,2 | 38,2 | 27,3 | 28,5 |
| Großbritannien | 292,0 | 271,4 | 262,0 | 222,9 | 210,4 | 225,8 |
| Deutschland | 140,7 | 118,7 | 163,4 | 118,6 | 109,6 | 144,7* |
| USA | 517,1 | 518,5 | 552,3 | 400,7 | 347,6 | 385,1 |

(*) 1935 einschließlich des Saargebietes
Quelle: IBV, Bericht zum 33. Internationalen Kongreß, Luxemburg, 1938, S. 65.

*Tabelle 3:*
**Beschäftigte im Bergbau in Kohlenförderländern Europas und in den USA (1913–1935)**
(Beschäftigte in: 1 000)

| Länder | 1913 | 1924 | 1929 | 1931 | 1933 | 1935 |
|---|---|---|---|---|---|---|
| Belgien | 146,0 | 172,2 | 151,8 | 155,3 | 138,3 | 120,6 |
| Tschechoslowakei | ? | 69,7 | 58,4 | 54,8 | 47,0 | 43,0 |
| Frankreich | 199,8 | 281,5 | 282,1 | 271,8 | 238,5 | 215,9 |
| Niederlande | 9,7 | 29,5 | 35,7 | 38,2 | 34,2 | 29,4 |
| Polen | 123,3 | 180,6 | 124,9 | 109,2 | 76,4 | 69,7 |
| Großbritannien | 1 104,4 | 1 213,7 | 956,6 | 867,8 | 789,0 | 769,4 |
| Deutschland | 654,0 | 632,0 | 544,3 | 390,4 | 330,3 | 406,8* |
| USA | 747,5 | 779,6 | 654,4 | 589,7 | 523,3 | 565,6 |

(*) 1935 einschließlich des Saargebietes
Quelle: IBV, Bericht zum 33. Internationalen Kongreß, Luxemburg, 1938, S. 65.

lungsspielraum des IBV noch mehr. Die politische und die wirtschaftliche Krise sowie die Strukturprobleme des europäischen Kohlenbergbaus konfrontierten den IBV mit Problemen, auf die er keinen maßgebenden Einfluß gewinnen konnte. Mitgliederverluste und eine gewerkschaftspolitische Polarisierung als Folge der krisenhaften Entwicklungen schwächten die

Handlungsmöglichkeiten des IBV und schienen zeitweise seine Existenz zu gefährden.

## Mitgliederstruktur und gewerkschaftspolitische Differenzen

Auf dem Kongreß 1920 vertraten 12 Gewerkschaften ca. 2,6 Mio. Mitglieder (1913: 7 Gewerkschaften, 1,4 Mio.). Die hohe Mitgliederzahl, die den IBV vorübergehend zum mitgliederstärksten Berufssekretariat nach der Metallarbeiter-Internationale (IMB) werden ließ, war in erster Linie eine Folge des kurzfristigen Organisationsbooms der europäischen Gewerkschaften in den ersten Nachkriegsjahren. Bereits 1922 zählte der IBV nur noch ca. 2 Mio. Organisierte, wobei ein Teil des Mitgliederrückgangs aus der politischen Spaltung der Arbeiterbewegung resultierte[76]. Gleichzeitig setzten bereits Mitgliederverluste als Folge der Strukturkrise des Kohlenbergbaus ein, der in Verbindung mit der Wirtschaftskrise Ende der 20er Jahre den Mitgliederbestand bis 1930 auf 1,3 Mio. Organisierte halbierte. Die politische Krise Europas führte in den 1930er Jahren schließlich zum Verlust von Gewerkschaften in Deutschland (1933), Österreich (1934), im Saarland (1935), der Tschechoslowakei (1938) und in Spanien (1936/39).

Gegenläufig zum stetigen Verlust von Mitgliedern nahm in den 1920er Jahren die Zahl der angeschlossenen Verbände von 12 auf 17 (1928) zu. Dem IBV schlossen sich in dieser Zeit Gewerkschaften aller europäischen Länder mit relevanten Bergbaurevieren (mit Ausnahme der Sowjetunion) an[77]. Außerhalb Europas gehörten ihm nur die nordamerikanische UMWA, die am Willensbildungs- und Entscheidungsprozeß des IBV punktuell teil-

---

[76] Der französische Verband spaltete sich 1921, so daß bis zum Beginn der Volksfrontphase 1936 nur die sozialistische Organisation dem IBV angehörte. Die deutsche Delegation umfaßte 1920 neben dem »Alten Verband« noch die Hirsch-Dunckersche Bergarbeiterorganisation und den christlichen Verband und repräsentierte zusammen 768 000 Mitglieder. Der christliche Bergarbeiterverband war 1922 nicht mehr auf dem IBV-Kongreß vertreten, sondern zählte zu den Gründungsmitgliedern der 1922 entstandenen Bergarbeiter-Internationale des Internationalen Bundes Christlicher Gewerkschaften (IBCG).

[77] Die Zunahme der Gewerkschaften in Europa umfaßte vor allem Gewerkschaften in den Nachfolgestaaten Österreich-Ungarns bzw. in den durch die territoriale Neugliederung Europas (wieder-)entstandenen Ländern: Dem IBV schlossen sich 1920 Verbände aus Polen (1920 bzw. 1923), Ungarn (Mitglied bis 1924) und Jugoslawien sowie 1924 aus Rumänien an. Die Organisationen aus Österreich und der Tschechoslowakei setzten die Mitgliedschaft der bis 1914 vom österreichischen Verband repräsentierten Bergarbeiter fort. Seit dem Kongreß von 1920 zählte der luxemburgische Verband, seit 1924 die spanischen Bergarbeiter zu den IBV-Mitgliedern. Schweden und Norwegen folgten 1928; deren Mitgliedschaft war zeitweise – Schweden bis 1929, Norwegen bis 1932 – wegen ihrer bilateralen Freundschaftsverträge mit der russischen Bergarbeitergewerkschaft suspendiert, vgl. K.-G. Herrmann, 1985, S. 141 f.

nahm[78], und korrespondierend die australische Workers' Industrial Union an. Die Bergarbeiter-Internationale blieb in der Zwischenkriegszeit ein europäisches Berufssekretariat, dessen Politik auf den europäischen Kohlenbergbau bezogen war. Diese Konzentration auf den Kohlenbergbau veränderte auch der Beitritt des hauptsächlich im Erzbergbau tätigen schwedischen Verbandes (1928) nicht. Obwohl Eduard Mattson, Vertreter der schwedischen Organisation, seit 1930 auf eine stärkere Berücksichtigung des Erzbergbaus durch den IBV drängte, seit 1932 Probleme des Erzbergbaus auf jedem Kongreß ausführlich thematisierte und für eine Differenzierung der Organisationsstruktur durch die Einrichtung von sektoralen Fachgruppen eintrat, erhielten seine Bemühungen nur geringe Unterstützung von den im IBV maßgebenden Gewerkschaften, für die der Erzbergbau keine oder nur marginale Bedeutung hatte. Insgesamt fanden seine Vorschläge in den 30er Jahren nur wenig Resonanz[79].

Die Zunahme der Mitgliedsverbände erweiterte die Gruppe der Gewerkschaften nur geringfügig, die an den Entscheidungsprozessen des IBV beteiligt waren und Einfluß nehmen konnten. Zu den Gewerkschaften, die bislang die IBV-Politik kontinuierlich bestimmt hatten (britische, belgische, deutsche und französische Verbände), kamen als aktive und engagierte Organisationen der polnische und der tschechoslowakische Verband sowie seit Ende der 20er Jahre die schwedische Gewerkschaft hinzu. Maßgebend blieben jedoch die MFGB und (bis 1933) der BAV. Beide konnten aufgrund ihrer Mitgliedergröße und Finanzkraft sowie wegen der Bedeutung des britischen und deutschen Kohlenbergbaus in Europa Vetopositionen innerhalb des IBV einnehmen.

Wiederbelebung, Bestand und Handlungsfähigkeit des IBV basierten auf der Konsensfähigkeit der einflußrelevanten Mitgliedsverbände. Sie bestand Anfang der 20er in einer von den meisten Verbänden vertretenen sozialdemokratisch/sozialistisch orientierten Gewerkschaftspolitik. Diese gewerk-

---

78 Die UMWA war mit zwei oder drei Delegierten auf den Kongressen 1920, 1922 und 1924 vertreten und nahm nur an wenigen IK-Sitzungen teil. – Einfluß auf IBV-Entscheidungen hatte die UMWA u. a. durch ihre zunächst (1921–1924) ablehnende Haltung, die Einrichtung eines permanenten Sekretariats und die Ernennung eines hauptamtlichen Sekretärs finanziell mitzutragen; anscheinend wurde die Bereitschaft der MFGB, Frank Hodges als hauptamtlichen Sekretär zu akzeptieren und zu nominieren, auch durch ein Votum der UMWA beeinflußt, vgl. ebd., S. 159–163.

79 Der von Mattson vorgelegte Antrag, sektorale Fachgruppen einzurichten, wurde vom IK und vom Kongreß 1932 abgelehnt und statt dessen die Einrichtung eines »technischen Ausschusses« im Rahmen des Internationalen Komitees zugestanden. Wegen des geringen Interesses der Mitgliedsverbände konstituierte sich dieser Ausschuß nicht, vgl. IBV, Protokoll 29. Internationaler Bergarbeiter-Kongreß, Krakau, 1930, S. 110 f.; IBV, Protokoll 30. Internationaler Bergarbeiterkongreß, London, 1932, S. 81 f., 146–165.

schaftspolitische Orientierung war bei den kontinentalen Gewerkschaften seit der Spaltung der Arbeiterparteien und Gewerkschaften mit einer deutlichen Abgrenzung gegenüber kommunistischen Organisationen verbunden. In Frage gestellt wurde die Konsensfähigkeit, als in der MFGB zwischen 1924 und 1928/31 der kommunistisch orientierte Gewerkschaftsflügel die Verbandsleitung übernahm, mit A. J. Cook den Sekretär stellte und kompromißlos eine konfliktorische Gewerkschaftsstrategie verfolgte, deren Kulminationspunkt der Arbeitskampf im britischen Bergbau 1926 war.

Der britische Bergarbeiterverband sah sich Mitte der 20er Jahre mit Forderungen nach einschneidenden Lohnkürzungen, nach drastischen Arbeitszeitverlängerungen und nach einem Verzicht auf nationale Tarifvereinbarungen konfrontiert. Dagegen setzte der Verband seine konfliktorische Strategie auf nationaler Ebene, die zugleich eine Herausforderung an die Regierung darstellte, da Lohn- und Preisgestaltung im britischen Bergbau zu dieser Zeit noch hoch subventioniert waren. Zur Absicherung seiner Strategie bemühte sich die MFGB um eine international koordinierte Aktion, die jedoch im Rahmen des IBV scheiterte.

Die meisten kontinentalen Mitgliedsverbände verfolgten eine »reformistische« Gewerkschaftspolitik, standen nicht vor einer grundsätzlichen Revision der nationalen Tarifpolitik, mit der die MFGB seit 1925 konfrontiert war, und konnten daher die Politik der MFGB schwerlich mitvollziehen.

*Tabelle 4:*
**Mitgliederentwicklung des IBV (1920–1938)**
(in: 1 000)

| Jahr | insgesamt[a] | Länder/Gewerkschaften | Mitglieder[b] auf dem Kongreß | Länder/Gewerkschaften |
|---|---|---|---|---|
| 1920 | 2 614 | 12 | 2 614 | 12 |
| 1922 | 2 001 | 11 | 2 219 | 11 |
| 1924 | 1 832 | 14 | 1 972 | 13 |
| 1928 | 1 540 | 17 | 928 | 12 |
| 1930 | 1 362 | 17 | 920 | 11 |
| 1932 | 1 421 | 16 | 965 | 11 |
| 1934 | 1 245 | 16 | 755 | 11 |
| 1936 | 1 030 | 13 | 722 | 8 |
| 1938 | 1 280 | 14 | 874 | 10 |

(a) Angaben nach Jahrbüchern des IGB; 1938 nach IBV, Bericht zum 33. Kongreß 1938, S. 26.
(b) Angaben nach den Kongreßberichten; für 1928 nicht nach den Angaben des Mandatsprüfungsberichts (S. 75), sondern nach der Mitteilung von A. J. Cook (S. 140); für 1930 nach IBV, Bericht zum 31. Kongreß 1932, S. 72.

Zudem waren sie angesichts der Absatzkrise des Kohlenbergbaus im Frühsommer 1926 kaum konfliktfähig. Diese Konstellation lähmte den IBV zeitweise[80], verdeutlichte aber auch die Einflußgrenze der MFGB, die zwar über eine Vetoposition verfügte, aber die Mehrheit der sozialdemokratischen/sozialistischen Gewerkschaften im IBV nicht zu dominieren vermochte.

Diese Einflußgrenze zeigte sich auch in der Frage der Mitgliedschaft der russischen Bergarbeitergewerkschaft. Für deren vorbehaltlose Aufnahme in den IBV trat die MFGB 1928 auf dem Kongreß ein, da sie sich von einer die politischen Richtungsdifferenzen negierenden Gewerkschaftseinheit eine Einflußsteigerung des IBV versprach. Der auf dem Kongreß vorgelegte Antrag der MFGB traf allerdings auf die ablehnende Stellungnahme von Désiré Coine (Frankreich), Achille Delattre (Belgien) und Fritz Husemann (Deutschland), so daß der Kongreß nur eine Resolution einstimmig annahm, die als Voraussetzungen für eine Mitgliedschaft die Anerkennung der Statuten, der Grundsätze, der Disziplin und der Beschlüsse des IBV festlegte[81]. Eine erneute Initiative, um den Anschluß des sowjetischen Verbandes an den IBV zu erreichen, erfolgte erst 1936. Inzwischen hatte sich das politische Kräfteverhältnis innerhalb der Bergarbeiter-Internationale nach der Vereinigung des sozialistischen und kommunistischen Bergarbeiterverbandes in Frankreich zu Beginn der Volksfrontregierung verschoben. Die nun weitgehend im IBV vorhandene Bereitschaft, die sowjetische Organisation ohne besondere Vorbehalte als Mitglied zu akzeptieren, blieb jedoch ohne Erfolg[82].

Die erheblichen Spannungen und politischen Differenzen, die zwischen den kontinentalen Gewerkschaften und der MFGB in den 20er Jahren im Rahmen des IBV entstanden, waren nicht zuletzt eine Folge der geringen Interventionsfähigkeit der Bergarbeiter-Internationale bei verschiedenen Konflikten. Sie entsprachen aber auch unterschiedlichen Erwartungen an die nationale und internationale Gewerkschaftspolitik.

---

80 Vgl. K.-G. Herrmann, 1985, S. 214f.
81 Vgl. IBV, Protokoll 28. Internationaler Bergarbeiter-Kongreß, Nîmes, 1928, S. 139–150, 161. Der russische Verband hatte zuletzt 1926 die Aufnahme in den IBV beantragt. Das Internationale Komitee hatte im September 1926 dazu einen Beschluß gefaßt, der u. a. den Austritt aus der Roten Gewerkschaftsinternationale und den Verzicht auf Angriffe gegen IBV-Mitgliedsverbände verlangte. Beides wurde in der Antwort des russischen Verbandes schroff zurückgewiesen, vgl. die Ausführungen von Delattre, ebd. S. 149f.
82 Vgl. IBV, Bericht zum 33. Internationalen Kongreß, Luxemburg, 1938, S. 10–16. – Der sowjetische Verband machte den Beitritt zum IBV von einer Aufnahme des Zentralrats der sowjetischen Gewerkschaften in den IGB abhängig, die nicht zustande kam.

## Perspektiven und Aktivitäten

Die Diskussionen auf dem Kongreß im August 1920 waren vom Optimismus geprägt, daß Forderungen nach Nationalisierung oder Sozialisierung des Bergbaus und weitere Verkürzungen der Arbeitszeit in absehbarer Zeit erreichbar seien und die Arbeiterbewegung einen maßgebenden Einfluß auf die Wirtschafts- und Sozialpolitik erringen würde. Die Mehrheit der Kongreßdelegierten war jedoch nicht bereit, die von Casimir Bartuel (Frankreich) für die Bergarbeiter-Internationale geforderten »praktischen Aktionen, die uns unseren Zielen [gemeint ist hier die Sozialisierung des Bergbaus] näher bringen«, festzulegen[83]. Die Forderung nach »internationalen Aktionen« und die Bestimmung der Handlungsmöglichkeiten des IBV blieben somit Diskussionsgegenstand auch der nächsten Kongresse. Beeinflußt wurde diese Debatte durch verschiedene große Arbeitskämpfe in den 20er Jahren, die die engen Grenzen für internationale Aktionen und für eine gegenseitige Unterstützung deutlich machten.

Bereits 1921 war die MFGB mit Forderungen nach Lohnreduzierungen und Verzicht auf nationale Tarifregelungen konfrontiert. Während der dreimonatigen Aussperrung von etwa einer Millionen Bergarbeitern erhielt die MFGB finanzielle Unterstützungen von einzelnen IBV-Verbänden. Eine koordinierte Aktion durch den IBV kam jedoch nicht zustande. Ebenfalls nur finanzielle Hilfen konnten der UMWA über den IBV gewährt werden, als 1922 ein mehrmonatiger Arbeitskampf in den nordamerikanischen Kohlenrevieren stattfand, um Lohnreduzierungen und Arbeitszeitverlängerungen abzuwehren[84]. Kohlenexporte von Großbritannien in die USA konnten hingegen nicht verhindert werden. Auch während der Ruhrbesetzung 1923 war der IBV nur in der Lage, Protest-Resolutionen zu beschließen. Weitergehende Maßnahmen wie ein Kohlenboykott gegen Frankreich oder Proteststreiks fanden bei den Mitgliedsverbänden keinen Konsens[85]. Die Mai-Aussperrung im Ruhrbergbau 1924, mit der eine Arbeitszeitverlängerung (8-Stunden-Schicht) von seiten der Arbeitgeber durchgesetzt wurde, war als Konflikt zu kurzfristig, als daß der IBV Unterstützungsaktionen hätte organisieren können. Schließlich verdeutlichte der bereits erwähnte verlust-

---

83 IBV, Protokoll 25. Internationaler Bergarbeiter-Kongreß, Genf, 1920, S. 63. – Als rhetorisches Zugeständnis wurde in der vom Kongreß angenommenen Resolution die Prüfung des Fortschritts der nationalen Sozialisierungs-/Nationalisierungsaktivitäten durch das Internationale Komitee nach zwei Monaten und gegebenenfalls die Einleitung internationaler Unterstützungsaktionen, einschließlich des internationalen Generalstreiks, aufgenommen, vgl. ebd., S. 124 f.
84 Vgl. IBV, Protokoll 26. Internationaler Bergarbeiter-Kongreß, Frankfurt a. M., 1922, S. 36–40.
85 Vgl. K.-G. Herrmann, 1985, S. 187 ff.

reiche Arbeitskampf in Großbritannien 1926[86] die Handlungsgrenzen des IBV. Seine Mitgliedsorganisationen konnten finanzielle Hilfen leisten, die einen kleinen Teil des Unterstützungsbedarfs der MFGB deckten. Angesichts labiler Beschäftigungssituationen sahen sich die kontinentalen Gewerkschaften nicht in der Lage, ihre Mitglieder zu einer Reduzierung der Förderung oder zu Unterstützungsstreiks aufzufordern. Ebensowenig war es möglich, Einfluß auf den Kohlenexport nach Großbritannien zu nehmen, der im Verlauf des Arbeitskampfes zu Sonderkonjunkturen in einigen Ländern (USA, Polen, Deutschland) führte.

Vor dem Hintergrund dieser Arbeitskämpfe waren in der ersten Hälfte der 20er Jahre nur Anforderungen an den IBV mehrheitsfähig – wie bereits die Debatte auf dem Kongreß 1922 zeigte –, die sich auf die Aufstellung eines gemeinsamen Aktionsprogramms beschränkten. In diesem Aktionsprogramm sollten die zentralen, von den bisherigen IBV-Kongressen beschlossenen Forderungen zusammengefaßt werden, um den nationalen Organisationen als Richtlinien für ihre Tarifpolitik zu dienen. Damit sollte mittelfristig eine »internationale Vereinheitlichung der Arbeitsbedingungen« angestrebt werden[87]. Die Durchsetzung gemeinsamer Forderungen mußte, wie Fritz Husemann in seinem Referat zum Tagesordnungspunkt »Gemeinsame Aktionen« auf dem Kongreß 1924 hervorhob, »zunächst Aufgabe der Landesorganisationen sein«[88]. Zwar sah die von ihm vorgestellte Resolution bei Arbeitskämpfen nationaler Gewerkschaften neben moralischer und finanzieller Unterstützung und der Behinderung des Kohlenexports auch die »Aufrufung zur Anwendung der letzten gewerkschaftlichen Kampfmittel« vor, stellte jedoch die Verbesserung des Informationsaustausches (d. h. die Sekretariatsfrage) und eine Abstimmung über die von den IBV-Verbänden gleichzeitig anzustrebenden tarifpolitischen Ziele in den Vordergrund[89]. Als wesentliche Voraussetzung für die Durchsetzung gemeinsamer Forderungen galt das Bestehen starker und handlungsfähiger nationaler Organisationen.

---

86 Vgl. ebd., S. 191–216.
87 Auf dem Kongreß 1922 stand dieser Tagesordnungspunkt, den ein Referat von Frank Hodges (Internationaler Sekretär und MFGB-Sekretär) einleitete, am Anfang der Kongreßdebatte, vgl. Protokoll 26. Internationaler Bergarbeiter-Kongreß, Frankfurt a. M., 1922, S. 16–22.
88 IBV, Protokoll 27. Internationaler Bergarbeiter-Kongreß, Prag, 1924, S. 89.
89 Als wichtigste Ziele der nationalen Organisationen und des IBV sah Husemann die Abwehr von Verlängerungen und die Durchsetzung von Verkürzungen der Arbeitszeit, die Lohnfrage, den Ausbau der Sozialpolitik (Alters-, Invaliden- und Hinterbliebenen-Renten, Sicherung gegen Arbeitslosigkeit), die Weiterentwicklung des Betriebsrätesystems und die Nationalisierung/Sozialisierung des Bergbaus an, vgl. ebd., S. 89.

Deutlicher als auf den vorangegangenen Kongressen wurde das Strukturproblem des europäischen Kohlenbergbaus auf dem Kongreß 1928 als zentraler, von den einzelnen Bergarbeitergewerkschaften auf nationaler Ebene allein nicht zu beeinflussender Faktor für die Vertretungsschwäche auch mitgliederstarker Bergarbeiterverbände wahrgenommen. Die MFGB, die den Tagesordnungspunkt »Internationale Organisation der Bergarbeiter« zur Debatte stellte, sah die Einflußschwäche des IBV indes vor allem durch die Spaltung der Gewerkschaftsbewegung und den geringen Mitgliederbestand des IBV bedingt, der nur ein Drittel der weltweit beschäftigten Bergarbeiter organisiere. Arthur J. Cook forderte daher, daß die Anstrengung des IBV auf die Ausweitung der Mitgliederbasis, insbesondere auf den Anschluß des sowjetischen Bergarbeiterverbandes, gerichtet sein müßte, was von der Mehrheit der kontinentalen Gewerkschaftsvertreter in dieser Form abgelehnt wurde[90].

Die von Achille Delattre (Belgien) und Pierre Vigne (Frankreich) dem Kongreß vorgelegten Referate über das »Kohlenproblem« und die »Internationale Organisation der Produktion« stellten hingegen eine internationale Regulierung von Produktion, Absatzmärkten, Preisen und Arbeitsbedingungen in den Mittelpunkt einer IBV-Strategie[91]. Sie nahmen damit Themen wieder auf, die auf der Tagesordnung vorangegangener Kongresse gestanden, aber entweder nur zu beiläufigen oder zu keinen Initiativen geführt hatten[92]. Trotz erheblicher Kritik und Skepsis der MFGB-Delegierten[93] akzeptierte der Kongreß einstimmig eine Resolution, die »das Internationale Arbeitsamt und den Wirtschaftsausschuß des Völkerbundes [ersuchte], eine Weltkonferenz der Kohle erzeugenden Länder einzuberufen«, auf der »die Bergarbeiter eine Vertretung mit gleichen Rechten erhalten [sollten], um dort ihre Auffassung zu vertreten«[94]. Darüber hinaus wurde die ILO aufgefordert, eine Konferenz einzuberufen, die die Einführung einer Ar-

---

90 Vgl. IBV, Protokoll 28. Internationaler Bergarbeiter-Kongreß, Nîmes, 1928, S. 139–150, 169 f. Die von A. J. Cook angeführten Daten zu den beschäftigten Bergarbeitern und den IBV-Mitgliedern zeigten auch, daß dem IBV Mitgliedsverbände aus allen relevanten europäischen Kohlenbergbauländern angeschlossen waren. – Wenn die Einflußmöglichkeiten auf die Entwicklung des europäischen und globalen Kohlenmarktes allein von den Mitgliedsverbänden abhängig gewesen wären, hätte der IBV zu dieser Zeit über ein hohes Einflußpotential verfügt.
91 Vgl. ebd., S. 15–74.
92 Zur Vorgeschichte der Initiative von 1928 und zum komplexen Entscheidungsprozeß vgl. K.-G. Herrmann, 1985, S. 222–238.
93 Gegen die Option für eine reformistische internationale Sozial- und Wirtschaftspolitik sprach sich u. a. A. J. Cook aus, der eine nicht näher präzisierte IBV-Politik befürwortete, die auf der Stärke der eigenen Organisation basieren sollte, vgl. IBV, Protokoll 28. Internationaler Bergarbeiter-Kongreß, Nîmes, 1928, S. 58–61.
94 Ebd., S. 74.

beitszeit (Schicht) von 7 Stunden (einschließlich Ein- und Ausfahrt) im Kohlenbergbau international vorbereitet[95].

Mit diesen Beschlüssen stand in den nächsten Jahren eine Politik im Mittelpunkt der IBV-Aktivitäten, die auf die Regulierungsfunktion internationaler zwischenstaatlicher Organisationen setzte. Vom Völkerbund wurde eine Regulierung des europäischen Kohlenbergbaus, vor allem aber von der ILO Maßnahmen für eine internationale Vereinheitlichung von Arbeitsbedingungen erwartet.

### ILO-Aktivitäten der Bergarbeiter-Internationale[96]

Die Kongreß-Resolution des IBV trug mit dazu bei, daß sich der Völkerbund und dessen Wirtschaftsausschuß von 1928 bis 1930 mit der Frage des europäischen Kohlenbergbaus beschäftigten und Expertenanhörungen unter Beteiligung von Bergarbeitervertretern durchführten, um die Frage nach einer internationalen Regulierung der Kohlenindustrie zu erörtern. Maßnahmen für eine vom IBV geforderte internationale Regulierung des Kohlenbergbaus wurden jedoch nicht eingeleitet. Statt einer wirtschafts- und handelspolitischen Regelung sollte nach Ansicht des Wirtschaftsausschusses des Völkerbundes zunächst eine internationale Angleichung der Arbeitsbedingungen, der Arbeitszeit und der Löhne angestrebt werden[97].

Die für Januar 1930 von der ILO einberufene dreigliedrige vorbereitende technische Konferenz sah die Chancen für eine konsensuale internationale Regelung von Arbeitsbedingungen im Kohlenbergbau auf den Bereich der Arbeitszeit begrenzt. Für diesen Bereich war von der ILO ein Konventionsentwurf erarbeitet worden[98]. Die Diskussion der Arbeitszeit-Konvention zeigte erhebliche Differenzen sowohl zwischen den funktionalen Gruppen

---

95 Vgl. ebd., S. 162.
96 Detailliert zum folgenden K.-G. Herrmann, 1985, S. 220–319.
97 Vgl. IBV, Protokoll 29. Internationaler Bergarbeiter-Kongreß, Krakau, 1930, S. 125–131; ferner K.-G. Herrmann, 1985, S. 238–253. – Der IBV nahm 1931 seine Initiative wieder auf, Maßnahmen zur Regulierung der europäischen Kohlenindustrie vom Völkerbund zu fordern. Verlangt wurde in einem Treffen mit der Kohlenkommission des Wirtschaftsausschusses des Völkerbundes, die vom 18.–22. 6. 1931 in Genf im Anschluß an die ILO-Vollversammlung tagte, die Einrichtung eines Völkerbundamtes für Kohlenwirtschaft, allgemeine Rahmenabkommen des Völkerbundes für zwischenstaatliche Verträge der Kohlenförderländer und die Beseitigung von Handelshemmnissen. Der Wirtschaftsausschuß wies eine Regulierungsfunktion des Völkerbundes Anfang 1932 endgültig zurück. Vgl. ebd., S. 298–304; ferner IBV, Berichte zum 30. Internationalen Bergarbeiter-Kongreß, London, 1932, S. 25–29, 57–66.
98 Vgl. IBV, Protokoll 29. Internationaler Bergarbeiter-Kongreß, Krakau, 1930, S. 131–163.

als auch unter den Bergarbeitervertretern[99], so daß eine Festlegung der Arbeitszeit auf die vom IBV geforderten 7-Stunden-Schicht ebensowenig eine Mehrheit fand wie Kompromißvorschläge, die eine Tagesschicht von 7,5 und 7,75 Stunden vorsahen. Trotzdem sollte auf der Generalversammlung der ILO 1930 die abschließende Diskussion und Annahme der Konvention erfolgen.

Auf dem IBV-Kongreß, der im Mai 1930 vor der Generalversammlung der ILO stattfand, wurde der Stand der Diskussion ausgiebig erörtert. Die vorliegende Resolution bewertete das Ergebnis als »nicht annehmbar«[100], und die Kompromißbereitschaft der IBV-Vertreter in Genf wurde von einzelnen Delegierten nachhaltig kritisiert. Obwohl die hohen Erwartungen an die Regelung der Arbeitsbedingungen durch die ILO enttäuscht wurden, blieb eine – nicht zuletzt vom IBV-Sekretär Achille Delattre (Belgien) geförderte – pragmatische Bereitschaft zu weiterer Mitarbeit bestehen[101]. Sie war die Voraussetzung dafür, daß die IBV-Vertreter bei der Beratung der Konvention im Kohlenausschuß der ILO im Juni 1930 eine Arbeitszeitfestlegung von 7,75 Stunden je Schicht akzeptierten. Bei der Abstimmung der Generalversammlung am 28. 6. 1930 kam die erforderliche Zweidrittelmehrheit für eine Annahme der Konvention aber nicht zustande, wenngleich ihre Wiederaufnahme auf der nächsten ILO-Konferenz 1931 befürwortet wurde[102].

Das Scheitern der Konvention 1930 war zum Teil eine Folge der Politik des IBV, der mit der Konvention eine Verbesserung nationaler Arbeitsbedingungen (Arbeitszeitverkürzung, Ausschluß von Überstunden aus wirtschaftlichen Gründen) zu erreichen suchte und dessen Kompromißbereitschaft daher trotz mancher Zugeständnisse zu gering blieb. Die Chancen für eine Verbesserung nationaler Arbeitsbedingungen durch eine ILO-Konvention wurden angesichts der dreigliedrigen Entscheidungsstruktur überschätzt[103].

Eine überarbeitete Arbeitszeitkonvention für den Kohlenbergbau konnte

---

99 Kontrovers war z. B. die Definition der Schichtzeit; hier setzte sich eine Regelung durch, die eine individuelle Schichtzeit einschließlich Ein- und Ausfahrt festlegte, was von den britischen Vertretern abgelehnt wurde.
100 IBV, Protokoll 29. Internationaler Bergarbeiter-Kongreß, Krakau, 12.–16. 5. 1930, S. 168.
101 Vgl. ebd., S. 174–184.
102 Ein wichtiger Punkt für das Scheitern war die Überstundenfrage. Die deutsche Regierung hatte sich der Stimme enthalten, da Überstunden aus wirtschaftlichen Gründen in der Konvention nicht mehr vorgesehen waren. Aber auch unter den Arbeitervertretern bestand bei der Schlußabstimmung keineswegs ungeteilte Zustimmung, vgl. zum Entscheidungsprozeß K.-G. Herrmann, 1985, S. 274–284.
103 Vgl. ebd., S. 286.

1931 von der Generalversammlung der ILO verabschiedet werden[104]. Damit war die Konvention jedoch noch nicht in Kraft getreten. Nach Artikel 18 war dazu die Ratifizierung von mindestens 2 der 7 wichtigsten Kohlenförderländer erforderlich. Politische Veränderungen in Großbritannien (Ablösung der Labour-Regierung im Herbst 1931) und Deutschland (Sturz der Brüning-Regierung 1932) verhinderten, daß die beiden Länder, deren Regierungen die Annahme der Konvention seit 1930 gefördert bzw. unter bestimmten Bedingungen unterstützt hatten, sie ratifizierten. Der Austritt Deutschlands aus dem Völkerbund und der ILO nach der Machtübernahme der Nationalsozialisten 1933 ließ eine Ratifizierung schließlich unwahrscheinlich werden.

Trotz massiver Kritik, die auf dem Kongreß 1932 gegen den Konventionskompromiß, die Haltung der Regierungen und der Unternehmer erhoben wurde[105], fand sich auf dem Kongreß dennoch eine Mehrheit, die – wenngleich nicht mehr mit den hohen Erwartungen, die die ILO-Initiative des IBV seit 1928 begleitet hatten – eine Resolution unterstützte, mit der die Ratifizierung der Arbeitszeitkonvention weiterhin verlangt wurde. Angesichts der hohen Arbeitslosigkeit und zahlreicher Feierschichten wurde darüber hinaus als arbeitsmarktpolitische Maßnahme zur Krisenmilderung, die vom IGB an die ILO gerichtete Forderung nach Einführung der 40-Stunden-Arbeitswoche unterstützt und zugleich die 7-Stunden-Schicht im Bergbau verlangt[106].

Obwohl die ILO- und Völkerbund-Politik des IBV Ende der 20er und Anfang der 30er Jahre zu keiner Regelung oder international verbindlichen Vereinbarung geführt hatte[107], wurde die Zusammenarbeit mit der ILO fortgesetzt. Die ILO blieb ein wichtiger Adressat für die Bemühungen um eine internationale Angleichung der Arbeitsbedingungen. Es war aber deut-

---

104 In ihr waren u. a. wirtschaftliche Überstunden und die Einbeziehung des Braunkohlenbergbaus, aber auch Lohnzuschläge bei Überstunden und Beschränkungen der Sonntags- und Feiertagsarbeit enthalten, vgl. IBV, Berichte zum 30. Internationalen Bergarbeiter-Kongreß, London, 1932, S. 6–22, hier auch der Text; ferner K.-G. Herrmann, 1985, S. 288–295. Wäre diese Arbeitszeitregelung umgesetzt worden, hätte sie trotz der Minimalkompromisse in den meisten europäischen Revieren eine Arbeitszeitverkürzung zwischen 15 und 45 Minuten je Schicht bedeutet.
105 Vgl. insbesondere die Stellungnahmen von Adolf Pohl (Tschechoslowakei), Jan Stanczyk (Polen), Janecek (Österreich), IBV, Protokoll 30. Internationaler Bergarbeiterkongreß, London, 1932, S. 109–116, 119–121.
106 Ebd., S. 124, 132; zugleich wurden für den 4. 12. 1932 öffentliche Massendemonstrationen der Bergarbeiter beschlossen, um den IBV-Forderungen Nachdruck zu verleihen.
107 Anders zu bewerten ist die erreichte Anerkennung des IBV durch den Völkerbund bzw. den Wirtschaftsausschuß, d. h. die Akzeptanz als kompetente Sachverständigen- und Interessenorganisation, sowie die intensive Wahrnehmung der Bergarbeiter-Interessen durch die ILO.

lich geworden, daß Erfolge in Genf einen stärkeren Einfluß auf nationaler Ebene voraussetzten und daß die ILO weder aktuelle Probleme der nationalen Organisationen lösen noch deren Gestaltungsschwächen ausgleichen konnte[108]. Auf dieser veränderten Basis erweiterte der IBV in den nächsten Jahren sogar seine ILO-Politik[109]. Sie hatte sich bereits seit Ende der 20er Jahre auch auf berufsbezogene Probleme der Arbeitssicherheit und der Unfallverhütung, des Gesundheitsschutzes und der Berufskrankheiten gerichtet. Für diese Bereiche wurden Konventionen, Untersuchungen und Standardisierungen von der ILO erwartet[110]. Genutzt wurden die Forschungskapazitäten der ILO, indem sie aufgefordert wurde, Untersuchungen über spezifische Bergbauprobleme (z. B. Gesetzgebung über Arbeitszeitregelungen bei hohen Temperaturen; Entschädigungsregelungen bei Berufskrankheiten) durchzuführen[111] oder – so der IBV-Kongreß von 1936 – Richtlinien für Gesundheits- und Sicherheitsbestimmungen im Bergbau auszuarbeiten[112].

Seit 1928 hatte sich die Position des IBV zur ILO verändert. Ihre Forschungskapazität wurde zunehmend genutzt wie auch ihr Forum-Charakter, während zugleich realisiert wurde, was der ILO-Vertreter Adolf Staal auf dem IBV-Kongreß 1938 nochmals hervorhob: Die ILO könne nicht als Ersatz für Regelungen angesehen werden, für die auf nationaler Ebene keine Durchsetzungschancen bestehen – »measures which you cannot realize in the national field must not be expected from Geneva (...). Geneva only more or less fixes an international minimum«[113].

Wie die ILO-Aktivitäten des IBV wesentlich von den nationalen Einfluß-

---

108 Vgl. u. a. die Stellungnahmen von Ebby Edwards (Großbritannien) und Emil Haase (Tschechoslowakei) auf dem Kongreß 1934, MIF, Internationale Miners' Congress, Lille, 1934, S. 28, 33 f.; ferner von Pierre Vignes (Frankreich), MIF, International Miners' Congress, Prague, 1936, S. 13.
109 Die Arbeitszeit-Konvention wurde 1935 in veränderter Form angenommen, aber wiederum nicht ratifiziert, das gelang im selben Jahr für eine Konvention, die ein Verbot der Untertagearbeit für Frauen festlegte und 1937 in Kraft trat, vgl. IBV, Bericht zum 32. Internationalen Kongreß, Prag, 1936, S. 9–18. Nicht erfolgreich war 1938 das Bemühen, eine Festlegung der Wochenarbeitszeit im Bergbau auf 38 3/4 Stunden durchzusetzen. Immerhin hatte der IBV es erreicht, daß im Mai 1938 eine weitere dreigliedrige technische Kohlenbergbau-Konferenz der ILO stattfand, die sich mit den Folgen einer Arbeitszeitverkürzung beschäftigte.
110 Beispielsweise hatte sich der IBV seit 1930 gemeinsam mit dem Internationalen Steinarbeiter-Sekretariat um die Aufnahme von Silikose in die Liste der von der ILO anerkannten Berufskrankheiten bemüht, vgl. IBV, Berichte zum 30. Internationalen Bergarbeiter-Kongreß, London, 1932, S. 68–70.
111 Vgl. IBV, Bericht zum 32. Internationalen Kongreß, Prag, 1936, S. 7 f.
112 Vgl. MIF, International Miners' Congress, Prague, 1936, S. 68; MIF, Miners' International Congress, Luxembourg, 1938, S. 21 f.; ferner den Bericht des ILO-Vertreters A. Staal über die umfangreichen Vorarbeiten und weiteren Planungen, die bis zur Generalversammlung der ILO von 1940 einen Konventionsentwurf vorsahen, ebd., S. 11 f.
113 Ebd., S. 12.

chancen der einzelnen Gewerkschaften abhingen, waren es generell die politischen Veränderungen im Europa der 30er Jahre, die den Handlungsrahmen des IBV zunehmend einengten. Gegen den Vormarsch des Faschismus und die Gefahr, die er für die demokratischen Gesellschaften und die Gewerkschaften bedeutete, nahm der IBV auf jedem Kongreß der 30er Jahre Stellung. Die Protestresolutionen fanden eine Ergänzung in – wie auch immer begrenzten – direkten Hilfen und Unterstützungsleistungen.

### Unterstützungen und Hilfen angesichts des Faschismus

Die politische Krise Europas in den 30er Jahren stellte an die Bergarbeiter-Internationale die Anforderung, neben ihrer berufsbezogenen Interessenvertretung Unterstützung für den Widerstand gegen den Faschismus und Hilfe für politisch Verfolgte zu leisten. Das Netzwerk internationaler Beziehungen, das der IBV darstellte, war machtpolitisch nicht in der Lage, Einfluß auf die politischen Verhältnisse zu nehmen. Es stellte jedoch die Voraussetzung für begrenzte und mitunter nur individuelle Hilfen und Unterstützungsleistungen dar.

*Spanien*

Nach dem gescheiterten Aufstand der asturischen Bergarbeiter im Oktober 1934, der gegen die Regierungsbeteiligung der faschistischen CEDA gerichtet war, führte der IBV auf Initiative des britischen Verbandes – der in den nächsten Jahren und auch nach dem Zweiten Weltkrieg enge Verbindungen zu spanischen Bergarbeitern unterhielt und internationale Aktivitäten vom IBV gegen das Franco-Regime forderte –, Sammlungen durch, um die aus Spanien geflüchteten Bergarbeiterfamilien zu unterstützen[114]. Nach dem Wahlsieg der Sozialisten 1936 und dem Beginn des Bürgerkriegs – gegen die Unterstützung der Franco-Rebellion protestierte der Kongreß 1936[115] – führte der IBV diese Aktion 1938 weiter. Wurde zunächst die Einrichtung von Waisenhäusern in Spanien mitfinanziert, förderten die

---

114 Vgl. Protokoll über die zweite Sitzung des Exekutiv Ausschusses [Internationalen Komitees] des IBV 1934–36, 25. 1. 1935, Paris, S. 9f; Protokoll der dritten Sitzung des Exekutiv Ausschusses des IBV 1934–36, Genf, 1. 6. 1935, S. 2–4; Protokoll über die fünfte Sitzung des Exekutiv Ausschusses des IBV 1934–36, Heerlen, 29. und 30. 1. 1936, S. 12f.
115 Vgl. MIF, International Miners' Congress, Prague, 1936, S. 28–36. – Als sich die Niederlage der spanischen Republik 1938 abzeichnete, protestierte der IBV-Kongreß gegen das Waffenembargo und die Nichtinterventionspolitik der demokratischen Staaten und rief die Mitgliedsverbände zu finanziellen und materiellen Hilfen auf, vgl. MIF, Miners' International Congress, Luxembourg, 1938, S. 37–41.

MFGB und der französische Verband 1939 als konkrete Hilfsmaßnahme die Einrichtung eines Kinderheims für spanische Bergarbeiter-Waisen in Frankreich[116]. Der Beginn des Zweiten Weltkriegs reduzierte dieses Engagement auf Hilfeleistungen für exilierte spanische Gewerkschafter in Großbritannien.

*Tschechoslowakei*

Bereits vor Beginn des Zweiten Weltkriegs war der IBV aufgefordert, tschechoslowakischen Bergarbeitergewerkschaftern zu helfen, die nach dem »Münchener Abkommen« und der deutschen Okkupation eines Teils der tschechoslowakischen Republik gefährdet waren[117]. Der IBV hatte schon auf seinem Kongreß im Mai 1938 in Luxemburg mit einer Resolution gegen die wachsende Destabilisierung der tschechoslowakischen Republik durch deutsche Gebietsansprüche nach dem »Anschluß« Österreichs Stellung genommen und die Bedeutung der Unabhängigkeit und der demokratischen Verfassung der Tschechoslowakei für die Bewahrung des Friedens betont[118]. Ende 1938 mußte das Internationale Komitee angesichts der Verfolgung von Gewerkschaftern im nun besetzten Teil der Tschechoslowakei seine Mitgliedsverbände auffordern, »to render their maximum assistance to those still in Czechoslovakia or who have been compelled to leave the country as emigrants«[119], nachdem bereits die MFGB einen Unterstützungsfonds für Emigranten aus der Tschechoslowakei eingerichtet hatte. Angesichts der politischen Situation richteten sich Hilfsmaßnahmen des IBV darauf, Gewerkschaftern, denen Verfolgung und Verhaftung drohten, die Flucht aus dem Lande zu ermöglichen. Der IBV und die britische Bergarbeitergewerkschaft konnten kurzfristig die Emigration von etwa 100 Personen nach Großbritannien organisieren. Ähnliche Hilfen vermochten der polnische, der schwedische und der französiche Verband zu leisten[120].

---

116 Vgl. Minutes of the Meeting of the Executive Committee of the MIF, Paris, 20 and 21 December 1938, S. 8; Minutes of the Meeting of the Executive Committee of the MIF, Cracow, 7 and 8 March 1939, S. 3.
117 Vgl. MIF, Minutes of the Meeting of the Executive Committee of the MIF, Paris, 20 and 21 December, 1938, S. 1–6.
118 Vgl. MIF, Miners' International Congress, Luxembourg, 1938, S. 59.
119 MIF, Minutes of the Meeting of the Executive Committee of the MIF, Paris, 20 and 21 December, 1938, S. 6.
120 Vgl. MIF, Minutes of the Meeting of the Executive Committee of the MIF, Cracow, 7 and 8 March 1939, S. 2.

*Deutschland*

Auch für die Unterstützung illegaler Gewerkschaftsarbeit in Deutschland nach der Machtübernahme durch die Nationalsozialisten und der Zerschlagung des Bergarbeiterverbandes 1933 verfügte der IBV nur über einen geringen Handlungsspielraum.

Angesichts der Gefahr, den Faschismus und Nationalsozialismus für eine freie und unabhängige Gewerkschaftsbewegung darstellten, reagierte Achille Delattre als Sekretär des IBV sofort, als er von der Verhaftung Fritz Husemanns, des BAV-Vorsitzenden und Vizepräsidenten der Bergarbeiter-Internationale, im März 1933 erfuhr[121]. Ein öffentlicher Brief Delattres, der am 23. März 1933 in »Le Peuple« veröffentlicht wurde und sich zugleich an die IBV-Mitgliedsverbände wandte, forderte diese zu Protesten auf, da die Verhaftung Husemanns als Maßnahme gewertet wurde, mit der der deutsche Bergarbeiterverband von den Nazis handlungsunfähig und schließlich unterdrückt werden sollte[122]. Auch wenn die sogenannte »Schutzhaft« von Fritz Husemann im März 1933 nur einen Tag dauerte[123], sah sich der IBV in seiner Einschätzung der politischen Situation in Deutschland bestätigt, als am 29. Mai der Austritt aus der Bergarbeiter-Internationale für den BAV erklärt wurde.

Den nach der endgültigen Zerschlagung der Gewerkschaften am 2. Mai 1933 erzwungenen Austritt aus der Bergarbeiter-Internationale und den Rückzug der ehemaligen BAV-Funktionäre von ihren IBV-Funktionen[124] nahm das am 20./21. Juni 1933 in Saarbrücken tagende Exekutivkomitee des IBV zum Anlaß für eine Pressekampagne. Ein Aufruf des IBV »An die Grubenarbeiter der Welt«, der in den Zeitungen allen IBV-Mitgliedsverbän-

---

121 Unmittelbarer Anlaß der Verhaftung war die Stürmung und Besetzung der BAV-Zentrale und anderer Gewerkschaftshäuser in Bochum durch bewaffnete Nazi-Anhänger am 10./11. März. Die Besetzung der BAV-Zentrale wurde erst am 21. März beendet. Zur Besetzung von Gewerkschaftshäusern in Bochum vgl. Udo Wichert, 11. 3. 1933 – Der Modellfall Bochum, in: Manfred Scharrer (Hrsg.), Kampflose Kapitulation. Arbeiterbewegung 1933, Reinbek bei Hamburg 1984, S. 216–239; hier auch die Wiedergabe eines Berichts von Fritz Husemann über die Besetzung der BAV-Zentrale und der Verhaftung am 11. und 12. März 1933, S. 218–222. Vgl. ferner zur Endphase der Gewerkschaftsbewegung: Die Gewerkschaften in der Endphase der Republik 1930–1933, bearbeitet von Peter Jahn unter Mitarbeit von Detlev Brunner. Quellen zur Geschichte der deutschen Gewerkschaftsbewegung im 20. Jahrhundert, Bd. 4, hrsg. von Hermann Weber, Klaus Schönhoven, Klaus Tenfelde, Köln 1988, S. 851–923.
122 Vgl. die Wiedergabe des Schreibens von Delattre in: IBV, 31. Internationaler Bergarbeiter-Kongress in Lille (Nordfrankreich) vom 5. bis 9. August 1934, Bericht zum Kongreß, S. 7 f.
123 Da das Bochumer Gewerkschaftshaus erst am 21. März geräumt wurde, war es dem IBV bzw. Delattre anscheinend nicht möglich, genauere Informationen zu erhalten, so daß er noch um den 20. 3. 1933 davon ausging, daß die Inhaftierung Husemanns noch bestehe.
124 Mitglieder des Exekutivkomitees waren Fritz Husemann, zugleich Vizepräsident, Georg Berger und August Schmidt.

den veröffentlicht werden sollte, skizzierte die Folgen der faschistischen Machtergreifungen für die Arbeiter und für die Möglichkeit gewerkschaftlicher Interessenvertretung sowie den diskriminierenden »Rassen- und Kastenkampf« des Nationalsozialismus. Viel mehr als vor der Gefahr zu warnen, die Faschismus und Nationalsozialismus »für das Proletariat im besonderen und die Zivilisation im allgemeinen« darstellten, und zu appellieren, eine einheitliche Gegenwehr aufzubauen, vermochte der IBV zu dieser Zeit nicht zu tun.

Diese Handlungsgrenzen des IBV gegenüber dem nationalsozialistischen Unterdrückungsapparat verdeutlicht auch die Reaktion von Ebby Edwards, der als Internationaler Sekretär des IBV die Mitgliedsverbände am 22. April 1935 nur noch vom Tod Fritz Husemanns unterrichten konnte[125]. Husemann, der auch nach seinem Ausscheiden aus dem von der Deutschen Arbeitsfront übernommenen BAV Kontakte zu den ehemaligen Funktionären des »Alten Verbandes« aufrechterhielt und über Verbindungen in die Emigration (u. a. anscheinend zu Franz Vogt) verfügte[126], war im März 1935 erneut von der Gestapo inhaftiert worden. Wenige Wochen später, am 15. April 1936, wurde er im Konzentrationslager Esterwegen ermordet.

Mit dem Tod Fritz Husemanns wurden die Verbindungen zwischen den ehemaligen BAV-Funktionären in Deutschland und die Verbindung dieses Gewerkschafternetzes zum IBV unterbrochen. Erst im Oktober 1935 wurden Anforderungen an die Bergarbeiter-Internationale gerichtet, die »von außen« über Grenzstützpunkte organisierte und koordinierte Widerstandstätigkeit der Bergarbeiter finanziell zu unterstützen[127]. Franz Vogt, ehemaliger Sekretär des BAV in Bochum und Abgeordneter des Preußischen Landtags für die SPD, der seit 1933 im holländischen Exil lebte, bat mit einem Schreiben vom 10. Oktober 1935 an den IBV-Sekretär Ebby Edwards um materielle Unterstützung, um ein Kontaktnetz zu den wichtigsten deutschen Bergbaurevieren aufbauen bzw. aufrechterhalten und um ein Mitteilungsblatt für die Bergarbeiter in Deutschland herstellen und illegal verteilen zu können. Diese Anfrage, die von Christian van de Bilt (Niederlande) auf der Sitzung des Internationalen Komitees am 14./15. Oktober 1935 vertreten

---

125 Vgl. IBV, Bericht zum 32. Internationalen Kongress, abgehalten in Prag vom 3. bis 6. August 1936, S. 3 ff.
126 Vgl. den Bericht von Adam Wolfram über zwei Begegnungen mit Fritz Husemann: Adam Wolfram, Bergarbeiter im Widerstand, 2. Auflage, Berlin 1985, S. 17 f.
127 Vgl. zum folgenden D. Peukert, F. Bajohr, Spuren des Widerstands. Die Bergarbeiterbewegung im Dritten Reich und im Exil, München 1987, S. 89–132; ferner W. Buschak, »Arbeit im kleinsten Zirkel«. Gewerkschaften im Widerstand gegen den Nationalsozialismus, Hamburg 1993; K.-G. Herrmann, 1985, S. 180 f.

wurde, traf angesichts der finanziellen Situation des IBV zunächst auf Ablehnung[128]. Nach weiteren Kontakten[129] nahmen Franz Vogt und Wilhelm Knöchel im Mai 1936 an der Sitzung des Internationalen Komitees teil und konnten über die Lage der Bergarbeiter in Deutschland berichten. Sie erhielten die Zusicherung, »that the Miners' International would do all in its power to help its suffering German comrades«[130]. Mit der Hinzuziehung Wilhelm Knöchels, der seit Oktober 1935 als Abschnittsleiter West der KPD in Amsterdam tätig war, wurde versucht, für die Bergarbeiter eine illegale Gewerkschaftsorganisation aufzubauen, die anfangs von sozialdemokratischen und kommunistischen Gewerkschaftern getragen wurde. Mit Unterstützung von Pierre Vigne vom französischen Bergarbeiterverband fand bereits am 23. und 24. Mai 1936 in Paris die konstituierende Sitzung des Arbeitsausschusses freigewerkschaftlicher Bergarbeiter Deutschlands statt[131]. Als Vertreter des Arbeitsausschusses, der die Anerkennung des IBV erhielt, nahmen Vogt und Knöchel an den Kongressen 1936 und 1938 teil und waren seit 1936 im Internationalen Komitee vertreten. Darüber hinaus unterstützten der IBV bzw. einzelne Mitgliedsverbände von 1936 bis 1939[132] die Tätigkeit des Ausschusses, der Grenzstellen in Holland (Vogt, Knöchel), Frankreich (Kirn) und in der Tschechoslowakei (Mugrauer) hatte, Verbindungen zu den deutschen Bergbaurevieren unterhielt und von 1936 bis 1939

---

128 Vgl. Protokoll über die vierte Sitzung des Exekutiv Ausschusses des IBV 1934–36, Brüssel, 14. und 15. 10. 1935, S. 10 f.
129 Vogt traf im Januar 1936 am Rande der Sitzung des Internationalen Komitees in Heerlen (Niederlande) mit Ebby Edwards zusammen. Knöchel hatte Pierre Vigne – nach dem Zusammenschluß des sozialistischen und des kommunistischen Bergarbeiterverbandes in Frankreich, die im Zuge der seit 1935 eingeleiteten Einheitsfrontpolitik der Kommunistischen Internationale erfolgte – im März 1936 in Paris aufgesucht und um Unterstützung für die Widerstandsaktivitäten der Bergarbeiter in Deutschland gebeten, die gleichfalls zunächst auf der Grundlage einer richtungsübergreifenden Einheitsfrontpolitik angelgt war. Vgl. D. Peukert, F. Bajohr, 1987, S. 107–113; W. Buschak, 1993, S. 118 f.
130 MIF, Minutes of the 6th Meeting of the Executive Committee of the MIF 1934–1936, Paris, 10 May 1936, S. 2 f. – Diese Erklärung im Protokoll überdeckt anscheinend erhebliche Vorbehalte, die bei tschechischen und belgischen IK-Mitgliedern gegen eine Zusammenarbeit mit KP-Vertretern bestanden, vgl. W. Buschak, 1993, S. 119, der sich auf einen Bericht von W. Knöchel über diese Sitzung des Internationalen Komitees des IBV für KPD-Führung beruft.
131 An dieser Sitzung nahmen 12 Bergarbeiter-Vertreter teil, neben Wilhelm Knöchel und Franz Vogt auch die Sozialdemokraten Hans Mugrauer und Richard Kirn (beide ebenfalls ehemalige BAV-Funktionäre), die als Arbeitsausschuß die Spitze dieser Organisation bildeten. Zur Gründungsgeschichte vgl. D. Peukert, F. Bajohr, 1987, S. 107–118. Zur Diskussion auf der Pfingstkonferenz 1936 vgl. W. Buschak, 1993, S. 119–127.
132 Vgl. die Zusammenstellung bei D. Peukert, F. Bajohr, 1987, S. 120 f. – Neben der angespannten Finanzlage des IBV und der Schwierigkeit, für andere Solidaritätsmaßnahmen von den Mitgliedsverbänden in ausreichendem Maße Spenden zu erhalten, dürften die politischen Vorbehalte gegenüber der Kooperation mit KP-Vertretern dazu beigetragen haben, daß eine direkte finanzielle Unterstützung durch den IBV nicht beschlossen wurde, sondern die Finanzierung der Widerstandstätigkeit von Vogt und Knöchel durch freiwillige Spenden einzelner Mitgliedsverbände erfolgte.

die Bergarbeiterzeitung und die Bergarbeiter-Mitteilungen herausgab. War der Arbeitsausschuß anfangs ein Einheitsfront-Produkt, das die erhoffte Gewerkschaftseinheit realisieren sollte, verschob sich mit der Zeit der politische Einfluß zugunsten der KP-Mitglieder[133]. Die Zusammenarbeit endete mit dem Hitler-Stalin-Pakt und dem Beginn des Zweiten Weltkriegs. Während Franz Vogt seine Tätigkeit für den Arbeitsausschuß einstellte, gab Wilhelm Knöchel noch 1940 gegenüber dem IBV zu verstehen, den Arbeitsausschuß weiterführen zu wollen[134].

## Vorbereitung auf die Nachkriegszeit – der Provisorische Internationale Bergarbeiterverband

Nach Beginn des Zweiten Weltkriegs trat das Internationale Komitee noch einmal im November 1939 zusammen. Danach konnten Kontakte zu den Mitgliedsverbänden nur noch durch Korrespondenz aufrechterhalten werden. Zu einer Belebung der IBV-Tätigkeit kam es erst wieder im März 1942.

Auf Einladung der MFGB kam im März 1942 eine Versammlung von in London exilierten Bergarbeitervertretern aus der Tschechoslowakei, Polen, Luxemburg und Deutschland und britischen MFGB- und IBV-Repräsentanten zusammen, um die Möglichkeit und das Programm einer Bergarbeiterkonferenz zu erörtern[135]. Diese Konferenz[136], die am 1. Mai 1942 stattfand,

---

133 Richard Kirn hatte seit 1937 wachsende Zweifel an der Aufrichtigkeit der Haltung der KP-Leute und zog sich 1938 aus der Tätigkeit im Arbeitsausschuß zurück, so daß Wilhelm Frisch (KPD) die Leitung der saarländischen Grenzstelle Forbach übernahm. Hans Mugrauer mußte 1938, nach der deutschen Okkupation eines Teils der Tschechoslowakei (Sudetenland) nach Schweden emigrieren. Indes konnte Karl Becker (KPD), der bis 1938 in der Tschechoslowakei an der illegalen Tätigkeit beteiligt war und dem es gelang, nach Großbritannien zu entkommen, direkte Kontakte zum IBV bzw. zu Dennis Edwards herstellen, vgl. D. Peukert, F. Bajohr, 1987, S. 128–130. Karl Becker hatte anscheinend ohne Absprache mit Vogt den IBV um finanzielle Hilfe für die Einrichtung eines Büros des Arbeitsausschusses in London gebeten, was von Vogt auf der Sitzung des Internationalen Komitees im Dezember 1938 als unzweckmäßig zurückgewiesen wurde, vgl. MIF, Minutes of the Meeting of the Executive Committee of the MIF, Paris, 20 and 21 December, 1938, S. 4 f.
134 Vgl. Peukert, F. Bajohr, 1987, S. 130 ff. – Franz Vogt wählte am 14. Mai 1940 den Freitod, nachdem es ihm nicht gelungen war, nach der deutschen Okkupation der Niederlande zu fliehen. Wilhelm Knöchel, der nach Beginn des Zweiten Weltkriegs mit der Aufgabe betraut war, die illegale Gebietsleitung Rhein-Ruhr der KPD aufzubauen, von Januar 1942 bis zu seiner Verhaftung am 30. Januar 1943 in der operativen Leitung der KPD für das Reichsgebiet von Berlin aus tätig war, wurde am 24. Juli 1944 im Zuchthaus Brandenburg hingerichtet, ebd. S. 112.
135 Vgl. MIF, Minutes of a Meeting of the Reprentatives of Anti-Nazi Mineworkers or their Representatives, London, 12th March, 1942. Bei diesem Treffen wurde ein Sub-Komitee gebildet, das auf zwei weiteren Sitzungen (27. 3. und 17. 4.) die für den 1. Mai 1942 geplante Konferenz vorbereitet, vgl. auch MIF, Special International Conference, London, 1st May, 1942, S. 44–52.
136 Das Protokoll dieser Konferenz, ebd, S. 5–44.

beschloß, alle Bergarbeiter in einer vorläufigen Bergarbeiter-Internationale zusammenzufassen[137] und ein permanentes Komitee einzusetzen. Das Komitee sollte die Aufgabe haben, Initiativen für die Steigerung der kriegswirtschaftlich notwendigen Kohlenproduktion in den alliierten Ländern zu fördern und Maßnahmen zu erörtern, wie der Widerstand in den von Deutschland okkupierten Ländern und in Deutschland unterstützt werden könnte.

Die wichtigste Aktivität des Komitees[138] richtete sich auf die Konzipierung von Radio-Sendungen, die über den BBC in die von Deutschland besetzten Länder ausgestrahlt werden sollten, um dort den Widerstandswillen zu stärken. Erst nachdem der IBV mit der ITF (Jacobus Oldenbroek) und dem IMB (Lincoln Evans, Jack Tanner) ein gemeinsames Komitee gebildet[139] und Oldenbroek eine Konferenz des Komitees mit BBC-Vertretern hatte arrangieren können, gelang es, Sendezeit beim BBC zu erhalten. Von Anfang April 1943 bis zum Kriegsende konnte wöchentlich eine Radiosendung in einer Vielzahl europäischer Sprachen zusammengestellt und ausgestrahlt werden.

Die Konferenz von 1942 hatte darüber hinaus eine Art Grundsatzerklärung beschlossen, die als gewerkschaftspolitische Leitlinie für die Nachkriegszeit dienen sollte. Verlangt wurde die Beteiligung von Gewerkschaftsvertretern an Vorplanungen für die Nachkriegszeit. Konkret wurden Forderungen nach planwirtschaftlicher Kontrolle, Regulierung der Produktion und Verteilung von Rohstoffen, eine bedarfsorientierte Produktion, ein Ausbau der sozialen Sicherungen und Maßnahmen gegen Arbeitslosigkeit aufgestellt. Insbesondere wurde eine internationale Kontrolle der Kohlenförderung und -verteilung und eine Kompetenzausweitung der ILO hin-

---

137 Mit diesem Konzept für ein richtungsübergreifendes Internationales Berufssekretariat nahm der IBV bzw. die MFGB Diskussionsansätze auf, die mit dem 1941 geschaffenen Anglo-Soviet Trade Union Committee vorgezeichnet wurden und die im Rahmen des im September 1942 konstituierten Emergency International Trade Union Council (EITUC) des IGB von 1942 bis 1944 erörtert wurden. Der EITUC entwickelte für die Nachkriegszeit das Modell einer richtungsoffenen Weltgewerkschaftsorganisation, vgl. H. Gottfurcht, 1962, S. 152–166; S. Koch-Baumgarten, P. Rütters, 1991, S. 13 f., 81–90.
138 Vgl. zum folgenden die Protokolle der Sitzungen dieses Exekutivkomitees (9. 7. 1942, 30. 7. 1942, 13. 11. 1942, 15. 12. 1942, 28. 1. 1943, 13. 10. 1943 und 14. 7. 1944) sowie die »Joint Council of Action and Propaganda« von IBV, ITF und IMB vom 24. 2. 1943.
139 Der IGB war aufgefordert worden, an der Gestaltung der Sendung teilzunehmen, Walter Schevenels lehnt dies jedoch im Namen des IGB ab, da verschiedene Versuche, Sendezeiten zu erhalten, gescheitert waren, vgl. MIF, Minutes of an Executive Committee Meeting of the Provisional MIF, London, 28th January, 1943, S. 2; ferner IBV, Allgemeiner Bericht an den 34. Internationalen Kongress, Amsterdam, 1949, S. 2.

sichtlich internationaler Regulierungsfunktionen betont[140]. Damit waren Leitlinien für die IBV-Vertreter aufgestellt, die an den Beratungen des EITUC (Notkomitee des IGB) über die Reorganisation der internationalen Gewerkschaftsorganisationen nach dem Krieg und über die sozial- und wirtschaftspolitische Entwicklung der Nachkriegsgesellschaften teilnahmen[141].

Die Bildung der provisorischen Bergarbeiter-Internationale trug mit dazu bei, daß seit Ende 1944 die Verbindungen zu den kontinentalen Gewerkschaften wieder aufgenommen werden konnten, das Exekutiv-Komitee des IBV im Lauf des Jahres 1945 wieder entscheidungsfähig wurde und sich an den Verhandlungen über die Rekonstitution der internationalen Gewerkschaftsorganisationen beteiligen konnte.

---

140 Der IBV richtet an die ILO noch 1942 die Forderung (wie auch die Textilarbeiter-Internationale für die Textilindustrie und die Transportarbeiter-Internationale für die Schiffahrt), ein internationales Kohlenbüro für die Kontrolle und Regulierung der Förderung, der Verteilung, der Preis- und Lohngestaltung und der Arbeitszeit einzurichten, was mit dazu beitrug, daß einer der neun dreigliedrigen Industrieausschüsse, die im Rahmen der ILO 1945 geschaffen wurden, für den Kohlenbergbau zuständig war, vgl. MIF, Minutes of a Meeting of the Executive Committee of the Provisional MIF, London, 9th July, 1942, S. 3; MIF, Minutes of a Meeting of the Executive Committee of the Provisional MIF, London, 13th November, 1942.

141 Die Unterausschüsse erarbeiteten zum einen Statuten für eine Weltgewerkschaftsorganisation und zum anderen ein Manifest über soziale und ökonomische Forderungen der internationalen Gewerkschaftsbewegung für die Nachkriegswelt – der Text in: W. Schevenels, 1956, S. 363–418. – Das IBV-Komitee nahm die vorläufigen Ergebnisse der EITUC-Ausschüsse im Oktober 1943 prinzipiell an, stellte jedoch im Juli 1944 eine endgültige Stellungnahme, insbesondere zu dem Entwurf für eine neue Weltgewerkschaftsorganisation, für den Zeitpunkt zurück, bis die Kontakte zu den Mitgliedsverbänden wieder aufgenommen werden konnten, vgl. MIF, Minutes of an Executive Committee Meeting of the Provisional MIF, London, 13th October, 1943, S. 2 f.; MIF, Minutes of an Executive Committee Meeting of the Provisional MIF, London, 14th July, 1944, S. 2.

# Reorganisation des Internationalen Bergarbeiterverbandes 1945–1949

Die Bildung des Provisorischen Internationalen Bergarbeiter-Verbandes (1942) setzte den IBV in die Lage, bereits gegen Ende des Zweiten Weltkriegs Initiativen für die Reorganisation des IBV zu ergreifen. Konfrontiert war die Wiederbelebung der Bergarbeiter-Internationale mit einer umfassenden Rekonstruktion der internationalen Gewerkschaftsbewegung, die den Bestand der Berufssekretariate in Frage stellte.

Der Neuaufbau der internationalen Gewerkschaftsbewegung am Ende des Zweiten Weltkriegs versuchte – als gewerkschaftliches Pendant zur militärischen Anti-Hitler-Koalition der Großmächte – das Experiment, eine globale Einheitsorganisation zu schaffen[142]. Mit einer neuen, zentralistisch aufgebauten Weltgewerkschaftsorganisation – deren konkrete Organisationsprinzipien und -struktur zwischen der Londoner Weltgewerkschaftskonferenz[143] im Februar und dem Pariser Gründungskongreß[144] im September/Oktober 1945 erst entwickelt wurden – sollten die Richtungsdifferenzen zwischen sozialistischer, kommunistischer und christlicher[145] Gewerkschaftsbewegung auf internationaler Ebene überwunden werden. Darüber hinaus sollte diese Einheitsorganisation, anders als der IGB, neben den Dachverbänden auch die nationalen Berufsverbände umfassen und in inte-

---

142 Ähnliche Vorstellungen für eine Reorganisation der internationalen Gewerkschaftsbewegung hatte der IGB bzw. der EITUC 1941/44 diskutiert und entwickelt. Obwohl einzelne Strukturelemente des WGB mit den Reorganisationsplänen des IGB/EITUC vergleichbar waren, konnte eine Umformung des IGB in eine richtungsoffene Weltorganisation weder von den sowjetischen Gewerkschaftern noch von den Vertretern des CIO akzeptiert werden. Für den CIO blockierte die Mitgliedschaft der AFL im IGB eine derartige Umformung, für den sowjetischen Zentralrat kam sie aufgrund der früheren Konkurrenz mit der Roten Gewerkschaftsinternationale (RGI) und aufgrund der damit verbundenen personellen und strukturellen Kontinuitäten nicht in Frage.
143 Report of the World Trade Union Conference, London, February 6th to 17th, 1945, London 1945.
144 Vgl. Report of the World Trade Union Conference/Congress, September 25 – October 8, 1945, Paris, o. O, o. J.
145 Christliche Gewerkschaften nahmen nur als Beobachter an den Weltgewerkschaftskonferenzen 1945 teil, sie beteiligten sich jedoch nicht an der Gründung des WGB, sondern reaktivierten die christliche Gewerkschaftsinternationale, den IBCG.

grierten Berufsabteilungen organisieren. Die Weltgewerkschaftskonferenz, die im Februar 1945 in London zusammentrat, traf die Vorentscheidung für diese Einheitsorganisation. Die geplante Integration der autonomen Berufssekretariate konnte bis Oktober 1945 jedoch nicht erreicht werden, da mit den bestehenden Internationalen Berufssekretariaten ein Konsens über den Status der Berufsabteilungen und deren Handlungsbedingungen nicht erreicht worden war. Die konkreten Bedingungen über die Eingliederung der Berufssekretariate sollten daher in weiteren Verhandlungen zwischen WGB und IBS geklärt werden[146].

Der Internationale Bergarbeiterverband gehörte zu den wenigen Berufssekretariaten, die sehr früh einer Integration in den WGB zustimmten und diese Entscheidung fast bis zum Abbruch der Verhandlungen zwischen den IBS und dem WGB im September 1948 aufrechterhielten[147]. Für die geringen Vorbehalte und die weitreichende Konzessionsbereitschaft, die der IBV gegenüber einer Eingliederung in den WGB in Form einer abhängigen Internationalen Berufsabteilung (IBA) in der Verhandlungsphase zwischen Dezember 1945 und Ende 1947 zeigte, und für die frühzeitig erklärte und zumindest bis Ende 1947 aufrechterhaltene Bereitschaft zu einer zügigen Umwandlung des autonomen Berufssekretariats in eine WGB-Berufsabteilung waren verschiedene Faktoren ausschlaggebend. Neben gewerkschaftspolitischen Orientierungen und einer hohen Akzeptanz des »Einheitsmythos«, den nationale und internationale Gewerkschaftsbewegungen in dieser Zeit teilten, waren es vor allem die Mitgliederstruktur des IBV am Ende des Zweiten Weltkriegs, die gewerkschaftspolitischen Positionen einzelner Verbände sowie deren Verpflichtungen auf die Politik ihrer Dachverbände, die zum Teil zu den maßgebenden Gründungsmitgliedern des WGB gehörten.

Vorgeprägt war diese Haltung zugunsten einer Integration in den WGB in der Bergarbeiter-Internationale durch Überlegungen des Provisorische IBV. Dieser hatte bereits 1942 für die Reorganisation der Bergarbeiter-Internationale nach dem Zweiten Weltkrieg programmatisch die Bildung einer richtungsübergreifenden Internationale entworfen. Das Internationale Komitee bestätigte diese Position auf seiner Sitzung am 13. Februar 1945 (am Rande der Londoner Weltgewerkschaftskonferenz vom 6.–17. 2. 1945), indem eine einstimmig beschlossene Resolution die Reorganisation des IBV zu einer

---

146 Vgl. S. Koch-Baumgarten, P. Rütters, 1991, S. 9–65, dort auch die einschlägige Literatur zur Gründungsphase des WGB.
147 Vgl. zum folgenden D. Lazorchick, 1962, S. 166–174, ferner IBV, Allgemeiner Bericht an den 34. Internationalen Kongreß, Amsterdam, 1949, S. 2–12.

umfassenden Bergarbeiter-Internationale forderte, die ohne Unterschied der Rasse, der religiösen oder politischen Anschauung alle Bergarbeiter der Welt vereinigen sollte[148]. Damit bestand Anfang 1945 zumindest eine Affinität zur Konzeption des Weltgewerkschaftsbundes, dessen richtungsübergreifendes Konstitutionsprinzip vom IBV geteilt wurde[149].

Während das Internationale Komitee, als es im Februar 1945 die Einberufung einer Konferenz aller Bergarbeitergewerkschaften beschloß, noch von der Vorstellung einer eigenständigen Reorganisation des IBV ausging, war diese Perspektive im August 1945, als diese Konferenz stattfand, bereits überholt. Für die Gründungskonferenz des Weltgewerkschaftsbundes lag inzwischen ein Statutenentwurf vor, der eine Integration der Berufssekretariate als abhängige Berufsabteilungen vorsah (Artikel 13 der WGB-Statuten)[150]. Die Bergarbeiterkonferenz, die nicht die erhoffte Beteiligung erfuhr[151], hatte sich daher mit der Frage der WGB-Integration zu befassen. Von der Konferenz wurden »the principles and policy underlying the Draft Statutes concerning the Trade Secretariats and their place in the World Trade Union Federation« einstimmig angenommen[152]. Nicht ohne Gewicht war dabei die Erklärung von Ebby Edwards, daß die britische National Union of Mineworkers (NUM) den Statutenentwurf bereits »in principle« bestätigt habe[153]. Damit übernahm der IBV die Position des TUC und der

---

148 Vgl. ebd., S. 17. – Hierin zeigte sich indes kein grundsätzlicher Wandel in der Bergarbeiter-Internationale, da eine Position zeitweise mehrheitsfähig wurde, die vor allem die MFGB bereits in den 20er und 30er Jahren vertreten hatte. Mit der Forderung nach Erweiterung der Bergarbeiter-Internationale durch die Aufnahme des sowjetischen Bergarbeiterverbandes hatte die MFGB faktisch die Umwandlung in ein richtungsübergreifendes Berufssekretariat angestrebt.
149 William Lawther (NUM) sprach sich in diesem Sinne bereits auf der Londoner Weltgewerkschaftskonferenz als Vertreter des IBV für eine umfassende Gewerkschaftsinternationale aus, vgl. Report of the World Trade Union Conference, London, February 6th to 17th, 1945, London 1945, S. 136 f.
150 Siehe die Wiedergabe in S. Koch-Baumgarten, P. Rütters, 1991, S. 120 f.
151 Von den angeschriebenen Gewerkschaften in 34 Ländern waren nur Organisationen aus zehn Ländern (Belgien, Bolivien, Frankreich, Großbritannien, Indien, Luxemburg, Polen, Tschechoslowakei, Schweden und Norwegen, vertreten durch die schwedische GRUV) vertreten, die überwiegend vor 1939/45 dem IBV angeschlossen waren. Daneben waren Vertreter christlicher Bergarbeitergewerkschaften aus Belgien und Frankreich als Beobachter anwesend. Vgl. IBV, Allgemeiner Bericht an den 34. Internationalen Kongreß, Amsterdam, 1949, S. 17, ferner MIF, Minutes of a meeting of the Miners' International Federation held from the 7th to the 10th August, 1945 at 213, Rue Lafayette, Paris, S. 1.
152 Ebd., S. 8. – Diese bedingte Akzeptanz des Statutenentwurfs hebt insbesondere ab auf die Ablehnung des Artikels 13 (Einrichtung von Berufsabteilungen) durch die britischen Einzelgewerkschaften. Diese hatten im August 1945 erreicht, daß der TUC sich für eine Änderung dieses Artikels einsetzt, damit eine weitgehende Autonomie der zukünftigen Berufsabteilungen sichergestellt wird. Im Gegenzug sollten die britischen Einzelgewerkschaften die Bildung des WGB mittragen und sich in den Berufssekretariaten für einen Anschluß an den WGB einsetzen.
153 Ebd., S. 7. – Die Position von Ebby Edwards (NUM/TUC) war nicht zuletzt auch dadurch bestimmt, daß er als TUC-Vertreter an den Beratungen des im Februar 1945 von der Weltgewerkschaftskonferenz eingesetzten Verwaltungsausschusses (für die Gründung des WGB) über die WGB-Statuten beteiligt

meisten seiner Mitgliedsverbände. Die Bergarbeiter-Internationale befürwortete die Gründung des WGB und akzeptierte zugleich die Integration der Berufssekretariate, verlangte jedoch vor der Durchführung der Integration eine Revision des Artikels 13 des Statutenentwurfs sowie eine Regelung der Integrationsbedingungen in Verhandlungen zwischen dem zu gründenden Weltgewerkschaftsbund und den bestehenden Berufssekretariaten. Differenzen über die den Berufssekretariaten einzuräumende Entscheidungsfreiheit deuteten sich auf dieser Konferenz bereits insoweit an, als Victorin Duguet (CGT-Bergarbeiterverband), orientiert an einem zentralistischen Organisationsverständnis, die Diskussion über den Statutenentwurf den nationalen Dachverbänden vorbehalten sehen wollte[154].

Nach der Gründung des WGB und dem für die Integration der Berufssekretariate eröffneten Verhandlungsweg traten bestehende Differenzen innerhalb des IBV auf der Sitzung des Internationalen Komitees im November 1945 deutlicher hervor. Für eine vorbehaltlose Eingliederung in den WGB plädierte Victorin Duguet (CGT-Bergarbeitergewerkschaft). Er ging davon aus, daß die grundsätzliche Entscheidung über die Integration der Berufssekretariate durch die Gründung des WGB bereits getroffen sei. Er verlangte daher die sofortige Aufnahme von Verhandlungen mit dem WGB über die Einrichtung einer Bergarbeiter-Berufsabteilung, forderte vom IBV eine Erklärung über die umgehende Auflösung des Berufssekretariats nach Errichtung der IBA und kündigte den Austritt der CGT-Organisation aus dem IBV an, »if there should be delegates who desired to put a check to the World Federation«[155]. Die Mehrheit der IBV-Vertreter schloß sich indes der Position von Ebby Edwards an, der zwar nachdrücklich für eine Integration

---

war. Er sah es als ein wichtiges Ergebnis der TUC-Intervention an, daß innerhalb des WGB überhaupt Berufsabteilungen – durch die Integration der Berufssekretariate – eingerichtet werden sollten. Gleichfalls galt ihm als Erfolg, daß diese Berufsabteilungen mit eigenständiger Kompetenz für die berufliche Interessenvertretung und in administrativen Angelegenheiten sowie mit Vertretungsrechten in den WGB-Gremien ausgestattet sein sollten. Edwards sah darin nicht allein einen organisationsstrukturellen Erfolg, da die zentralistischen Organisationsvorstellungen des sowjetischen Zentralrats und der französischen CGT dahin gingen, für Berufsfragen nur abhängige Berufsabteilungen zu schaffen. Aus Sicht des TUC sollte mit der Integration der Berufssekretariate in den WGB auch der befürchteten Entwicklung des WGB in Richtung eines kommunistischen political unionism durch eine stärkere Vertretung beruflicher und wirtschaftssektoraler Interessen entgegengewirkt werden; diesem Zweck sollte auch die Integration der Berufssekretariate durch die Eingliederung föderaler Strukturelemente in den zentralistischen Organisationsaufbau des WGB dienen. Vgl. S. Koch-Baumgarten, P. Rütters, 1991, S. 16ff., 139, 149.

154 Vgl. MIF, Minutes of a meeting of the Miners' International Federation held from the 7th to the 10th August, 1945 at 213, Rue Lafayette, Paris, S. 8.
155 MIF, Minutes of a meeting of the Miners' International Federation held on the 14th November, 1945 in Brussels, S. 4. – Entsprechend lehnte Duguet auch die Wahl eines provisorischen Präsidenten (Achille Delattre) ab, die er als Maßnahme gegen eine rasche Eingliederung in den WGB ansah, vgl. ebd., S. 1.

in den WGB eintrat, aber strittige Fragen vorher geklärt und einen demokratischen Entscheidungsprozeß im IBV gesichert wissen wollte. Er sah mit dem vom WGB-Gründungskongreß revidierten Artikel 13 der Statuten[156] »the autonomy of the Trade Departments in dealing with their own questions« als gesichert an[157]. Edwards hob jedoch zugleich die Notwendigkeit von präzisierenden Verhandlungen mit dem WGB hervor. Insbesondere war nach seiner Auffassung zu klären, unter welchen Bedingungen die United Mine Workers of America (UMWA), die nach wie vor Mitglied der Bergarbeiter-Internationale war, Mitglied in einer Berufsabteilung sein könnte[158]. Daneben sollten in den Verhandlungen konkrete Bestimmungen über den Handlungsspielraum, die finanzielle Ausstattung und die Rechte der IBA festgelegt werden; schließlich müßten die nationalen Mitgliedsverbände über das Ergebnis dieser Verhandlungen entscheiden, so daß der IBV nicht vor der Gründung einer WGB-Berufsabteilung aufgelöst werden sollte[159]. Eine grundsätzlich ablehnende Haltung gegen eine WGB-Integration vertrat allein der UMWA-Vertreter John T. Jones, indem er feststellte, »the American miners would continue to be members of the Miners' International so long as it was an autonomous body«[160]. Nur als Mehrheitsentscheidung konnte schließlich eine Resolution angenommen werden, die die Ernennung eines Verhandlungskomitees und den weiteren Verlauf des Entscheidungsprozesses festlegte[161].

Zu diesem Zeitpunkt bestanden demnach drei Positionen im IBV. Deren spezifische Konstellation sollte die Verhandlungen mit dem WGB und die hohe Bereitschaft zu einer Integration in den nächsten zwei Jahren prägen. Eine unzweideutige Ablehnung der WGB-Integration vertrat die UMWA,

---

156 Vgl. Wiedergabe in: S. Koch-Baumgarten, P. Rütters, 1991, S. 168 ff.
157 MIF, Minutes of a meeting of the Miners' International Federation held on the 14th November, 1945 in Brussels, S. 3.
158 Die zukünftige Mitgliedschaft von Gewerkschaften der USA, die nicht über den CIO dem WGB angeschlossen waren, war für verschiedene Berufssekretariate ein wichtiger Punkt in den Verhandlungen mit dem WGB. – Problematisch war diese Frage insbesondere bei den Mitgliedsverbänden der AFL, die sowohl die Gründung des WGB als auch eine Zusammenarbeit mit kommunistischen Gewerkschaften ablehnte, aber auch hinsichtlich der UMWA, die zu dieser Zeit keinem Dachverband angehörte, aber gegenüber dem WGB eine ähnlich ablehnende Position wie die AFL einnahm.
159 Ebd., S. 4.
160 Ebd., S. 5.
161 Vgl. ebd. – Während die Delegierten aus Großbritannien, Belgien, Luxemburg, Holland, Schweden und Norwegen für die Resolution stimmten, wurde sie von Vertretern aus Frankreich, der Tschechoslowakei und Indien abgelehnt. Der Vertreter der UMWA enthielt sich der Stimme. – Mitglieder des Verhandlungskomitees sollten Delattre (Belgien, IBV-Präsident), Edwards (Großbritannien, Sekretär des IBV), Mattson (Schweden) sowie jeweils ein Vertreter des französischen und des tschechoslowakischen Verbandes sein.

die ihre Position in den nächsten Jahren nicht veränderte, aber auf den Meinungsbildungsprozeß nur noch geringen Einfluß hatte, da sie bis August 1948 nicht mehr an Sitzungen des Internationalen Komitees teilnahm und sich nur noch brieflich gegen die Integrationsbedingungen aussprach. Die Gegenposition nahmen die CGT-Bergarbeitergewerkschaft und der tschechoslowakische Verband ein, die bis Anfang 1948 bzw. bis 1949 Mitglieder des IBV blieben und sich am Entscheidungsprozeß direkt beteiligten. Beide waren Industrieabteilungen kommunistisch dominierter und zentralistisch aufgebauter Einheitsgewerkschaften, die wiederum mit dem WGB eng verbunden waren und auf eine Integration drängten. Den jeweiligen Integrationsbedingungen standen beide Verbände vorbehaltlos gegenüber, so daß sie den Meinungsbildungsprozeß im IBV auch durch Austrittdrohung und Beitragsverweigerung zu beeinflussen suchten. Die britische Bergarbeiter-Gewerkschaft nahm eine positive Stellung zur WGB-Integration ein, wenngleich für sie die Rahmenbedingungen in weiteren Verhandlungen noch zu klären waren, ein ausreichendes Maß an Eigenständigkeit für die berufliche Interessenvertretung sowie ein demokratischer Entscheidungsprozeß im IBV gewährleistet sein sollte. Dabei war die Position der NUM sowohl durch Loyalität gegenüber dem TUC, der als wichtiges und einflußreiches Gründungsmitglied des WGB mit Walter Citrine (danach mit Arthur Deakin) auch dessen Präsidenten von 1945 bis 1948 stellte, festgelegt als auch durch einen einflußreichen kommunistischen Flügel in der NUM[162], der für eine Integration in den WGB eintrat, nachhaltig bestimmt. Nicht hingegen artikulierte sich in den Diskussionen über die WGB-Integration bis Ende 1946 eine skeptischere Position, wie sie in anderen Berufssekretariaten insbesondere von Vertretern von Organisationen mit geringer Mitgliederzahl aus kleinen Ländern und/oder mit sozialdemokratischer Prägung zu finden ist und die von den Vertretern des niederländischen, des belgischen, des luxemburgischen und des schwedischen Verbandes zu erwarten gewesen wäre[163].

Zu einer ersten Besprechung mit Walter Schevenels, der für den WGB die Verhandlungen mit den Berufssekretariaten koordinierte, kam es bereits am 12. Dezember 1945. Ein Hauptpunkt der Besprechung, an der Thomas

---

162 Im Internationalen Komitee des IBV wurde diese Position innerhalb der NUM von Arthur L. Horner repräsentiert.
163 Neben Reorganisationsproblemen der Gewerkschaften in Belgien, Luxemburg und in den Niederlanden sowie der generellen Akzeptanz einer richtungsübergreifenden Einheitsorganisation 1945/46 dürften sowohl die relativ geringe Bedeutung der Kohlenförderung dieser Länder als auch die entsprechend geringe Bedeutung dieser Organisationen für die konzipierte IBA dafür ausschlaggebend gewesen sein.

Kennedy von der UMWA teilnahm, war die Forderung des IBV nach einer Mitgliedschaft der amerikanischen Organisation in der zukünftigen IBA, ohne zugleich dem WGB angeschlossen zu sein[164]. In den am 25. Januar 1946 folgenden Verhandlungen des IBV mit Vertretern des WGB-Exekutivbüros zeigten sich zunächst bei verschiedenen Fragen (Finanzen, Wahl der Funktionäre und des Sekretärs und deren Bestätigung durch den WGB, zukünftiger Sitz der IBA, Mitgliedschaft von Gewerkschaften, die weder direkt noch indirekt dem WGB angeschlossen sind) Differenzen[165], die auch durch den ersten Statutenentwurf des WGB für die Internationalen Berufsabteilungen vom 28. 2. 1946[166] nicht überwunden wurden.

In der Diskussion dieses – inzwischen in weiteren Verhandlungen mit anderen Berufssekretariaten bereits veränderten – Statutenentwurfs durch das Internationale Komitee des IBV im April 1946[167] konnte sich der Generalsekretär des tschechoslowakischen Verbandes, František Malik, nicht durchsetzen, als er den WGB-Entwurf vom Februar summarisch als akzeptabel bewertete und möglichst kurzfristig die Einberufung der Gründungskonferenz für die Bergarbeiter-Berufsabteilung forderte[168]. Statt dessen wurden, wie es James Bowman von der NUM verlangte, »the replies of the WFTU (...) examined point by point«, so daß »if some were considered unacceptable a further approach should be made to the World Federation«[169]. Ein größerer Handlungsspielraum wurde insbesondere für die finanzielle Ausstattung der IBA gefordert (eigenständige Entscheidung über zusätzliche Beiträge), während die vorgesehene Bestätigung der Wahl des

---

164 Vgl. MIF, Minutes of a meeting of the Miners' International Federation held on the 9th and 10th April, 1946 in London, S. 1.
165 Vgl. MIF, Summary of points raised by WFTU, Observations of Miners' Sub-Committee and Replies thereto by Executive Bureau of WFTU [ohne Datum, Januar oder Februar 1946]; das vom WGB angefertigte Kurzprotokoll der Sitzung weist demgegenüber eine höhere Konzessionsbereitschaft des IBV aus, vgl. Wiedergabe in: S. Koch-Baumgarten, P. Rütters, 1991, S. 184–187. – Die IBV-Delegation trat u. a. dafür ein, daß der Sitz der IBA nicht unbedingt beim Sitz des WGB angesiedelt werden müßte, daß 50 % der WGB-Einnahmen den IBA zukommen sollten und daß die IBA vollständige Kontrolle über alle Ressourcen haben sollten, die für IBA-Zwecke bestimmt sind; und sie lehnte eine Ratifizierung von gewählten IBA-Funktionären durch den WGB ab.
166 Vgl. Abdruck in S. Koch-Baumgarten, P. Rütters, 1991, S. 197–205.
167 Vgl. MIF, Minutes of a meeting of the Miners' International Federation held on the 9th and 10th April, 1946 in London. Vertreter der CGT, der UMWA und der schwedischen GRUV konnten an dieser Sitzung nicht teilnehmen. – Inzwischen vorgenommene Veränderungen der Statuten wurden dem IBV in einem Schreiben von Walter Schevenels kurzfristig mitgeteilt, vgl. ebd., S. 2.
168 Vgl. ebd., S. 2.
169 Ebd.

IBA-Sekretärs durch den WGB als undemokratisches Verfahren abgelehnt wurde[170].

Auf der Grundlage eines revidierten Statutenentwurfs des WGB vom 30. April 1946[171], der einige Änderungsvorschläge des IBV berücksichtigte[172], nahm das Internationale Komitee auf seiner nächsten Tagung am 28./29. 5. 1946, auf der Mitglieder aus Belgien, Frankreich, Luxemburg, den Niederlanden und Großbritannien vertreten waren, einstimmig eine Resolution an, die diesen Statutenentwurf billigte. Zugleich empfahl das Internationale Komitee dem nächsten IBV-Kongreß die Auflösung der Bergarbeiter-Internationale und die unmittelbare Umwandlung zu einer Berufsabteilung des WGB. Als Termin für den IBV-Kongreß und die Gründungskonferenz der IBA wurde dem WGB der 8. und 9. August 1946 vorgeschlagen[173].

Gehemmt wurde der IBV nur durch die Opposition anderer Berufssekretariate, insbesondere der ITF, die am 25. 4. 1946 mit dem WGB verhandelte, aber mit ihm keine Einigung über zentrale Punkte der Integrationsbedingungen erzielen konnte. Vor allem aber verzögerte sich die Eingliederung durch den schwierigen und kontroversen Entscheidungsprozeß im WGB selbst. Der bisherige Stand der Verhandlungen, d. h. der Statutenentwurf

---

170 Vgl. ebd., S. 4. – Die Reduzierung eines Standardbeitrags von 50 %, wie es der IBV und andere IBS anfangs gefordert hatten, auf 25 % seit dem Statutenentwurf vom Februar 1946 war anscheinend akzeptabel, führte jedoch zu der Forderung, daß die IBA berechtigt sein sollten, eigenständig Zusatzbeiträge von den Mitgliedern zu erheben.
171 Vgl. die Abschrift: WFTU, Draft General Regulations for the International Trade Departments of the WFTU, 30. IV. 1946.
172 Als einzige Veränderung wurde für Artikel 4, Sitz der IBA, eine Ergänzung vorgeschlagen, die der IBA ein Vorschlagsrecht für den Sekretariatssitz einräumen sollte.
173 Vgl. MIF, Minutes of a meeting of the Executive Committee of the Miners' International Federation held in the Ministry of Labour, Luxembourg on the 28th and 29th May, 1946, S. 4 f. – Die detaillierte Diskussion über den revidierten Statutenentwurf ist im Ergebnisprotokoll nicht wiedergegeben. – Der tschechoslowakische Verband, der an dieser Sitzung des Internationalen Komitees nicht teilnehmen konnte, war in einem Schreiben an den IBV dafür eingetreten, »that their opinion with regard to early entry of the Miners' International into the World Federation had already been expressed at previous meetings, and reiterated their desire for a prompt integration« (ebd., S. 2). – Bedenken der UMWA, die brieflich für eine Ablehnung des WGB-Anschlusses und die Autonomie des Berufssekretariats eingetreten war, weil Entscheidungen der IBA sehr stark von Bestätigungen des WGB abhängen würden, wurden kaum berücksichtigt. Statt dessen hoffte Ebby Edwards, daß die seither erreichten Veränderungen der IBA-Statuten, die der UMWA noch nicht vorlagen, die Bedenken der UMWA beseitigen würden (vgl. ebd., S. 5). – Diese Hoffnung erwies sich als unrealistisch. Vor die Wahl gestellt, den bisherigen Organisationsstatus aufrechtzuerhalten oder durch die WGB-Integration die Verbindung zur UMWA zu verlieren, entschied sich der IBV für die Fortsetzung der Integrationsverhandlungen, hoffte jedoch, daß Fusionsbestrebungen zwischen AFL und CIO dieses Problem letztlich überwinden würden, vgl. MIF, Minutes of a meeting of the Executive Committee of the Miners' International Federation held at 213, Rue Lafayette, Paris on the 8th and 9th December, 1946, S. 2.

von Ende April 1946, fand innerhalb des WGB auf den Sitzungen des Exekutiv-Büros und des Exekutiv-Komitees im Juni 1946 keine Zustimmung. Der Handlungsspielraum, der den Berufssekretariaten in den Verhandlungen zwischen Januar und April 1946 eingeräumt worden war, ging insbesondere den Vertretern des Zentralrats der sowjetischen Gewerkschaft viel zu weit, da sie noch immer von der Vorstellung einer zentralistischen Organisationsstruktur des WGB ausgingen, in der die Berufsabteilungen abhängige Sekretariatsabteilungen sein sollten[174]. Die unterschiedlichen Positionen innerhalb des WGB und die bestehenden Differenzen mit verschiedenen Berufssekretariaten sollten daher auf einer Vollkonferenz der IBS mit WGB-Vertretern, die zunächst für November 1946 einberufen, dann auf den 10.–12. Dezember 1946 verschoben wurde, diskutiert und geklärt werden. Der IBV war dadurch veranlaßt, seinen für August 1946 geplanten Kongreß zu verschieben[175].

Dem am 8. und 9. Dezember 1946 unmittelbar vor der WGB-IBS-Konferenz tagenden Internationalen Komitee lag ein revidierter Statutenentwurf für die IBA vor[176], der vor allem die Kontrollrechte des WGB gegenüber den IBA verstärkte (u. a. durch Bestätigung des WGB für die Erhebung von Sonderbeiträgen, Teilnahmerecht von WGB-Vertretern an allen Sitzungen der IBA). Für eine Zurückweisung dieser Änderung, die andeutungsweise diskutiert wurde, fand sich keine Mehrheit im Internationalen Komitee. Auf der anstehenden Konferenz sollte aber nach der Funktion und den Intentionen dieser Änderungen gefragt werden[177].

Der Dissens zwischen den meisten Vertretern der Berufssekretariate und dem WGB wurde auf der WGB-IBS-Konferenz im Dezember deutlich[178]. Während die Mehrzahl der IBS-Vertreter zumindest für einen größeren Handlungsspielraum der IBA eintraten (insbesondere eigenständige Kompetenzen bei der Wahl des Sitzes, der Regelung der Finanzen und der Wahl der Funktionäre)[179], wurde diese Verhandlungs- und Kompromißbereit-

---

174 Vgl. S. Koch-Baumgarten, P. Rütters, 1991, S. 27 ff., 40 ff.
175 Vgl. Schreiben MIF, 19. 8. 1946, To Members of the International Committee; bereits vorher hatte W. Schevenels in einem Schreiben an den IBV vom 12. 6. 1946 auf eine längere Vorlaufzeit für die Einberufung des Kongresses gedrungen, vgl. IBV, Allgemeiner Bericht an den 34. Internationalen Kongreß, Amsterdam, 1949, S. 8 f.
176 Vgl. WFTU, Executive Bureau, Paris, 20. August 1946, to the Central Council of Soviet Trade Unions, the Congress of Industrial Organisations, the International Trade Secretariats, S. 7–10.
177 Vgl. MIF, Minutes of a meeting of the Executive Committee of the Miners' International Federation held at 213, Rue Lafayette, Paris on the 8th and 9th December, 1946.
178 Vgl. S. Koch-Baumgarten, P. Rütters, 1991, S. 227–253.
179 Diese Forderungen wurden u. a. auch von Arthur Horner, NUM, unterstützt, ohne daß er die Bildung der IBA damit grundsätzlich in Frage stellte, vgl. ebd., S. 214.

schaft durch französische CGT-Gewerkschafter strapaziert, die mit oder ohne Vertretungsmandat der Berufssekretariate ultimativ für eine Eingliederung in den WGB eintraten[180]. Sie wurde schließlich durch den verspätet eintreffenden Vertreter der sowjetischen Gewerkschaften, Mikhail Tarasov, grundsätzlich in Frage gestellt. Nach seiner Auffassung sollten zunächst nur einige IBA in strategisch wichtigen Industriezweigen (Transport, Kohlenbergbau, Metall- und Bekleidungsindustrie) eingerichtet werden; finanzielle Ressourcen würden den IBA auf der Grundlage von Kostenvoranschlägen, die vom WGB zu genehmigen wären, zugewiesen werden; zudem sollte eine strikte Konzentration der IBA beim WGB-Hauptsitz erfolgen. Schließlich sprach sich Tarasov dafür aus, IBA-Konferenzen einzuberufen und den Vorsitzenden und den Sekretär der IBA aufgrund eines gemeinsamen Abkommens mit dem Vorstand des WGB zu ernennen[181]. Die Konfrontation mit dieser zentralistischen Organisationsvorstellung, die weder für den Autonomieanspruch der IBS noch für die Tatsache, daß es sich bei den IBS um eigenständige Organisationen handelte, Verständnis aufbrachte, beendete die Sachdebatte der Konferenz und verdeutlichte darüber hinaus die seit der Londoner Konferenz vom Februar 1945 kaum veränderten unterschiedlichen Position innerhalb des WGB. Um angesichts der offensichtlichen Differenzen im WGB und angesichts der für die Berufssekretariate in keiner Weise diskussionsfähigen Vorstellungen von Tarasov, die eine unmittelbare Fortsetzung der Diskussion nicht sinnvoll erscheinen ließen, die Verhandlungen nicht gänzlich abzubrechen, einigte man sich in der Konferenz auf die Ernennung eines Konsultativkomitees der IBS, das zu gegebener Zeit mit den WGB-Vertretern weiterberaten sollte. Vom IBV gehörte dem Komitee Achille Delattre an.

Mit diesem Ergebnis der WGB-IBS-Konferenz waren auch die Verhandlungen zwischen dem IBV und dem WGB um eine Umsetzung des IBV-Beschlusses vom Mai 1946 zunächst ausgesetzt. Erst nachdem der Generalrat des WGB auf seiner Prager Tagung im Juni 1947 eine veränderte Fassung der IBA-Statuten beschlossen hatte, die ohne vorherige Konsultation

---

180 Vgl. in Reaktion darauf die Kritik und Skepsis von Achille Delattre (Belgien, Provisorischer Präsident des IBV): »(...) Nachdem er [Delattre] aber gewisse Reden insbesondere der französischen Genossen angehört hat, die in Wirklichkeit nichts anderes verlangen, als daß man die Diktatur der Leitung über die Massen und Organisationen einführe, zweifele er daran [zu einem Einverständnis zu kommen]. Man spricht immer von der Demokratie und dem Recht der Masse, ihre Ansicht bekanntzugeben, aber diese Genossen schlagen gerade das Gegenteil vor. Wenn man eine Körperschaft des WGB auf dem Grundsatz aufbauen will, daß die Befehle von oben kommen, dann ist das nicht durchführbar.«, ebd., S. 252f.
181 Vgl. ebd., S. 246–248.

der Berufssekretariate den nationalen Dachverbänden zur Ratifizierung vorgelegt wurde[182], befaßte sich der IBV auf der Tagung des Internationalen Komitees am 25./26. 9. 1947 erneut mit der Frage der WGB-Integration. Vorangegangen waren Proteste verschiedener Berufssekretariate gegen das »fait accompli« (M. C. Bolle, PSI) des WGB und eine auf Druck der Berufssekretariate einberufene Sitzung des Konsultativkomitees der IBS mit dem WGB am 18./19. 8. 1947, an der Delattre jedoch nicht teilnehmen konnte. Während auf der Konferenz im August weder eine Akzeptanz der neuen IBA-Statuten seitens der IBS-Vertreter noch eine Einigung über Änderungsforderungen der Berufssekretariate erreicht wurde[183], bestätigte der IBV auf der Tagung des Internationalen Komitees im September 1947 die Prager Statuten, wenngleich nicht ohne einige skeptische Nachfragen von Vertretern des belgischen und des niederländischen Verbandes[184]. Trotz der inzwischen erfolgten Ablehnung des Marshallplans durch die Sowjetunion (Juli 1947) und der damit offensichtlich einsetzenden Ost-West-Konfrontation sowie der manifest werdenden funktionalen Unvereinbarkeit von Gewerkschaften in staatssozialistischen und kapitalistischen Staaten und des Aufbrechens des latenten Spannungs- und Konfliktverhältnisses von sozialdemokratisch orientierten Gewerkschaften einerseits und kommunistisch dominierten Organisationen andererseits beschloß die Bergarbeiter-Internationale erneut die Annahme der Statuten. Der Auflösungskongreß für den IBV und die Gründungskonferenz für die Bergarbeiter-Berufsabteilung sollten nunmehr Mitte März 1948 stattfinden[185]. Erst der Ende 1947 eskalierende Konflikt innerhalb des WGB[186] (Anlaß war der Marshallplan) veranlaßte belgische, schwedische und britische Ge-

---

182 Vgl. ebd., S. 197–205, 262 f.
183 Vgl. Protokoll der Verhandlung in: S. Koch-Baumgarten, P. Rütters, 1991, S. 273–289.
184 Vgl. MIF, Minutes of a meeting of the Executive Committee of the Miners' International Federation held on the 25th and 26th September, 1947 in the Palais Provincial, Liège, Belgium, S. 2 f.
185 Vgl. ebd., S. 4. – Kontroverse Positionen zeigten sich in dieser Sitzung eher vermittelt über Satzungsfragen wie der für die Auflösung des IBV äußerst relevanten Frage des Stimmrechts auf dem IBV-Kongreß. So trat Nicolas Biever (Luxemburg) dafür ein, die Stimmberechtigung von erfolgter Beitragsleistung abhängig zu machen, eine Position, die von James Bowman (NUM) insbesondere wegen der kontinuierlichen Verweigerung von Mitgliedsbeiträgen durch die CGT-Bergarbeiterorganisation geteilt, aber von Arthur Horner (NUM) abgelehnt wurde. In der Abstimmung wurde der Antrag mit drei gegen fünf Stimmen bei Enthaltung abgewiesen, vgl. ebd., S. 5 f.
186 Der WGB hatte im November 1947 eine nochmals revidierte Fassung der Statuten vorgelegt und für Januar 1948 zu einer weiteren Vollkonferenz von IBS und WGB eingeladen, die jedoch Ende Dezember 1947 kurzfristig abgesagt wurde. Diese Konferenz fand schließlich im September 1948 statt und konnte nur noch die bestehenden Diskrepanzen zwischen den Berufssekretariaten und dem WGB bestätigen.

werkschaften, eine Verschiebung des Auflösungs- und Umwandlungskongresses zu beantragen[187].

Auf der nächsten Sitzung des Exekutiv-Komitees, die erst im August 1948 stattfand und an der erstmals seit 1945 wieder ein Vertreter der UMWA (J. T. Jones) teilnahm, wurde – im Hinblick auf die für Mitte September einberufene WGB-IBS-Konferenz – schließlich festgelegt, daß weitere Entscheidungen über eine Integration in den WGB nur in enger Konsultation mit den anderen Berufssekretariaten[188] und nach ausführlicher Diskussion in den Mitgliedsverbänden und im Internationalen Komitee getroffen werden sollten[189]. Inzwischen hatte bereits der französische Verband, nachdem der Kongreß abgesagt und er zur Zahlung ausstehender Mitgliedsbeiträge aufgefordert worden war, im Juni 1948 seinen Austritt aus dem IBV erklärt[190], so daß zu dieser Zeit nur noch Arthur Horner (NUM) und die tschechoslowakischen Vertreter, František Malik und F. Jecny, im Internationalen Komitee des IBV auf eine Integration in den WGB drängten[191]. Hingegen plädierten Nicolas Dethier (Belgien), James Bowman (NUM) und Eduard Mattson (Schweden) für eine Änderung der bisherigen Politik, um die Mitarbeit der UMWA sicherzustellen[192]. Mit dem absehbaren Dissens der WGB-IBS-Konferenzen im September 1948 kamen die Debatten und Verhandlungen über eine Integration der Berufssekretariate in den WGB zu einem Ende, noch bevor mit dem Rückzug des britischen TUC, des amerikanischen CIO und des niederländischen NVV aus dem WGB das

---

187 Vgl. MIF, Minutes of a meeting of the Executive Committee of the Miners' International Federation held in the Offices of the Landesorganisation, Stockholm, Schweden on the 4th, 5th and 6th August, 1948, S. 3.
188 Inzwischen hatte das Konsultativkomitee der IBS, das am 12. 3. 1948 zu einer Konferenz zusammengetreten war, die revidierten Statuten des WGB vom November 1947 als »unannehmbar« bewertet gemessen an den Forderungen der Berufssekretariate, die im August 1947 mit Vertretern des WGB diskutiert worden waren; die Berufssekretariate wurden daher aufgefordert, keine weiteren Sonderverhandlungen mit dem WGB zu führen, vgl. S. Koch-Baumgarten, P. Rütters, 1991, S. 293.
189 Vgl. MIF, Minutes of a meeting of the Executive Committee of the Miners' International Federation held in the Offices of the Landesorganisation, Stockholm, Schweden on the 4th, 5th and 6th August, 1948, S. 5.
190 Vgl. ebd., S. 1 f., ferner die Wiedergabe des Schreibens der CGT-Bergarbeiterorganisation vom 26. 6. 1948 in: IBV, Allgemeiner Bericht an den 34. Internationalen Kongreß, Amsterdam, 1949, S. 19.
191 Vgl. MIF, Minutes of a meeting of the Executive Committee of the Miners' International Federation held in the Offices of the Landesorganisation, Stockholm, Schweden on the 4th, 5th and 6th August, 1948, S. 4 f.
192 Deutlich wurde dieser Meinungsumschwung angesichts des Beitrittsgesuchs der Force Ouvrière-Bergarbeitergewerkschaft; mit sieben gegen zwei Stimmen wurde die FO-Gewerkschaft aufgefordert, als Beobachter bei der nächsten Sitzung des Internationalen Komitees vertreten zu sein, während gleichzeitig eine derartige Einladung an den CGT-Verband nicht ergehen sollte, vgl. ebd., S. 6.

Experiment eines richtungsübergreifenden Weltgewerkschaftsbundes Ende 1948/Anfang 1949 scheiterte.

Die im Vergleich zu den meisten IBS untypische Haltung des IBV bei der Frage der WGB-Integration zwischen 1945 und 1948 folgte, wie erwähnt, den eigenen Reorganisationsplänen. Sie nahm Bestrebungen zur Überwindung der Richtungsbegrenzung aus den 20er und 30er Jahren auf, die nach 1945 im Zeichen der Anti-Hitler-Koalition auf eine weite Verbreitung und zunächst auch auf eine hohe Akzeptanz trafen. Sie konnte die IBV-Politik für einige Jahre hinsichtlich der WGB-Eingliederung bestimmen, weil skeptische und zurückhaltende Positionen sozialdemokratischer/sozialistischer Gewerkschafter in dieser Phase in der Minderheit waren und sich in den Diskussionen anscheinend nicht zu einer Opposition formierten gegenüber den integrationsbereiten britischen Gewerkschaftern, den vorbehaltlos für einen WGB-Anschluß eintretenden Vertretern des französischen CGT-Verbandes und den Repräsentanten der tschechoslowakischen Organisation. Bemerkenswert bleibt allerdings, daß in den Verhandlungen mit dem WGB zwar der Versuch gemacht wurde, Voraussetzungen für eine Einbindung der UMWA zu schaffen, gleichzeitig aber der Einfluß der UMWA – die bereits 1945 eine klare Absage an eine direkte oder indirekte Mitgliedschaft im WGB formuliert hatte – innerhalb des IBV zwischen 1946 und 1948 zu gering war, um den Meinungsbildungsprozeß wesentlich zu beeinflussen[193]. Eine distanzierte Haltung zur Integrationsfrage, wie sie bei anderen Berufssekretariaten auch ohne US-amerikanische Mitgliedsverbände zu finden ist, blieb daher bis Ende 1947 im IBV ohne Rückhalt.

Den Abschluß dieser Phase markiert einerseits die Aufnahme des 1947 gegründeten Force Ouvrière-Bergarbeiterverbandes und der IG Bergbau im Februar 1949 und andererseits die Ablehnung einer WGB-Einladung zur Teilnahme an einer vorbereitenden Konferenz zur Gründung von Berufsabteilungen[194]. Nachdem im Juli 1949 in Italien eine Bergarbeiter-Berufsabteilung des WGB gegründet worden war, charakterisierte William Lawther auf

---

193 Hierin kommt erneut die geringe Integration der UMWA in den IBV zum Ausdruck, die seit Anfang des Jahrhunderts die Beziehung der amerikanischen Bergarbeitergewerkschaft zum IBV kennzeichnete. Gleichzeitig macht dieser Sachverhalt deutlich, daß der Einfluß nordamerikanischer Gewerkschaften auf die Entscheidungsprozesse der Berufssekretariate und insbesondere bei der Frage der WGB-Integration zwischen 1945 und 1948 sehr gering waren, selbst wenn berücksichtigt wird, daß die UMWA zu dieser Zeit weder dem CIO noch der AFL angeschlossen war.

194 Vgl. MIF, Minutes of a meeting of the Executive Committee of the Miners' International Federation held at the Office of the German Trade Union Centre, Düsseldorf on the 25th and 26th February, 1949, S. 2f., 4f. – Auf der nächsten Tagung des Internationalen Komitees wurde diese Ablehnung insoweit verschärft, als »in addition it was urged that national miners' organisations affiliated to the Internation-

dem ersten Nachkriegskongreß im Oktober 1949 die Aufrechterhaltung des IBV dahin: »... we are going to participate with the rest of the free trade unionists everywhere in the setting up of the new Free World Trades Union International.«[195]

Damit war der Bestand des IBV als autonomes Berufssekretariat sichergestellt. Nicht grundsätzlich überwunden war indes eine Minderheitsposition im IBV, die in den nächsten Jahrzehnten wiederholt für eine Zusammenarbeit und einen Zusammenschluß mit der 1949 gegründeten Bergarbeiter-Berufsabteilung des WGB eintrat und die mehr als drei Jahrzehnte später den Austritt der NUM aus dem IBV initiieren sollte.

---

al should not reply to any invitation to take part in the formation of a Department [of the WFTU], MIF, Minutes of a meeting of the Executive Committee of the Miners' International Federation held on the 4th, 5th and 6th May, 1949, in the Offices of the United Mine Workers of America, Washington, D.C., United States of America, S. 4.

195 Vgl. MIF, 34th International Conference, Amsterdam, 1949, S. 35.

# Struktur und Politik des IBV: 1949–1993

# Organisationsinterne Handlungsvoraussetzungen

Die Entscheidung für ein eigenständiges Berufssekretariat und eine gewerkschaftspolitische Abgrenzung gegenüber dem WGB und der 1949 gegründeten Internationalen Berufsabteilung für Bergarbeiter im WGB (MTUI) bewahrte die Autonomie des Internationalen Bergarbeiterverbandes und stellte gewerkschaftspolitisch eine relativ homogene Mitgliedschaft her[1]. Mit der Reorganisation der internationalen Gewerkschaftsbewegung nach 1945 und der Rekonstitution des IBV als eigenständiges Berufssekretariat[2] begann eine Entwicklung, die den IBV mit Veränderungen des Organisationsbereichs und mit neuen Handlungsanforderungen konfrontierte.

Zu den wichtigsten Veränderungen gehörte die Ausweitung des Organisationsraumes. Hatte sich dem IBV bislang nur die nordamerikanische UMWA als außereuropäischer Verband angeschlossen, traten der Bergarbeiter-Internationale seit 1949 Gewerkschaften aus Afrika, Asien und Lateinamerika bei. Mit dieser Globalisierung und der wachsenden Zahl von

---

1 Das Bestehen der WGB-Berufsabteilung für Bergarbeiter forderte in den nächsten Jahrzehnten nicht nur eine politische Abgrenzung, sondern veranlaßte einzelne Gewerkschaftsvertreter, mitunter einzelne Mitgliedsorganisationen, immer wieder, eine Kooperation oder gar einen Zusammenschluß beider Organisationen zu fordern. – Im Gegensatz zu den 1920er Jahren, als die Beziehung zum russischen Bergarbeiterverband (nicht zur RGI) eine zeitweise umstrittene Frage im IBV war, konfrontierte die Gründung der MTUI (1949) die Bergarbeiter-Internationale mit einer Konkurrenzorganisation, die den globalen Vertretungsanspruch des IBV bestritt. Das Bestehen eines christlichen Konkurrenzverbandes, die 1922 bereits entstandene Branchenorganisation des IBCG (seit 1968: WVA), spielte hingegen aufgrund der geringen Zahl von Mitgliedsverbänden und des Fehlens von mitgliederstarken Verbänden in den wichtigen europäischen Bergbaurevieren nach 1945 kaum eine Rolle.

2 Richtungspolitisch ist der IBV dem 1949 gegründeten Internationalen Bund Freier Gewerkschaften (IBFG) verbunden. Die Beziehungen zwischen den Berufssekretariaten und dem IBFG wurden durch das »Mailänder Abkommen« von 1951 (modifiziert 1969 und 1991) geregelt, das die Zugehörigkeit zu »ein und derselben« Gewerkschaftsbewegung konstatiert, die IBS zur Übernahme der allgemeinen Politik des IBFG verpflichtet und zugleich ihre Autonomie bestätigt, vgl. IBFG, Bericht über den zweiten Weltkongreß, Mailand, 4.–5. 7. 1951, S. 40. Eine formelle Bestätigung des »Abkommens« von 1951 durch den IBV fand nicht statt, ebensowenig eine enge Anbindung an die IBFG-Politik.

häufig labilen, organisatorisch wenig gefestigten Mitgliedsverbänden in Ländern der Dritten Welt entstand zum einen der Bedarf an Hilfs- und Unterstützungsleistungen, zum anderen Anforderungen an die organisatorische Integration dieser Gewerkschaften, um deren Partizipation an den Meinungs- und Willensbildungsprozessen des IBV zu ermöglichen. Parallel zu dieser Entwicklung nahm die sektorale Differenzierung zu, indem Gewerkschaften im Erzbergbau (Nicht-Kohlenbergbau, NKB) seit Anfang der 50er Jahre eine intensivere Interessenvertretung innerhalb des IBV verlangten und zum Teil auch durchsetzen konnten[3]. Darüber hinaus bedurfte die Ausweitung der Interessenvertretung gegenüber internationalen und regionalen Organisationen (ILO, OEEC/OECD, EGKS, E(W)G/EU) einer kontinuierlichen Koordination der IBV-Verbände, was nur mit Hilfe eines permanenten Sekretariats zu leisten war.

Diese verschiedenen Veränderungen verlangten einen Organisationsausbau und eine Differenzierung der Entscheidungsstruktur, um sowohl die Service-Leistungen für die Mitgliedsverbände (Informationsaustausch, Koordination, Unterstützungsleistungen usf.) als auch deren Beteiligung am Willensbildungs- und Entscheidungsprozeß zu ermöglichen. Dies erfolgte zum einen durch die Einrichtung eines permanenten Sekretariats seit 1950, zum anderen durch Veränderungen der Entscheidungs- und Leitungsorgane, die die bislang ausgeprägte direkte Beteiligungsmöglichkeit für alle Mitgliedsverbände durch ein repräsentativ-demokratisches Vertretungsprinzip ablösten.

Der Ausbau der Organisationsstruktur wurde bereits Ende der 50er/Anfang der 60er Jahren mit grundlegenden und bis in die Gegenwart die Entwicklung des IBV bestimmenden Strukturproblemen konfrontiert: (1) Trotz der sektoralen Differenzierung und globalen Expansion blieb der IBV ein wesentlich von den europäischen und nordamerikanischen Kohlenbergbau-Gewerkschaften getragenes und finanziertes Berufssekretariat, während die Zunahme von Mitgliedsverbänden, die hauptsächlich in Ländern der Dritten Welt erfolgte, wachsende Anforderungen, aber überwiegend nur symbolische Beitragseinnahmen brachte. (2) Das säkulare Strukturproblem des IBV, die abnehmende Bedeutung des (europäischen) Kohlenbergbaus, verminderten den Mitgliederbestand und die Finanzkraft jener Gewerkschaften und damit die Ressourcen des IBV. Diese Strukturkrise des europäi-

---

3 Die sektorale Differenzierung bleibt auf die beiden Bereiche Kohlenbergbau und Nicht-Kohlenbergbau beschränkt, da der IBV zu den wenigen Berufssekretariaten gehört, die aufgrund ihrer Branchenstruktur eine Fusion mit anderen Berufssekretariaten bislang nicht durchführten.

schen Kohlenbergbaus belebte schließlich Anfang der 80er Jahre die nach 1949 nicht überwundenen gewerkschaftspolitischen Differenzen zwischen den Mitgliedsverbänden. Der richtungspolitisch und gewerkschaftsstrategisch motivierte Austritt der NUM aus dem IBV 1983 stellte die Existenz der Bergarbeiter-Internationale Mitte der 80er Jahre zeitweise in Frage.

Im folgenden sollen die organisationsinternen Handlungsvoraussetzungen des IBV seit 1945 skizziert werden. Ein Überblick über den Organisationsaufbau und dessen Veränderungen seit 1945 soll insbesondere der Frage nach den Partizipationschancen für die seit den 50er Jahren gewachsene Zahl der Mitgliedsverbände nachgehen. Die anschließende Darstellung der Entwicklung und Struktur der Mitglieder dient dazu, den Verlauf und die Bedingungen der globalen Expansion des IBV vorzustellen und die Bedeutung der regionalen und gewerkschaftspolitischen Differenzierung der Mitgliederstruktur für den Bestand, die Handlungsanforderungen und Handlungsfähigkeit des IBV zu erörtern. Schließlich soll eine kurze Analyse der Ressourcen des IBV die Bedeutung der Finanzierung als wichtige Voraussetzung für die Entwicklung und die Begrenzung von Organisationsstrukturen und von Aktivitäten aufzeigen.

## Organisationsstruktur

Der IBV verfügt über einen Organisationsaufbau und eine Entscheidungsstruktur, die trotz Veränderungen seit der Satzungsreform von 1951 keinen grundsätzlichen Wandel erfahren haben[4]. Die Organisationsstruktur des IBV ist durch eine zentralisierte Entscheidungs- und Leitungsstruktur gekennzeichnet, die in ähnlicher Form bereits die Satzung von 1920 vorgesehen hatte und die auch die Statutenreform von 1984 nicht grundsätzlich veränderte (vgl. Schaubild 1). Entscheidungsorgane sind der Kongreß, das

---

4 Der IBV hat seit 1920 drei Satzungsreformen durchgeführt. Die Statutenreform von 1951 geht auf einen Beschluß des Kongresses von 1938 zurück, der nicht mehr ausgeführt werden konnte, dessen Ergebnis jedoch 1949 dem Kongreß vorgelegt, provisorisch angenommen und leicht modifiziert auf dem Kongreß 1951 beschlossen wurde, vgl. MIF, 34th International Conference, Amsterdam, 1949, S. 50f.; MIF, 35th International Conference, Luxemburg, 1951, S. 48–55. Die Statutenreform von 1963 hatte u. a. das Ziel, die Integration von Gewerkschaften aus Ländern der Dritten Welt organisatorisch umzusetzen, vgl. IBV, 39. Internationaler Kongreß, Wien, 1963, S. 151–158, 247–268. Die Reform von 1984 war schließlich der Versuch, nach dem Ausscheiden der britischen NUM durch eine Straffung der Organisation die Handlungsfähigkeit des IBV zu erhalten. – Texte der Statuten: IBV, Statut des Internationalen Bergarbeiterverbandes, London, August 1951; IBV, Statut des Internationalen Bergarbeiterverbandes, London, June 1963; MIF, Statut des Internationalen Bergarbeiterverbandes, angenommen vom 45. Internationalen Bergarbeiterkongreß, Luxemburg – Mai 1984, und geändert vom 46. Internationalen Bergarbeiterkongreß, Harare – März 1989.

Exekutivkomitee/Internationale Komitee und das 1951 geschaffene Büro bzw. seit 1984 die »Präsidentschaft«[5] (Präsidium). Seit 1950 besteht ein eigenständiges Sekretariat, dessen Einrichtung der Kongreß 1949 beschlossen hatte[6]. Eine regionale oder sektorale Differenzierung der Willensbildungs- und Entscheidungsgremien blieb aus verschiedenen Gründen bislang rudimentär[7].

*Kongreß*

Der Kongreß, der den Internationalen Bergarbeiterverband regelmäßig konstituiert, ist das höchste Entscheidungsorgan. Es bestätigt die Mitglieder des Exekutivkomitees und wählt die Funktionäre (Präsident, Vizepräsidenten, Generalsekretär), setzt die Beiträge fest und beschließt die Leitlinien der IBV-Politik. Auf dem Kongreß können alle Mitgliedsverbände durch Delegierte vertreten sein[8], wobei die einzelnen Organisationen über ein Stimmrecht verfügen, das von den Mitgliedern, für die Beiträge entrichtet werden, abhängt, aber mit wachsender Mitgliederzahl degressiv beschränkt ist[9].

Der Tagungsrhythmus des Kongresses wurde im Laufe der 100jährigen Geschichte des IBV, teils aus Praktikabilitätserwägungen, teils wegen finanzieller Restriktionen, verlängert. Während der Kongreß von 1890–1913 jährlich zusammentrat und die wichtigste Veranstaltung des IBV war, tagte der Kongreß seit 1920/1922 alle zwei Jahre, seit 1951 alle drei Jahre, schließlich seit 1963 nur noch alle vier Jahre. Mit der Verlängerung der

---

5 Die deutschsprachige Fassung der Statuten übersetzt »presidency« etwas sperrig mit Präsidentschaft; im folgenden daher »Präsidium«.
6 Vgl. MIF, 34th International Conference, Amsterdam, 1949, S. 44–50.
7 Abgesehen von den finanziellen Handlungsgrenzen blieb bis in die 80er Jahre der europäische Kohlenbergbau der Handlungsschwerpunkt des IBV, in dem das Gros der Mitglieder organisiert war. Demgegenüber erwies sich die Mehrzahl der Gewerkschaften in Ländern der Dritten Welt häufig als instabil, mitgliederschwach und unterstützungsbedürftig. Die Zahl und die organisatorische Entwicklung dieser Verbände in den einzelnen Regionen bildeten keine hinreichende Grundlage für die Etablierung permanenter regionaler Strukturen. – Da Organisationen aus Ländern der Dritten Welt auch die Mehrzahl der Nicht-Kohlenbergbau-Gewerkschaften stellten, beschränkte dieser Faktor auch ihre innerorganisatorische (sektorale) Vertretung.
8 1951 wurde die bis zu diesem Zeitpunkt nicht eingeschränkte Zahl der Delegierten auf 25 begrenzt, um einem beherrschenden Einfluß mitgliederstarker Delegationen einzelner Organisationen auf das Kongreßgeschehen entgegenzuwirken.
9 Nach den Statuten von 1984 hat jede Organisation eine Stimme. Größere Gewerkschaften haben bis zu 200 000 Mitgliedern für jeweils 50 000 Mitglieder eine weitere Stimme, über 200 000 Mitglieder für jeweils 100 000 Mitglieder eine zusätzliche Stimme (Art. 6, 6). – Die Mehrzahl der Kongreßentscheidungen wird durch das einfache Abstimmungsverfahren per Handzeichen beschlossen, da ein einstimmiger oder mehrheitlicher Konsens durch das Exekutivkomitee und die Antragskommission vorab hergestellt wird. Dennoch gab es immer wieder umstrittene Fragen, über die nach Gewichtung des Stimmrechts abgestimmt wurde.

*Schaubild:*
**Organisationsstruktur des IBV (Stand 1994)**

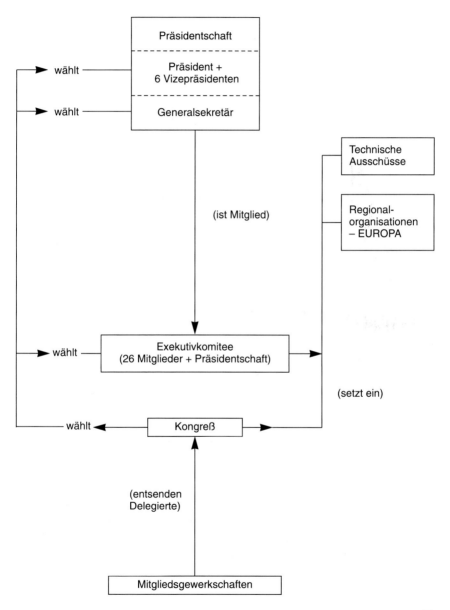

Kongreßperiode – aber auch durch die Zunahme der Mitgliedsverbände, die Ausweitung der Aktivitäten und die wachsende Komplexität der Aufgaben und Themen – hat seine Funktion, als Forum des Informationsaustausches und als zentrales Organ des Meinungsbildungs- und Entscheidungsprozesses zu fungieren, zugunsten des Exekutivkomitees und seit 1984/89 auch des Präsidiums abgenommen. In wachsendem Maße kommt dem Kongreß daher die Aufgabe zu, vom Exekutivkomitee vorbereitete Stellungnahmen oder Entscheidungsvorlagen – mit denen die Leitlinien der IBV-Politik bestimmt werden – durch einen breiten Konsens nach innen und außen zu legitimieren. Dennoch hat der Kongreß bis in die 80er Jahre seine Funktion als Podium für einen mehr oder weniger intensiven Informations- und Meinungsaustausch[10], aber auch als Diskussions- und Entscheidungsorgan für kontroverse Fragen, einschließlich der dazu gehörenden Kampfabstimmungen, nicht gänzlich eingebüßt[11].

Um die Funktion des Kongresses als Forum möglichst aller Mitgliedsverbände zu bewahren, hatte der IBV 1954 beschlossen, die Reisekosten zum Kongreß für einen Delegierten jedes angeschossenen Verbandes zu übernehmen – eine Regelung, die aufgrund der Ressourcenprobleme 1967 faktisch aufgegeben wurde[12]. Die Vertretung von relativ vielen Gewerkschaften aus Asien und Afrika auf den Kongressen von 1957 bis 1967 war eine Folge dieses Beschlusses (siehe Tabelle 5). Durch diese Regelung wurde jedoch die Dominanz der Delegierten der europäischen Gewerkschaften auf den Kongressen nicht eingeschränkt, zumal diese bis auf zwei Ausnahmen (New Delhi 1975, Harare 1989) in Europa stattfanden. Mit dieser Regelung bestand jedoch relativ früh die Möglichkeit, Vertreter von Gewerkschaften

---

10 Die Informationsfunktion hat der Kongreß (zumindest bis 1984) u. a. deshalb bewahrt, weil zu einzelnen Themen (z. B. Regionalpolitik, Kohle- und Energiepolitik, Mineralbergbau) Arbeitsgruppen während des Kongresses tagten, deren Diskussionsergebnisse dem Kongreß in Form von Berichten und Resolutionen vorgelegt wurden.

11 Um einige Beispiele zu nennen: Die Kontroverse um die Gründung der International Miners' Organisation (IMO), die die britische NUM Anfang 1983 eingeleitet hatte und die zu ihrem Austritt aus dem IBV führte, wurde auf dem Kongreß 1983 ausgetragen, vgl. IBV, Bericht über den 44. Internationalen Kongreß, Essen, 1983; die Kontroverse um die Wahl eines haupt- oder eines nebenamtlichen Generalsekretärs und über die Verlegung des Sekretariats nach Brüssel konnte ebenfalls nur durch die Diskussion und die Abstimmung auf dem Kongreß entschieden werden, vgl. IBV, Bericht über den 43. Internationalen Kongreß, Madrid, 1979; 1963 lag dem Kongreß eine Resolution der NUM vor, die die »Einigkeit aller Bergarbeitergewerkschaften«, d. h. eine Fusion mit der WGB-Bergarbeiterorganisation, forderte; sie wurde nach langer Debatte mit Mehrheit abgelehnt, vgl. IBV, 39. Internationaler Kongreß, Wien, 1963, S. 233–246. – Charakteristisch für solche Kontroversen und Kampfabstimmungen war allerdings, daß vorab kein Konsens zwischen den beiden mitgliederstarken und um Einfluß konkurrierenden IBV-Verbänden, der NUM und der IGBE, gefunden werden konnte.

12 Vgl. MIF, 36th International Congress, Dortmund, 1954, S. 146–156; MIF, 40th International Congress, Hamburg, 1967, S. 86, 219 ff.

*Tabelle 5:*
**Delegierte auf den Kongressen (1949–1993)**

| Länder | 1949 | 1951 | 1954 | 1957 | 1960 | 1963 | 1967 | 1971 | 1975 | 1979 | 1983 | 1984 | 1989 | 1993* |
|---|---|---|---|---|---|---|---|---|---|---|---|---|---|---|
| *Europa* | | | | | | | | | | | | | | |
| Länder | 8 | 10 | 12 | 13 | 12 | 12 | 12 | 11 | 9 | 9 | 10 | 10 | 9 | 17 |
| Gewerkschaften | 8 | 10 | 13 | 14 | 13 | 13 | 13 | 11 | 10 | 10 | 11 | 11 | 10 | 24 |
| Delegierte | 114 | 125 | 101 | 80 | 95 | 100 | 75 | 72 | 72 | 139 | 119 | 89 | 46 | 157 |
| *Nordamerika* | | | | | | | | | | | | | | |
| Länder | – | 2 | 2 | 2 | 2 | – | 2 | 2 | 2 | 2 | 2 | 2 | 2 | 2 |
| Gewerkschaften | – | 1 | 1 | 1 | 1 | – | 1 | 1 | 1 | 1 | 1 | 1 | 1 | 1 |
| Delegierte | – | 5 | 2 | 1 | 1 | – | 2 | 5 | 1 | 1 | 2 | 2 | 3 | 4 |
| *Asien/Pazifik* | | | | | | | | | | | | | | |
| Länder | 1 | 1 | 1 | 5 | 5 | 5 | 6 | 3 | 4 | 3 | 4 | 3 | 4 | 3 |
| Gewerkschaften | 1 | 1 | 1 | 7 | 7 | 7 | 8 | 3 | 6 | 5 | 5 | 5 | 4 | 3 |
| Delegierte | 1 | 1 | 2 | 11 | 9 | 9 | 10 | 3 | 30 | 10 | 9 | 10 | 7 | 18 |
| *Afrika* | | | | | | | | | | | | | | |
| Länder | – | – | 2 | 5 | 7 | 5 | 3 | 1 | 3 | 2 | 2 | 7 | 3 | 12 |
| Gewerkschaften | – | – | 2 | 6 | 7 | 5 | 4 | 1 | 3 | 2 | 2 | 7 | 3 | 12 |
| Delegierte | – | – | 2 | 7 | 11 | 6 | 7 | 2 | 5 | 2 | 3 | 8 | 51 | 45 |
| *Lateinamerika* | | | | | | | | | | | | | | |
| Länder | – | – | – | – | – | – | 1 | 2 | – | – | 1 | 1 | 1 | 3 |
| Gewerkschaften | – | – | – | – | – | – | 1 | 2 | – | – | 1 | 1 | 2 | 3 |
| Delegierte | – | – | – | – | – | – | 1 | 2 | – | – | 4 | 2 | 2 | 3 |
| *insgesamt* | | | | | | | | | | | | | | |
| Länder | 9 | 13 | 17 | 25 | 26 | 22 | 24 | 19 | 18 | 16 | 19 | 23 | 19 | 37 |
| Gewerkschaften | 9 | 12 | 17 | 28 | 28 | 25 | 27 | 18 | 20 | 18 | 20 | 24 | 20 | 43 |
| Delegierte | 115 | 131 | 107 | 99 | 116 | 115 | 95 | 84 | 108 | 152 | 137 | 110 | 109 | 227 |

* Aus dem ehemaligen RGW-Bereich waren 1993 auf dem Kongreß vertreten:
  Europa: Länder 8   Asien: 1
  Gewerkschaften 9   13
  Delegierte 72

aus Ländern der Dritten Welt in das Exekutivkomitee und das Büro zu wählen und damit eine wichtige Voraussetzung für deren Integration in den IBV und deren Partizipation am Entscheidungsprozeß zu schaffen.

## Exekutivkomitee (Internationales Komitee)

Mit der Verlängerung der Kongreßperiode entwickelte sich das Exekutivkomitee bereits in den 20er Jahren zu einem wichtigen Leitungsorgan des IBV. Seine Bedeutung für die Koordination der Mitgliedsverbände und für die Entscheidungsfindung in dieser Zeit verdeutlicht bereits die hohe Tagungsfrequenz. Zwischen 1920 und 1939 trat das Internationale Komitee durchschnittlich zu drei bis vier Tagungen im Jahr zusammen. Mit dem Ausbau des administrativen Apparates (Sekretariats) in den 50er Jahren nahm der Konsultationsbedarf ab. Mit den zunehmenden Finanzproblemen seit Anfang der 60er Jahre wurde die Tagungsfrequenz aus Kostengründen verlängert. Die Folgen waren, daß seit 1951 zwei Sitzungen und seit 1963 eine Tagung im Jahr stattfand(en).

Als Leitungsorgan zwischen den Kongressen dient das Exekutivkomitee der Konsultation und Koordination der Mitgliedsverbände. Es fungiert als Gremium, das an allen wichtigen administrativen und gewerkschaftspolitischen Entscheidungen beteiligt ist, indem es diese entweder selbst trifft, vorbereitet oder bestätigt. Seine Befugnisse waren und sind im wesentlichen nur durch wenige, dem Kongreß vorbehaltene Entscheidungsrechte (Wahl der Funktionäre, Beitragsfestsetzung, Statutenänderung) beschränkt. Letztlich begrenzen nur Konsensprobleme zwischen den Mitgliedsverbänden die Entscheidungsfähigkeit dieses Organs. Mit diesem weiten, in den Statuten nicht näher bestimmten Entscheidungsspielraum dient(e) das Exekutivkomitee der Vorbereitung von Kongreßbeschlüssen und auch als Clearing-Stelle für Kontroversen, für die auf dem Kongreß keine einvernehmliche Lösung gefunden werden kann.

Diese weitgefaßte Funktion des Exekutivkomitees setzt voraus, daß in ihm die wichtigsten Mitgliedsverbände direkt und die übrigen Organisationen zumindest repräsentativ vertreten sind, um eine ausreichende Legitimation für die anstehenden Entscheidungen zu erreichen. Indem die Funktionäre des IBV dem Exekutivkomitee qua Amt angehören, sind in der Regel die wichtigsten Gewerkschaften in diesem Gremium vertreten. Die Statuten von 1951 sahen eine doppelte Regelung vor, indem einerseits jeder Mitgliedsverband mit bis zu vier Repräsentanten im Exekutivkomitee vertreten sein konnte, andererseits vom IBV die Reisekosten für einen bzw. zwei

Vertreter[13] für eine Reihe von Gewerkschaften übernommen wurden, die dann faktisch das Exekutivkomitee bildeten. Bei den in der Satzung von 1951 festgelegten Gewerkschaften handelte es sich bis auf die UMWA um 10 europäische Organisationen. Die Liste wurde 1954 um Jugoslawien und Italien, 1957 um Japan ergänzt[14]. Erst die Statutenreform von 1963 veränderte vor dem Hintergrund der wachsenden Zahl von Mitgliedsgewerkschaften aus Afrika und Asien die Zusammensetzung des Exekutivkomitees, indem seine Mitglieder nun »Länder, Ländergruppen und Gebiete« repräsentieren sollten, was z. B. 1963 zwei Vertreter aus Afrika und zwei aus Asien in das Exekutivkomitee brachte[15]. Erst die Statuten von 1984, die eine Kostenerstattung des IBV für die Mitglieder des Exekutivkomitees aufgaben, verzichtete auf eine genaue Festlegung und setzten das Repräsentativitätsprinzip durch, indem für die Wahl der 14 Mitglieder des Exekutivkomitees (1991: 15) nur noch die Vorgabe gemacht wurde, daß auf eine »gerechte geographische Verteilung zu achten« sei. Die rasante Zunahme der IBV-Mitglieder seit 1989 – u. a. als Folge des politischen Wandels in Mittel- und Osteuropa und der wachsenden Zahl von Mitgliedsgewerkschaften in Afrika – führte auf dem Kongreß 1993 zu dem Beschluß, die Mitgliederzahl des Exekutivkomitees auf 26 zu erhöhen, um möglichst viele Verbände am Entscheidungsprozeß zu beteiligen. Mit dieser Regelung sollen nicht zuletzt die neuen Mitgliedsorganisationen in die Politik des IBV eingebunden und auf diese verpflichtet werden[16]. Die regionale Expansion der 90er Jahre hat zudem die Mehrheitsverhältnisse im Exekutivkomitee auf Kosten der westeuropäischen und nordamerikanischen Gewerkschaften verändert (siehe Tabelle 6).

## *Büro/Präsidentschaft (Präsidium)*

Als kleines Administrativorgan unterhielt der IBV von 1951 bis 1984 das Büro[17], dessen Aufgaben mit der Statutenreform von 1984 die sogenannte

---

13 Anspruch auf Reisekostenerstattung für zwei Vertreter hatten die drei großen Verbände: NUM, UMWA und IGB(E).
14 Ein Vertreter für den indischen Verband (INMF) brauchte zu diesem Zeitpunkt nicht aufgenommen zu werden, da Michael John von 1957 bis 1967 als Vertreter für den Erzbergbau zum Vizepräsidenten gewählt wurde.
15 Vgl. IBV, 39. Internationaler Kongreß, Wien, 1963, S. 313 f.
16 Vgl. IBV, 47. IBV-Kongreß, Budapest, 1993, Tagesordnungspunkt 8: Änderung der IBV-Statuten – Der Exekutivausschuß.
17 Einen Vorstand, der sich aus den Funktionären des IBV zusammensetzte, sah auch die Satzung von 1920 vor. Der Vorstand hatte angesichts der häufigen Tagungen des Exekutivkomitees (Internationalen Komitees), der bis 1927 ausschließlichen Wahl von MFGB-Vertretern zu IBV-Funktionären und der erst seit 1930 erfolgenden Wahl von Vizepräsidenten keine Bedeutung im Entscheidungsprozeß erlangt.

*Tabelle 6:*
**Regionale Verteilung der Mitglieder des Exekutivkomitees (1989 und 1993)**

| Regionen | 1989 | 1993 |
|---|---|---|
| Europa (West)[a] | 7 (9) | 7 (9) |
| Europa (Mittel/Ost) | – | 5 (6) |
| Nordamerika | 2 (3)[b] | 1 (2) |
| Afrika | 2 (3) | 6 (7) |
| Asien/Pazifik | 2 (3) | 3 (4)[c] |
| Lateinamerika | 1 | 3 |
| insgesamt | 14 | 25 |

( ) Zahlen in Klammern: einschließlich des Präsidenten bzw. der Vizepräsidenten (1989: 3, 1990: 4, 1993: 5).
(a) Einschließlich der Türkei.
(b) Erst seit 1990 nach Vergrößerung des Präsidiums auf 4 Vizepräsidenten.
(c) Ein weiterer Sitz im Exekutivkomitee ist für Australien reserviert.

»Präsidentschaft« übernahm. Dem anfangs aus sieben Mitgliedern bestehenden Büro gehörten die Funktionäre des IBV an sowie vier aus dem Exekutivausschuß und von ihm zu wählende Mitglieder. Diese vertraten zunächst Sprachgruppen und ab 1963 Regionen (Afrika, Amerika, Asien, Europa), um der globalen Expansion Rechnung zu tragen. Das Büro, das in den 50er und 60er Jahren zu weniger Sitzungen zusammentrat als das Exekutivkomitee, war als Unterausschuß des Exekutivkomitees angelegt[18], erfüllte überwiegend administrative Aufgaben und bereitete Entscheidungen des Exekutivkomitees vor. Zu einem »heimlichen« Lenkungsorgan gegenüber dem Exekutivkomitee konnte sich das Büro nicht entwickeln. Die meisten Entscheidungen verlangten eine repräsentativere Beteiligung der Mitgliedsverbände als sie mit der Zusammensetzung des Büros, das selten mit allen Mitgliedern tagte, gegeben war. Es fand aber, wie seit 1984 das Präsidium, dem nur noch die Funktionäre des IBV angehören[19], eine wichtige Aufgabe darin, komplexe oder umstrittene Fragen aufzubereiten und eine Klärung von kontroversen Positionen einzuleiten.

Um diese Integrationsfunktion des Büros bzw. des Präsidiums zu erreichen,

---

18 Vgl. MIF, 35th International Conference, Luxemburg, 1951, S. 51.
19 Die Statuten von 1984 sahen als Funktionäre den Präsidenten (seit 1984: Anders Stendalen, Schweden), drei Vizepräsidenten und den Generalsekretär vor. 1989 setzte sich mit der Wahl von Heinz-Werner Meyer (BRD), James Motlatsi (Südafrika) und Kanti Mehta (Indien) als Vizepräsidenten das Regionalitätsprinzip durch, das mit der Kooptation von John Banovic (USA/Kanada) im Jahr 1990 – er wurde 1991 von Richard Trumka abgelöst – und von John Maitland nach der Aufnahme von zwei australischen Gewerkschaften 1994 erweitert wurde.

werden regelmäßig die Spitzenfunktionäre der wichtigsten Gewerkschaften als Funktionäre des IBV bestätigt (siehe Tabelle 7 und 8). Zugleich diente die Besetzung dieser Funktionen seit den 50er Jahren der Repräsentation, Einbeziehung und Einbindung der heterogener gewordenen Mitgliedschaft. Mit der Erhöhung der Zahl der Vizepräsidenten 1954 erhielt ein Vertreter des Mineralbergbaus einen ständigen Sitz im Büro[20]. Und mit der kontinuierlichen Wahl eines indischen bzw. philippinischen Vertreters seit 1957 wurde zugleich die regionale Differenzierung berücksichtigt[21]. Seit 1989 vertreten die Vizepräsidenten explizit einzelne Regionen. Indem der Kongreß von 1993 die Zahl der Vizepräsidenten auf fünf erhöhte und mit Antal Schalkhammer (Ungarn) einen Vertreter der seit 1990 dem IBV beigetretenen Gewerkschaften Mittel- und Osteuropas in dieses wichtige Leitungs- und Entscheidungsgremium wählte, dürfte nicht zuletzt das Ziel verfolgt werden – wie bei der Erweiterung des Exekutivkomitees –, die Beziehungen dieser neuen oder reformierten Gewerkschaften zum IBV zu stabilisieren und sie auf seine Politik zu verpflichten. Die nach dem Beitritt der australischen UMW erfolgte Kooptation des UMW-Vorsitzenden John Maitland als weiteren Vizepräsidenten in das IBV-Präsidium hat gleichfalls hauptsächlich die Funktion, diese Gewerkschaft an den IBV zu binden und in die IBV-Politik einzubeziehen.

Mit der regionalen Differenzierung der Mitglieder des Exekutivkomitees und der Beschränkung auf jährlich eine Tagung erhöhte sich der Einfluß des Präsidiums im Entscheidungsprozeß des IBV. Da es nach Bedarf und Notwendigkeit zusammentritt und generell »für die Leitung der Angelegenheiten der Internationale verantwortlich« ist (Art. 8), präjudiziert das Präsidium – nicht zuletzt auch aufgrund seiner personellen Zusammensetzung – Entscheidungen des Exekutivkomitees und des Kongresses.

### Sekretariat und Generalsekretär

Der Ausbau der Servicefunktionen des IBV erfolgte seit Anfang der 50er Jahre durch die Einrichtung eines permanenten Sekretariats, dessen Perso-

---

20 Mit dem Beitritt von Gewerkschaften außerhalb Europas vergrößerte sich innerhalb des IBV der Anteil der Gewerkschaften und Mitglieder, die im Mineralbergbau tätig waren, vgl. D. Lazorchick, 1962, S. 67.
– Mit der Entscheidung von 1954 sollte der wachsenden Bedeutung der Mineralbergbaugewerkschaften innerhalb des IBV entsprochen und einem Vertreter dieses Sektors ein Sitz in diesem Lenkungsgremium bewahrt werden, als die IG Bergbau 1954 ihren Anspruch auf Vertretung im Büro erhob und Heinrich Imig zum Präsidenten des IBV gewählt wurde.
21 Seit 1957 nahm ein Vertreter Indiens bzw. der Philippinen kontinuierlich einen Vizepräsidenten-Sitz ein, anfangs als Vertreter für den Mineralbergbau, später für die Region Asien.

*Tabelle 7:*

**Besetzung der Leitungsfunktionen des IBV (1949–1993)***

| Jahr | Präsident | Generalsekretär | Vizepräsident | Vizepräsident | Vizepräsident | Vizepräsident | Vizepräsident |
|---|---|---|---|---|---|---|---|
| 1949 | A. Delattre (B) | W. Lawther (GB) | E. Mattson (S) | – | – | – | – |
| 1951 | A. Delattre (B) | W. Lawther (GB) | E. Mattson (S) | – | – | – | – |
| 1954 | H. Imig (BRD) | W. Lawther (GB) | E. Mattson (S) | – | – | – | – |
| 1957 | N. Dethier (B) | W. E. Jones (GB) | H. Gutermuth (BRD) | N. Dethier (B) | – | – | – |
| 1960 | N. Dethier (B) | E. Jones (GB) | H. Gutermuth (BRD) | M. John (Ind.) | – | – | – |
| 1963 | H. Gutermuth (BRD) | D. Edwards | A. Augard (F) | M. John (Ind.) | W. Paynter (GB) | – | – |
| 1967 | W. Arendt (BRD) | D. Edwards | A. Augard (F) | R. Padilla (Ph.) | S. Ford (GB) | – | – |
| 1971 | A. Schmidt (BRD) | D. Edwards | W. A. Boyle (NA) | K. Mehta (Ind.) | L. Daly (GB) | – | – |
| 1975 | A. Schmidt (BRD) | D. Edwards | A. Miller (NA) | K. Mehta (Ind.) | J. Gormley (GB) | – | – |
| 1979 | A. Schmidt (BRD) | P. Tait | A. Miller (NA) | K. Mehta (Ind.) | L. Daly (GB) | – | – |
| 1983 | A. Schmidt (BRD) | P. Tait | A. Stendalen (S) | K. Mehta (Ind.) | J. O'Connor (GB) | – | – |
| 1984 | A. Stendalen (S) | J. Olyslaegers (B) | A. Schmidt (BRD) | K. Mehta (Ind.) | J. O'Connor (GB) | – | – |
| 1989 | A. Stendalen (S) | P. Michalzik | H. W. Meyer (BRD) | K. Mehta (Ind.) | J. Motlatsi (SAF) | J. Banovic (NA) | – |
| 1993 | A. Stendalen (S) | P. Michalzik | H. Berger (BRD) | K. Mehta (Ind.) | J. Motlatsi (SAF) | R. Trumka (NA) | A. Schalkhammer (U) |

B = Belgien
BRD = Bundesrepublik Deutschland
F = Frankreich
GB = Großbritannien
Ind. = Indien

NA = Nordamerika (USA/Kanada)
Ph. = Philippinen
SAF = Südafrika
S = Schweden
U = Ungarn

(*) Aufgeführt sind nur die vom Kongreß jeweils gewählten Funktionäre. Einige sind während der Amtszeit ausgeschieden und wurden durch Kooptation ersetzt. Eine Ausnahme in der Liste ist John Banovic (USA/Kanada), der 1990 über die Zahl der von Kongreß 1989 festgelegten 3 Vizepräsidenten hinaus kooptiert wurde. 1994 wurde dieses Verfahren erneut angewandt, als das Präsidium nach der Aufnahme der australischen UMW deren Vorsitzenden, John Maitland, als weiteren, sechsten, Vizepräsidenten kooptierte.

*Organisationsstruktur*

*Tabelle 8:*
**Mitglieder des Büros bzw. der Präsidentschaft nach Ländern (1949–1993)***

| Länder | 1949 | 1951 | 1954 | 1957 | 1960 | 1963 | 1967 | 1971 | 1975 | 1979 | 1983 | 1984 | 1989 | 1993 |
|---|---|---|---|---|---|---|---|---|---|---|---|---|---|---|
| Großbritannien | 1 | 1/1 | 1/1 | 1 | 1 | 1 | 1 | 1 | 1 | 1 | 1 | 1 | – | – |
| Belgien | 1 | 1/1 | 1 | 1 | 1 | – | – | – | – | – | 1 | 1 | – | – |
| Schweden | 1 | 1 | 1 | 1 | 1 | 1 | 1 | 1 | 1 | 1 | 1 | 1 | 1 | 1 |
| BR Deutschland | – | 1 | 1 | 1 | 1 | 1 | 1 | 1 | 1 | 1 | 1 | 1 | 1 | 1 |
| Niederlande | – | 1 | – | 1 | 1 | – | – | – | – | – | – | – | – | – |
| Österreich | – | – | 1 | – | – | – | – | 1 | 1 | – | – | – | – | – |
| Frankreich | – | – | – | – | – | 1 | 1 | – | – | – | – | – | – | – |
| Ungarn | – | – | – | – | – | – | – | – | – | – | – | – | – | 1 |
| USA/Kanada | – | – | 1 | 1 | 1 | 1 | 1 | 1/1 | 1/1 | 1/1 | 1 | – | 1 | 1 |
| Indien | – | – | – | 1 | 1 | 1 | – | 1 | 1 | 1 | 1 | 1 | 1 | 1 |
| Japan | – | – | – | – | – | 1 | 1 | – | 1 | 1 | 1 | – | – | – |
| Philippinen | – | – | – | – | – | – | 1 | 1 | – | – | – | – | – | – |
| Nordrhodesien | – | – | – | – | – | 1 | – | – | – | – | – | – | – | – |
| Tunesien | – | – | – | – | – | – | 1 | 1 | – | – | – | – | – | – |
| Sierra Leone | – | – | – | – | – | – | – | – | – | 1 | – | – | – | – |
| Nigeria | – | – | – | – | – | – | – | – | – | – | 1 | – | – | – |
| Südafrika | – | – | – | – | – | – | – | – | – | – | – | – | 1 | 1 |

Kursiv gesetzte Zahlen kennzeichnen Funktionäre.
(*) Der Generalsekretär ist nur berücksichtigt, wenn er nebenamtlich tätig war (1949–1963, 1984–1989).

nal in den folgenden Jahren bis auf acht Personen vergrößert wurde. Erst seit 1956 verfügte der IBV über eigene, von der NUM getrennte Büroräume. Bis zur Wahl von Dennis Edwards zum hauptamtlichen Generalsekretär (1963)[22], lag die Leitung des IBV weiterhin bei nebenamtlich tätigen Generalsekretären – eine Position, die traditionell vom britischen Verband in Anspruch genommen wurde[23]. Die Entscheidung für einen hauptamtlichen Generalsekretär verzögerte vor allem die NUM. Für sie bedeutete die Wahl eines hauptamtlichen Generalsekretärs eine Einschränkung ihrer unmittelbarer Kontrolle über die IBV-Aktivitäten und einen weiteren Schritt zu einer (relativen) institutionellen Eigenständigkeit des IBV, die mit der Anmietung von Büroräumen bereits eingeleitet worden war.

In den 70er Jahren führten wachsende finanzielle Schwierigkeiten des IBV zu einer allmählichen Verringerung der Zahl der Sekretariatsbeschäftigten. 1979 war schließlich auch die Wahl eines neuen hauptamtlichen Generalsekretärs umstritten. Die Wahl von Peter Tait und die Beibehaltung des Londoner Sekretariats erfolgte gegen den von der IGBE eingebrachten Vorschlag, Jan Olyslaegers (Belgien) nebenamtlich mit dieser Funktion zu betrauen und die Geschäftsführung nach Brüssel zu verlegen[24]. Nach dem Austritt der NUM (1983) aus dem IBV wurde diese Regelung 1984 revidiert, Olyslaegers für vier Jahr zum nebenamtlichen Generalsekretär gewählt und der Sitz des IBV nach Brüssel verlegt. Nach Klärung der Perspektive und der finanziellen Grundlage für die weitere IBV-Tätigkeit wurde 1989 mit Peter Michalzik wieder ein hauptamtlicher Generalsekretär gewählt.

*Sektorale Strukturen*

Bis in die Gegenwart hat der IBV seinen fachlichen/industriellen Organisationsbereich nicht durch Fusionen mit anderen Berufssekretariaten erweitert. Eine Ausweitung erfolgte nur durch die Aufnahme von Gewerk-

---

22 Nach langen Querelen wurde vom Kongreß 1963 Dennis Edwards zum Generalsekretär des IBV gewählt. Die Einsetzung eines hauptamtlichen Generalsekretärs stand seit 1949 an, wurde mit dem 1955 für 1957 angekündigten Ausscheiden von William Lawther als Generalsekretär des IBV belebt, aber erst 1963 vom Kongreß endgültig entschieden. Dennis Edwards war bis 1979 Generalsekretär des IBV, in dessen Sekretariat er seit 1950 arbeitete. Er wurde 1957, als Lawther nicht mehr für den Posten des Internationalen Sekretärs/Generalsekretärs zur Verfügung stand, als stellvertretender Generalsekretärs (Assistant Secretary) bereits mit weitreichender administrativer und zum Teil auch politischen Verantwortung ausgestattet. Vgl. D. Lazorchick, 1962, S. 183 f.

23 Eine Ausnahme gab es nur in den Jahren 1927–1934, als Achille Delattre (Belgien) nebenamtlicher IBV-Sekretär war und der Sitz des IBV von London nach Brüssel verlegt wurde.

24 Vgl. IBV, Bericht über den 43. Internationalen Kongreß, Madrid, 1979, S. 10, 25.

schaften, die hauptsächlich oder ausschließlich im Mineralbergbau tätig sind[25]. Trotz des seit den 50er Jahren wachsenden Mitgliederanteils dieser Organisationen in der Bergarbeiter-Internationale verzichtet der IBV auf eine ausgeprägte sektorale Differenzierung der Organisationsstruktur. Für die Erörterung und Bearbeitung sektoraler Interessen sowie für die Vertretung gruppenspezifischer Probleme (Jungbergarbeiter) sieht der IBV die Einrichtung von beratenden »Technischen Ausschüssen« (u. a. für Mineralbergbau, Kohlenbergbau, Kohle- und Energiepolitik, Jungbergarbeiter) durch den Kongreß oder das Exekutivkomitee und die Bildung von beratenden Unterausschüssen während des Kongresses vor. Verstellt wurde damit insbesondere für die Mineralbergbau-Gewerkschaften eine institutionelle Form der Interessenwahrnehmung mit eigenen Koordinations- und Vertretungsmöglichkeiten im Rahmen des IBV. Dieser Verzicht auf eine institutionelle Differenzierung ist eine Folge der traditionellen Dominanz der Kohlenbergbau-Gewerkschaften und der organisatorischen Schwäche der Mineralbergbau-Verbände im IBV. Sie wird auch mit der 1993 getroffenen Entscheidung, mit der Chemiearbeiter-Internationale (ICEF) zu einer »Energie-Internationale« zu fusionieren, eher verfestigt denn verändert.

## *Regionale Strukturen*

Die Statuten von 1963 und 1984 sehen die Bildung von Regionalorganisationen im Rahmen des IBV vor[26]. Dennoch wurde bis 1991, als der Europäische Bergarbeiterverband (EBV) gegründet wurde, vom IBV keine Regionalorganisation eingerichtet. Der Verzicht auf den Aufbau regionaler Strukturen hat mehrere Gründe: (1) Die geringe, stagnierende und phasenweise sogar rückläufige Zahl von Mitgliedsverbänden in den außereuropäischen Regionen; so waren dem IBV bis in die 80er Jahre in Asien und Afrika jeweils weniger als zehn Verbände angeschlossen, und in Lateinamerika gestalteten sich die Beziehungen zu den wenigen, kleinen Mit-

---

25 Eine andere Perspektive hatte bereits die Statutenreform von 1963 gewiesen. Der sektorale Organisationsbereich des IBV wurde von der Bergbauindustrie auf die »Steinbruch- und Energieindustrie« erweitert (Artikel 1), wenngleich diese Bestimmung nicht ohne Widerspruch blieb, vgl. IBV, 39. Internationaler Kongreß, Wien, 1963, S. 256 f.

26 Die 1963 erfolgte Aufnahme einer Satzungsbestimmung über Regionalorganisationen in den Statuten (Artikel 11) ging zum einen auf eine Initiative der ersten asiatischen Regionalkonferenz (1961) zurück, auf der Vorstellungen für die Bildung einer Regionalorganisation entwickelt worden waren, die auf der nächsten Regionalkonferenz jedoch nicht weitergeführt wurden. Zum anderen reagierte der IBV mit dieser Statutenbestimmung, die Regionalorganisationen dem Berufssekretariat unterordnete, ihre Einrichtung in die Entscheidungskompetenz des Kongresses und/oder des Exekutivkomitees legte und sie gegenüber dem IBV verantwortlich machte, auf das Bestehen einer gesamtamerikanischen Bergarbeiter-Regionalorganisation (IAMF) zwischen 1957–1962 (siehe unten).

gliedsorganisationen stets sporadisch. (2) Die Instabilität verschiedener Gewerkschaften, insbesondere in Afrika, die mit organisatorischen Problemen und politischen Interventionen konfrontiert waren, was deren Verbindungen zum IBV belastete, zumal Gewerkschaften auch im Hinblick auf den Beitritt zu internationalen Gewerkschaftsorganisationen staatlichen Einschränkungen unterworfen waren. (3) Schließlich verhinderte die seit den 60er Jahren permanente Finanzkrise des IBV eine Intensivierung regionaler Aktivitäten und den Aufbau regionaler Strukturen.

Die regionale Vertretung des IBV basierte seit den 50er Jahren auf sogenannten Verbindungsbeauftragten (Liaison Officer), die in Afrika, Asien und Lateinamerika über mehr oder weniger lange Zeit für den IBV tätig waren, den Kontakt zu den Mitgliedsverbänden unterhielten, ihren Organisationsaufbau unterstützten, bei Arbeitskonflikten beratend tätig wurden und in begrenztem Umfang Schulungsprogramme durchführten. Eine Koordinierung regionaler Interessen fand durch Regionalkonferenzen statt, die in Afrika nur 1961, in Asien 1961, 1965, 1970 und 1975 durchgeführt werden konnten.

In Lateinamerika hatte der IBV gemeinsam mit der UMWA und der Regionalorganisation des IBFG, der ORIT, die erste Regionalkonferenz 1957 veranstaltet. Ein Ergebnis dieser Konferenz war die – vom IBV nicht geplante und skeptisch betrachtete – Gründung einer gesamtamerikanischen Regionalorganisation der Bergarbeiter, der Interamerican Mineworkers' Federation (IAMF). Die IAMF wurde zwar in den nächsten Jahren vom IBV finanziell unterstützt, entzog sich aber weitgehend einer Kontrolle durch den IBV. Sie agierte bis zur Selbstauflösung Ende 1962 ohne Kooperation mit der Bergarbeiter-Internationale. Und ihre Tätigkeit bewirkte nicht, daß sich die wenigen Verbindungen des IBV zu lateinamerikanischen Bergarbeiterorganisationen intensivierten oder erweiterten[27].

Eine formal ähnliche Konstruktion wie die IAMF weist die 1985 gegründete, subregionale Bergarbeiterföderation für das südliche Afrika (Southern African Miners' Federation, SAMF) auf, der Anfang der 90er Jahre sechs Bergarbeiterorganisationen angehörten[28]. Die SAMF entstand in Absprache mit dem IBV, der für ihre Etablierung finanzielle Ressourcen vermitteln konnte. Differenzen zwischen den Mitgliedsverbänden und wenig geklärte Aufgabenstellungen verhinderte bislang, daß dieser Regionalverband besondere Aktivitäten entwickelte oder zu einem Koordinationsorgan seiner

---

27 Vgl. D. Lazorchick, 1962, S. 137–147.
28 Vgl. MIF, 46th Miners' International Congress, 1989, Harare, S. 33–37.

Mitgliedsverbände wurde. Zentrifugale Wirkungen, d. h. die Möglichkeit einer abgrenzenden Regionalisierung, die solche eigenständigen Organisationsformen potentiell erlauben, haben sich daher (noch) nicht gezeigt.

*Europäischer Bergarbeiterverband (EBV)*
Verglichen mit anderen Berufssekretariaten erfolgte die vom IBV initiierte[29] Gründung eines nur formal eigenständigen Bergarbeiterverbandes auf europäischer Ebene (Europäischer Bergarbeiterverband), spät, im Oktober 1991. Der EBV erhielt sofort die Anerkennung als Gewerkschaftsausschuß durch den Europäischen Gewerkschaftsbund (EGB)[30].

Bemühungen um eine Koordinierung der europäischen Bergarbeitergewerkschaften innerhalb des IBV gab es bereits Mitte der 60er Jahre, als der IBV die Einberufung einer europäischen Regionalkonferenz plante. Sie kam wegen der akuten Finanzkrise der Brancheninternationale nicht zustande. Zudem war der Bedarf an einer institutionell abgesicherten Koordinierung der europäischen Organisationen in dieser Zeit gering. Denn im Rahmen des »Montanausschusses« (Verbindungsbüro Freier Berg- und Metallarbeitergewerkschaften in der E(W)G)[31] koordinierten die europäischen Kohlenbergbaugewerkschaften der E(W)G-/EGKS-Staaten einen wichtigen Bereich ihrer E(W)G-Politik unter Beteiligung des IBV. Darüber hinaus dominierten die europäischen Bergarbeitergewerkschaften den IBV, so daß ihre Belange innerhalb der Organisation behandelt wurden.

Diese Bedingungen für eine europäische Interessenvertretung hatten sich bis Anfang der 90er Jahre nicht grundsätzlich verändert, wenngleich etwas verschoben. Als Folge eines umfangreichen Schulungsprogramms »internationalisierte« sich der Handlungsschwerpunkt der Bergarbeiterinternationale zugunsten von Gewerkschaften in Ländern der Dritten Welt. Gleichzeitig begrenzt die supranationale EG-Politik durch die Binnen-

---

29 Zur Initiative des IBV-Sekretariats vgl. IBV, Sitzung des IBV-Exekutivausschusses, Wien, den 4. und 5. Mai 1991, Tagesordnung Punkt 8: Europäische Struktur des IBV. – Zum Ausdruck kommt die Verflechtung beider Organisationen bereits in der Identität des Sekretariats und in der Person des EBV-Sekretärs, Damien Roland, der Assistent des Generalsekretärs des IBV ist. Strukturell besteht die Verbindung auch über die automatische Mitgliedschaft der europäischen IBV-Gewerkschaften im EBV, der ansonsten offen ist für europäische Bergarbeitergewerkschaften, sofern sie keiner anderen Internationale angehören.
30 Zu den Gewerkschaftsausschüssen des EGB vgl. I. Stöckl, Gewerkschaftsausschüsse in der EG, Kehl a. Rhein 1986; P. Rütters, K. P. Tudyka, Internationale Gewerkschaftsbewegung – Vorbereitung auf den Europäischen Binnenmarkt, in: M. Kittner (Hrsg.), Gewerkschaftsjahrbuch 1990, Köln 1990, S. 567–593.
31 Zum »Montanausschuß«, der mit der Gründung der EWG den »21er-Ausschuß« des EGKS ablöste, vgl. I. Stöckl, 1986, S. 153–162.

marktentwicklung die Vertretungsspielräume der nationalen Organisationen und verlangt eine koordiniertere Einflußnahme auf EG-Organe (Kommission und EG-Parlament). Erfolgversprechende gewerkschaftliche Einflußnahmen auf den politischen Entscheidungsprozeß der EG erfordern aber die Form eines anerkannten Gewerkschaftsausschusses. Da der IBV und einige maßgebende Mitgliedsverbände den Anspruch erheben, den gesamten Energie-Sektor von der Rohstoffgewinnung bis zur Energieerzeugung zu vertreten[32], kann der Montanausschuß aufgrund seiner begrenzten Zuständigkeit (Kohlenbergbau und Stahlerzeugung) und Mitgliederstruktur diese Aufgabe nicht erfüllen. Die Gründung des EBV 1991 war eine Reaktion auf diese Veränderungen und Anforderungen. Darüber hinaus ist er als integratives Forum für die um Mittel- und Osteuropa »erweiterte« europäische Gewerkschaftsbewegung konzipiert[33].

Die Aktionsschwerpunkte des EBV – soweit sie bislang entwickelt werden konnten – liegen in zwei Bereichen[34]. Ein Ziel besteht in der Einflußnahme auf die europäische, d. h. EG-Energiepolitik, um zu erreichen, daß der europäische Stein- und Braunkohlen-Bergbau im Rahmen von EG-Richtlinien und der europäischen Energie-Charta weiterhin als Energieträger eine wichtige Rolle behält. Ein anderer Handlungsbereich richtet sich auf die Unterstützung der Bergarbeitergewerkschaften in Mittel- und Osteuropa.

## Mitgliederentwicklung und Mitgliederstruktur

Bestand und Handlungsfähigkeit Internationaler Berufssekretariate hängen in mehrfacher Hinsicht von den organisierten Gewerkschaften ab: (1) von der Bereitschaft und Fähigkeit der Mitgliedsverbände, die finanziellen Voraussetzungen für den Aufbau und den Unterhalt der Organisation zu tragen und deren Bestand sicherzustellen; (2) von der Repräsentativität der einzelnen Gewerkschaften auf nationaler Ebene und der Gesamtheit der Mitgliedsverbände im geographischen und fachlichen Organisationsbereich des Berufssekretariats sowie (3) von der Bereitschaft und Fähigkeit der

---

32 Wie bereits die Statuten des IBV zählt auch der EBV, für die Zukunft durchaus konfliktträchtig, Beschäftigte im Bergbau, in Steinbrüchen und in Energiebetrieben zu seinem fachlichen Organisationsbereich.
33 Vgl. IBV, Sitzung des IBV-Exekutivausschusses, Wien, den 4. und 5. Mai 1991, Tagesordnung Punkt 8: Europäische Struktur des IBV.
34 Vgl. EBV, First Conference, Miners' European Federation, Buk, Poland, 22–23 October 1991, Conclusions; ferner IBV, 47. Weltkongreß, Budapest, 1993, Tätigkeitsbericht 1989–1992, S. 56–58; IBV, Die Umstrukturierung des Bergbaus in Mittel- und Osteuropa: Eine Herausforderung an die Demokratie. Die Antwort der Gewerkschaften [1993].

Mitgliedsverbände, sich an den Entscheidungsprozessen der Internationale zu beteiligen und eine beschlossene Politik durchzuführen und durchzusetzen.

Bis 1945/49 gehörten dem IBV nur Organisationen in Europa und die UMWA[35] in Nordamerika an. Die Spaltung des WGB und die Blockbildung brachten Verluste von früheren Mitgliedsverbänden, die sich der Bergarbeiter-Internationale nach 1945 entweder nicht wieder anschlossen (der polnische Verband) oder ihre Mitgliedschaft 1948/49 aufkündigten (die tschechoslowakische Gewerkschaft, die französische CGT-Bergarbeitergewerkschaft)[36]. Ein Ausbau der Mitgliedschaft[37] richtete sich daher zum einen auf den Anschluß von Gewerkschaften in Europa, soweit dies richtungspolitisch vertretbar war, zum anderen auf die globale Expansion, indem der Beitritt von Gewerkschaften in Afrika, Asien und Lateinamerika gefördert wurde. Auch wenn Anfang der 50er Jahre kein Zweifel darüber bestand, daß die Mitgliedschaft von Gewerkschaften aus nicht-industrialisierten Ländern über längere Zeit erhebliche finanzielle Anforderungen an den IBV mit sich bringen würde[38], war das langfristige Ziel dieser geographischen Expansion, den Bestand der internationalen Organisation sicherzustellen und eine globale Handlungsfähigkeit zu erlangen.

---

35 Die UMWA trat dem IBV 1904 bei, nahm bis zum Ersten Weltkrieg und in der Zwischenkriegszeit unregelmäßig an seinen Kongressen und Aktivitäten teil und ist seit 1950 bis auf zwei kurze Unterbrechungen (1975/76 und 1982/83) ständiges, wenngleich nicht sehr prägendes Mitglied.

36 Vgl. MIF, 34th International Conference, Amsterdam, 1949, S. 71 f.; MIF, 35th International Conference, Luxemburg, August, 1951, S. 112 ff.

37 Im Vergleich zu anderen Berufssekretariaten war eine sektorale Erweiterung durch die Fusion mit branchenverwandten Berufssekretariaten für die klar gegenüber anderen Industriezweigen abgegrenzte Bergarbeiter-Internationale kaum möglich. Eine Erweiterung konnte sich auf die Steinbrucharbeiter erstrecken. Auch wenn die Statuten seit 1963 diesen Industriezweig zum fachlichen Organisationsbereich des IBV erklärten, wäre eine Einbeziehung in die Bergarbeiter-Internationale nur im Konflikt mit dem Internationalen Bund der Bau- und Holzarbeiter (IBBH) möglich gewesen, da der IBBH seit der 1947 erfolgten Integration des Internationalen Steinarbeiter-Sekretariats, in dem sich 1903 Steinarbeiter-Gewerkschaften eigenständig organisiert hatten, diesen Industriezweig vertritt. – Anfang der 50er Jahre stand die internationale Organisierung der Erdölarbeiter bei den Berufssekretariaten und beim IBFG zur Debatte. Der IBV war insoweit davon berührt, als ca. 15 000 Mitglieder von IBV-Verbänden in diesem Bereich tätig waren. Das wurde jedoch nicht zum Anlaß genommen, ein Organisationsrecht des IBV für die Beschäftigten in der Erdölförderung und -verarbeitung anzustreben, vgl. MIF, 36th International Congress, Dortmund, 1954, S. 18 f. Mit der Satzungsrevision 1963 wurde der Organisationsbereich des IBV formal und unspezifisch auch auf die Energiearbeiter ausgeweitet. Mit den Beschlüssen über eine Fusion mit der ICEF hat der IBV diese Perspektive seit 1989 wieder aufgegriffen.

38 Um diese Anforderungen erfüllen zu können, hatte das Exekutivkomitee 1953 die Erhebung eines Sonderbeitrags beschlossen, der in Höhe von 1 d (einem Penny) je Mitglied zweimal im Jahr über zwei Jahre erhoben wurde und den IBV mit einem Fonds für Regionaltätigkeiten in Höhe von ca. £ 32 000 ausstattete, vgl. Minutes of a Meeting of the Executive Committee of the MIF, 27th-29th July, 1953, London, S. 6 f.

Beide Entwicklungsrichtungen zeigten in den 50er Jahren Erfolge. Innerhalb weniger Jahre wuchs die Zahl der Mitgliedsverbände von 13 Gewerkschaften (1949) auf 31 (1957) und die der Organisierten von 1,9 Mio. (1949) auf über 2,5 Mio. (1957) an (siehe Tabelle 9). Die Mitgliederstruktur blieb jedoch asymmetrisch. Zwar stammten bereits in den 50er Jahren mehr als 50 % der Organisationen aus Afrika, Asien und Lateinamerika (1957 etwa 58 %), jedoch wurden mehr als 75 % der Mitglieder nach wie vor von den europäischen Gewerkschaften und der UMWA organisiert (1957: 78 %), die zudem über 90 % des Beitragsaufkommens stellten. Diese Relation veränderte sich bis zum Austritt der britischen NUM 1983 nicht wesentlich. Seither hingen Bestand und Handlungsfähigkeit des IBV vor allem von den europäischen Gewerkschaften und der UMWA ab. Um dieses Ungleichgewicht zu erklären, soll die Entwicklung und Struktur der IBV-Mitglieder in den Dritte-Welt-Ländern skizziert werden.

### Regionale Mitgliederentwicklung

Dem IBV hatten sich bereits 1949/50 Gewerkschaften aus Afrika und Asien angeschlossen. Als Katalysator wirkte dabei die Beziehung der britischen NUM (seit 1945 Nachfolgeorganisation der MFGB) zu Gewerkschaften in den bestehenden oder ehemaligen britischen Kolonien.

### Afrika

Aus Afrika traten anfangs nur »europäische« Gewerkschaften aus Nord- und Südrhodesien und Südafrika dem IBV bei. Mit der Aufnahme der Gold Coast Mines Employees' Union (1952) und der Northern Rhodesia African Mineworkers' Union (1953) umfaßte der IBV erstmals auch »schwarze« Gewerkschaften. Die Politik des IBV, in Nordrhodesien eine Fusion, zumindest eine Koordination zwischen »europäischem« und »afrikanischem« Verband zu vermitteln[39], führte 1954 zum Austritt der »weißen«, 1948 unter burische Kontrolle geratenen südafrikanischen Mine Workers' Union (MWU), noch bevor der Kongreß in einer Resolution die Apartheid-Politik der Malan-Regierung verurteilte[40]. Nicht zuletzt mit dieser unzweideutigen Haltung gegen die Apartheid-Politik hatte der IBV den Weg zum Beitritt weiterer Gewerkschaften kolonialer und nachkolonialer Staaten (Sierra Leone, Tunesien, Nigeria, Tanganjika) in Afrika bis Anfang der 60er Jahre

---

39 Vgl. IBV, 36. Internationaler Kongreß der Bergarbeiter, Dortmund, 1954, S. 64 f.
40 Vgl. ebd., S. 89 f., 149.

*Tabelle 9:*
**Mitgliederentwicklung des IBV (1949–1991)**

| Jahr | insgesamt | | Europa | | Nordamerika | | Asien/Pazifik | | Afrika | | Lateinamerika | |
|---|---|---|---|---|---|---|---|---|---|---|---|---|
| | M | G | M | G | M | G | M | G | M | G | M | G |
| 1949 | 1 975 | 13 | 1 221 | 9  | 600 | 1 | 150 | 1  | 4   | 2  | –  | –  |
| 1951 | 2 406 | 18 | 1 289 | 11 | 600 | 1 | 470 | 2  | 44  | 3  | 3  | 1  |
| 1954 | 2 637 | 24 | 1 487 | 13 | 600 | 1 | 474 | 3  | 81  | 4  | 29 | 3  |
| 1957 | 2 571 | 31 | 1 394 | 13 | 600 | 1 | 455 | 7  | 93  | 6  | 29 | 4  |
| 1960 | 2 564 | 33 | 1 398 | 14 | 600 | 1 | 433 | 7  | 104 | 8  | 29 | 4  |
| 1963 | 2 105 | 33 | 1 148 | 14 | 450 | 1 | 391 | 7  | 87  | 8  | 29 | 4  |
| 1967 | 1 885 | 35 | 955   | 14 | 450 | 1 | 361 | 9  | 111 | 10 | 8  | 2  |
| 1971 | 1 516 | 32 | 710   | 13 | 450 | 1 | 300 | 9  | 48  | 7  | 8  | 3  |
| 1975 | 998   | 32 | 630   | 12 | 115 | 1 | 200 | 9  | 44  | 7  | 9  | 4  |
| 1979 | 1 073 | 33 | 673   | 14 | 120 | 1 | 212 | 8  | 59  | 7  | 9  | 4  |
| 1982 | 1 262 | 37 | 643   | 12 | 120 | 1 | 411 | 12 | 82  | 7  | 6  | 3  |
| 1984 | 935   | 38 | 368   | 14 | 120 | 1 | 289 | 11 | 149 | 9  | 9  | 4  |
| 1986 | 1 038 | 34 | 351   | 13 | 93  | 1 | 327 | 9  | 263 | 8  | 4  | 3  |
| 1991 | 2 420 | 43 | 1 256 | 18 | 165 | 1 | 412 | 11 | 495 | 9  | 92 | 4  |

M = Mitglieder; G = Gewerkschaften
Quelle: IBV, Kongreßberichte 1949–1984. Mitgliederangaben für 31.1.1986, in: Unterlagen zur Sitzung des Exekutivkomitees 1986. Mitgliederangaben für 1.7.1991, in: Unterlagen zur Sitzung des Exekutivkomitees 1992.

geebnet. Da sich die meisten Gewerkschaften (abgesehen von den »europäischen« Verbänden) in der Gründungsphase befanden, fehlten stabile Organisationen, die als Zentrum für den Ausbau der regionalen Organisationstätigkeit fungieren konnten. Dieses Defizit konnte der Einsatz eines IBV-Regionalvertreters (Liaison Officer) nur zum Teil ausgleichen.

Obwohl auch in den folgenden Jahrzehnten weitere Gewerkschaften dem IBV beitraten[41], beeinträchtigten vor allem politische Instabilitäten, Militärputsche und lokale Kriege in verschiedenen afrikanischen Staaten der nachkolonialen 60er und 70er Jahre eine kontinuierliche Beziehung zu den Mitgliedsverbänden. Hinzu kam bei manchen nationalen Dachverbänden eine panafrikanische Orientierung, die mitunter dazu führte, die Mitgliedschaft im IBV zu beenden oder zu unterbrechen (Ghana). Beeinträchtigt wurden die Beziehungen zu den afrikanischen Gewerkschaften durch staatliche Verbote oder Kontrollen der Mitgliedschaft in internationalen Gewerkschaftsorganisationen (Kenia, Kongo, Nigeria, Sambia, Swasiland, Togo) und durch die Etablierung politischer Systeme, die eine Zugehörigkeit zu IBFG-nahen Berufssekretariaten ausschlossen (Tanganjika/Tanzania). Schließlich waren IBV-Gewerkschaften in Afrika mit der Ermordung von Spitzenfunktionären (Nigeria), der Verhaftung und Amtsenthebung von Gewerkschaftsfunktionären und anderen staatlichen Restriktionen gegen Gewerkschaftstätigkeiten (Liberia, Tunesien) konfrontiert.

Der IBV zählte zwar kontinuierlich eine Reihe von Gewerkschaften in Afrika zu seinen Mitgliedsverbänden. Ihre Handlungsbedingungen und organisatorische Entwicklung waren jedoch meist prekär. Sie hatten eine relativ geringe Mitgliederzahl, mußten in einigen Ländern schwierig zu organisierende Wanderarbeiter erfassen, waren politischen Restriktionen und staatlichen Eingriffen unterworfen. Diese ungünstigen Rahmen- und Handlungsbedingungen verhinderten eine kontinuierliche Interessenvertretung innerhalb des IBV, und sie führten dazu, daß nur wenige Organisationen in der Lage waren, mehr als nur einen symbolischen Mitgliedsbeitrag leisten zu können. Verändert hat sich diese Situation, zumindest im südlichen Afrika, erst im Laufe der 80er Jahre – zum Teil als Folge politischer Veränderung in den einzelnen Staaten, zum Teil (organisationsbezogen) durch das Schulungsprogramm des IBV. Insbesondere mit der Gründung der südafrikanischen National Union of Mineworkers (NUM/SAF) 1982, die innerhalb eines Jahrzehnts – mit erheblicher Unter-

---

41 Mitte der 60er Jahre Verbände aus dem Kongo, Gabun, Kenia; Anfang der 70er Jahre aus Togo und Liberia; in den 80er Jahren Gewerkschaften aus Simbabwe, Uganda und Südafrika.

stützung des IBV – zu einer der mitgliederstärksten Organisationen der Bergarbeiter-Internationale wurde (1984: 65 000 Mitglieder; 1991: 360 000; 1992: 250 000), entstand ein relativ stabiler und über den nationalen Handlungsraum hinaus einflußreicher Verband. Parallel dazu konsolidierten sich Bergarbeitergewerkschaften in Simbabwe (AMWZ), Sambia (MUZ), Namibia (MUN), Ghana (GMWU), Tunesien (FGOM).

*Asien/Pazifik*

Während in Afrika die Beziehungen zwischen dem IBV und seinen Mitgliedsverbänden insbesondere durch die politischen Rahmenbedingungen beeinträchtigt wurden, waren diese Faktoren für die Entwicklung in der asiatisch-pazifischen Region von geringerer Bedeutung. Bereits 1949 hatte sich die Indian National Mineworkers' Federation (INMF) dem IBV angeschlossen. Mit 150 000 Mitgliedern (1949; 1992: 351 000) gehört sie zu den mitgliederstarken Verbänden der Bergarbeiter-Internationale, war jedoch angesichts des niedrigen Lohnniveaus im indischen Bergbau organisatorisch relativ schwach und bis in die Gegenwart nicht in der Lage, mehr als einen symbolischen Mitgliedsbeitrag zu leisten. Dennoch ist die INMF seit den 50er Jahren kontinuierlich in Entscheidungsorganen (Büro/Präsidium bzw. Exekutivkomitee) des IBV vertreten. Sowohl diese Einbindung in die Organe und Entscheidungsprozesse des IBV als auch die Tätigkeit von Kanti Mehta (Sekretär und späterer Präsident der INMF) als Verbindungsbeauftragter des IBV (1958 bis 1975) trugen wesentlich dazu bei, die Verbindungen der Bergarbeiter-Internationale zu den Gewerkschaften in Asien aufzubauen und zu stabilisieren.

Dauerhafte Verbindungen entstanden in den 50er Jahren zu drei japanischen Gewerkschaften (TANRO, ZENKO, ZENTANKO)[42], zur United Mine Workers of New Zealand (UMWNZ)[43], zu einem südkoreanischen und einem philippinischen Bergarbeiterverband. Hingegen blieben Beziehungen zu anderen Organisationen meist instabil. Aus unterschiedlichen Grün-

---

42 TANRO, eine Kohlenbergbau-Gewerkschaft, war 1950 dem IBV beigetreten. Die Aufnahme der Erzbergbau-Gewerkschaft ZENKO erfolgte 1954 ohne Verzögerung, während TANRO gegen die Aufnahme einer zweiten Kohlenbergbau-Gewerkschaft, ZENTANKO, zunächst opponierte. ZENTANKO wurde erst 1955 aufgenommen, nachdem der IBV vergeblich einen Zusammenschluß der konkurrierenden Gewerkschaften angeregt hatte und sich die Gewerkschaften auf die Einrichtung eines Koordinationskomitees geeinigt hatten, vgl. MIF, Minutes of a Meeting of the International Executive Committee, 19th-21st October, 1955, S. 3.

43 Als kleine Gewerkschaft mit etwa 1 200 Mitgliedern verfügte die organisatorisch gefestigte UMWNZ weder über die Ressourcen noch über den Einfluß, um für die Region eine maßgebende Position einnehmen oder Koordinationsfunktionen übernehmen zu können.

den – teils wegen politischer/staatlicher Restriktionen, teils wegen der Labilität der Gewerkschaften – schlossen sich dem IBV weitere Verbände, meist nur für kurze Zeit, erst in den 60er und 70er Jahren (Indonesien, Malaysia, Fidschi) und erneut in den 80er Jahren (Pakistan, Sri Lanka) und Anfang der 90er Jahre (Papua Neuguinea, Fidschi) an.

Obwohl die japanischen Organisationen in den 50er Jahren eine vergleichsweise hohe Mitgliederzahl auswiesen (TANRO – 1951: 320 000; ZENKO – 1957: 58 500; ZENTANKO – 1957: 75 000), unterschied sich ihre organisatorische Situation in den 50er und 60er Jahren nicht wesentlich von der des indischen Verbandes. Die Chancen für eine regionale Handlungsperspektive und ihre Fähigkeit, den IBV zumindest mittelfristig organisatorisch und finanziell mitzutragen, verengten sich für diese Verbände bereits Ende der 50er Jahre. Rationalisierungsmaßnahmen im Erz- und Kohlenbergbau sowie die Substitution von Kohle durch andere Energieträger hatten einen fortlaufenden, phasenweise dramatischen Mitgliederverlust der drei Gewerkschaften zur Folge (1960: 248 500 Mitglieder; 1971: 73 600; 1979: 31 900)[44]. Diese Chance bestand bislang auch kaum für die übrigen Gewerkschaften, die dem IBV dauerhaft oder zeitweise verbunden waren. Mit Ausnahme des südkoreanischen Bergarbeiterverbandes, der dem IBV seit 1956 angehört, aber nur sporadische Kontakte zu ihm unterhielt, organisierten sie bis Ende der 80er Jahre nur wenige tausend Mitglieder und waren auf Unterstützungen des IBV angewiesen.

Der Anschluß der australischen Kohlenbergbaugewerkschaft (Australian Coal and Shale Employees' Federation, ACSEF), der für die Kohle- und Energiepolitik des IBV angesichts der Bedeutung des australischen Kohlenexports nach Japan, Westeuropa und in die USA eine wichtige Rolle hätte zukommen können, gelang hingegen nur kurzzeitig (1973 und 1981–1983). Die ACSEF beendete ihre Mitgliedschaft 1983 nach dem Eklat über die Vorbereitung der IMO-Gründung auf dem IBV-Kongreß von 1983[45].

*Lateinamerika*

Die Entwicklung in Lateinamerika unterscheidet sich von den anderen Region durch die bis in die Gegenwart auffällig geringe Zahl von Mitgliedsverbänden. In den 50er Jahren zählte der IBV Gewerkschaften aus

---

44 ZENTANKO trat 1992 aus dem IBV aus, da sie im Kohlenbergbau keine Mitglieder mehr vertrat. Die verbleibenden Gewerkschaften (TANRO, ZENKO/JMU) haben Anfang der 90er Jahre nur noch wenige tausend Mitglieder.
45 Vgl. Schreiben von Barry Swan, Generalsekretär der ACSEF, an den IBV, 8. 7. 1983.

Chile, Niederländisch und Britisch Guyana zu seinen Mitgliedern, jedoch hatte er Ende des Jahrzehnts keine Verbindungen mehr zu ihnen. Trotz der Präsenz eines Verbindungsbeauftragten (1963/64 und von Ende 1965 bis 1971) traten dem IBV bis Anfang der 90er Jahre nur wenige, meist kleine Gewerkschaften bei[46]. Während die eigenständige amerikanische Bergarbeiterföderation (IAMF) bis 1962 regionale Aktivitäten des IBV ersetzt und verhindert hatte, ohne Verbindungen lateinamerikanischer Verbände zum IBV herzustellen, bestanden in den 60er Jahren anscheinend bei verschiedenen lateinamerikanischen Gewerkschaften politische Vorbehalte gegenüber einem internationalen Anschluß an den IBV. Hinzu kam in diesen Jahrzehnten die politische Situation in Lateinamerika. In den meisten südamerikanischen Staaten hatten sich Militärdiktaturen und repressive Regime etabliert, die Gewerkschaftsrechte massiv beschränkten und unabhängige Organisationen unterdrückten[47]. Schließlich besteht ein strukturelles Problem, insofern die Bergarbeiter im Erzbergbau häufig von Metallarbeiterverbänden organisiert werden und daher dem Internationalen Metallarbeiterbund (IMB) angeschlossen sind, der seit den 60er Jahren eine vergleichsweise intensive und politisch eigenständige Regionalpolitik in Lateinamerika durchführt.

*Europa und Nordamerika*

Trotz der globalen Expansion seit den 50er Jahren bilden die Gewerkschaften in Europa und Nordamerika die Basis des IBV, auch wenn sich eine Verbreiterung dieser Basis abzeichnet durch die Mitgliedschaft der südafrikanischen NUM, den jüngst erfolgten Beitritt von zwei australischen Gewerkschaften[48] und den Ausbau von Verbindungen zu Gewerkschaften in Lateinamerika. Sie garantieren bislang seinen Bestand und sichern seine Handlungsfähigkeit. In Europa konnte der IBV seine Mitgliederbasis seit

---

46 In den 60er Jahren waren es ein kolumbianischer Verband und eine Gewerkschaft auf den Niederländischen Antillen (Curaçao). Ende der 80er Jahre gehörten dem IBV nur noch zwei Gewerkschaften aus Guyana und ein Verband auf den Niederländischen Antillen an. Bis 1992 erweiterte sich die Zahl der Mitgliedsverbände auf sechs Gewerkschaften, von denen die peruanische FNTMMSP mit 55 000 Mitgliedern die mit Abstand größte Organisation ist.

47 Vgl. P. Waldmann, Gewerkschaften in Lateinamerika, in: S. Mielke (Hrsg.), Internationales Gewerkschaftshandbuch, Opladen 1983, S. 119–147.

48 Nicht allein für die zukünftige Entwicklung in der asiatisch-pazifischen Region stellt der Beitritt der United Mine Workers (UMW), die bis Mitte 1993 der IMO angehörte, und der Australian Workers Union – Federation of Industrial, Manufacuring and Engineering Employees (AWU-FIME) eine wichtige Verbreiterung der Mitgliederbasis des IBV dar; von Bedeutung ist u. a. auch die dadurch verbesserte Möglichkeit einer globalen »Vernetzung« der Bergarbeitergewerkschaften. Vgl. IBV-Info, No. 15, Mai 1994, S. 3.

den 50er Jahren durch die Aufnahme von Gewerkschaften aus Italien, Griechenland, der Türkei und Zypern arrondieren. Politisch umstritten war dabei die Aufnahme des jugoslawischen Bergarbeiterverbandes (1952/54), gegen den die UMWA zunächst opponierte und der 1962 aufgrund politischer Differenzen mit der Position des IBV zur Anerkennung von osteuropäischen Exilgewerkschaften seine Mitgliedschaft kündigte[49]. Nach der Überwindung der Franco-Diktatur konnte auch der spanische Verband, der seit Ende des spanischen Bürgerkriegs als Exil-Gewerkschaft Mitgliedsstatus hatte und vom IBV kontinuierlich unterstützt worden war, 1979 seinen bisherigen Mitgliedsstatus als Exilverband in den eines ordentlichen Mitglieds umwandeln. 1982 folgte der portugiesische Bergarbeiterverband (SINDEMINAS).

Dieser Zuwachs an Organisationen, der mit Ausnahme des türkischen Verbandes keine mitgliederstarken Gewerkschaften umfaßte, konnte das zentrale Problem des IBV seit der zweiten Hälfte der 50er Jahre nicht ausgleichen: die Reduzierung des (europäischen) Steinkohlenbergbaus und den Strukturwandel der Energiewirtschaft, die die Mitgliederbasis der Kohlenbergbau-Gewerkschaften seit Anfang der 60er Jahre phasenweise dramatisch verringerten[50]. Der Mitgliederverlust der drei großen IBV-Gewerkschaften (NUM, IGBE und UMWA)[51] hatte seit den 60er Jahren eine stetige Einschränkung der Organisation und der Aktivitäten zur Folge. In eine

---

49 Mit dem jugoslawischen Bergarbeiterverband unterhielten einzelne europäische IBV-Mitglieder seit Anfang der 50er Jahre bilaterale Beziehungen, was dazu beitrug, Vertreter des Verbandes als Beobachter zur Exekutivkomitee-Sitzung im Juli 1952 einzuladen. Ein Aufnahmeantrag wurde auf der Büro-Tagung im September 1952 angenommen, jedoch aufgrund des Einspruchs der UMWA, die den Verband als partei- und staatsabhängige Gewerkschaft ansah, vom Exekutivkomitee auf der Tagung im Februar 1953 nicht endgültig beschlossen. Die Entscheidung über die Aufnahme zog sich bis 1954 hin. Eine Büro-Tagung in Jugoslawien im Mai 1954 sollte schließlich Gelegenheit geben, die Situation des Verbandes kennenzulernen. Da UMWA-Vertreter an dieser Büro-Tagung nicht teilnahmen, kam es letztlich zu einer faktischen Anerkennung der Mitgliedschaft, die der jugoslawische Verband mit der Teilnahme an den Exekutivkomitee-Tagungen seit 1952 bereits ausgeübt hatte, vgl. IBV, 36. Internationaler Kongreß der Bergarbeiter, Dortmund, 1954, S. 19–23; D. Lazorchick, 1962, S. 80–85. – Die Teilnahme des IBV an dem vom IBFG veranstalteten Kongreß des Internationalen Zentrums der Freien Gewerkschaften im Exil, der vom 6.–8. 4. 1962 in Berlin stattfand, bei dem auch jugoslawische Exilgewerkschaften vertreten waren, veranlaßte den jugoslawischen Verband zum Protest und zum Austritt, da der IBV nicht bereit war, seine Entscheidung für eine Teilnahme nachträglich zurückzunehmen, vgl. IBV, 39. Internationaler Kongreß, Wien, 1963, S. 49–56.
50 Der Mitgliederbestand der NUM fiel von 675 000 (1957), dem Höchststand der Nachkriegsphase, auf 447 000 zehn Jahre später und auf 248 000 im Jahr 1983; bei der IGBE von 580 000 (1954) auf 319 000 (1967) und 236 000 (1983); noch dramatischer stellte sich die Entwicklung der UMWA dar, deren Mitgliederzahl sich von 600 000 (1949/1960) auf 450 000 (1963/1971) und 115 000 (1975) bzw. 120 000 (1979/1983) reduzierte.
51 In Europa stellten die NUM und die IGBE 1954 84 % der Mitglieder und zusammen mit der UMWA 70 % aller IBV-Mitglieder.

Bestandskrise geriet der IBV, als die britische NUM mit der französischen FNSS-CGT 1983 die Gründung einer neuen, die WGB-Bergarbeitergewerkschaften einschließenden Berufsinternationale (IMO) vorbereitete. Mit dem Austritt der NUM nach dem Kongreß 1983[52], verlor der IBV etwa 250 000 beitragszahlende Mitglieder und über 30 % des Beitragsaufkommens. Aufgefangen wurde diese Krise nur durch drastische Einsparungen und Einschränkungen, durch eine kurzfristig gewährte finanzielle Unterstützung des IBFG und durch erhebliche Beitragsanhebungen. Nach 1983/84 war es dadurch möglich, den administrativen Kern des IBV aufrechtzuerhalten und seit 1989 eine expansive Reorganisation einzuleiten.

*Entwicklung Anfang der 1990er Jahre*

Die Aufnahme (1984) und die expansive Entwicklung der südafrikanischen NUM brachte den Mitgliederbestand des IBV Mitte der 80er Jahre wieder über 1 Mio. Organisierte, wenngleich damit zunächst kein wesentlicher Beitrag zu den Ressourcen verbunden war. Mit der Stabilisierung der Bergarbeiter-Internationale und zunehmenden Aktivitäten, insbesondere der Erweiterung des 1982 begonnenen Schulungsprogramms, setzte seit Ende der 80er/Anfang der 90er Jahre erneut eine Zunahme der Mitgliedsverbände ein und wuchs die Zahl der organisierten Bergarbeiter. Entscheidender und begünstigender externer Faktor für diese Entwicklung war der Umbruch des politischen Systems in Mittel- und Osteuropa sowie – als Folge davon – der Abbau von politischen Polarisierungen und richtungsgewerkschaftlicher Abgrenzung in anderen Regionen.

In Europa expandierte der IBV in erster Linie durch die Aufnahme neugegründeter Gewerkschaften und reformierter ehemaliger Staatsgewerkschaften in Mittel- und Osteuropa sowie durch die Integration der ostdeutschen (ehemalige DDR) Bergarbeiter in die IGBE[53]. Durch diese Neuaufnahmen

---

52 Der NUM war für den Kongreß 1983 wegen der Gründungsvorbereitung, die als Satzungsverstoß gewertet wurde, vom Exekutivkomitee das Stimmrecht entzogen worden, vgl. IBV, Bericht über den 44. Internationalen Kongreß in Essen, 1983, S. 13. – Als einzige IBV-Organisation folgte der NUM die Australian Coal and Shale Employees' Federation, die 11 000 Mitglieder vertrat, aber seit der Aufnahme 1981 noch keine Beiträge geleistet hatte.

53 Von 1990 bis 1992 nahm der IBV Gewerkschaften aus Bulgarien (SMF-PODKREPA), Ungarn (BDSz-MSzOSz), Polen (Solidarność), Albanien (SBPM), der Tschechischen Republik (OS PHGN) und der Slowakei (OZ PBGN) – zunächst ein Verband, der sich Ende 1992 aufteilte – auf. Im Mai 1993 wurden ein zweiter bulgarischer Verband (FNSM) mit etwa 60 000 Mitgliedern sowie neue und reformierte Gewerkschaften aus Rußland (NPG und NPRUP) und der Ukraine (NPG-U) aufgenommen, für die zuverlässige Mitgliederangaben kaum gemacht werden können. Zu den 1989 bis 1993 aufgenommenen Gewerkschaften vgl. IBV, 47. IBV-Kongress, Budapest, 1993, Tagesordnungspunkt 7: Ratifizierung der Entscheidungen des Exekutivausschusses.

stieg die Zahl der Mitglieder bis 1991 zunächst um etwa 800 000, mußte jedoch schon 1992 um 530 000 Mitglieder nach unten korrigierte werden, weil Schließungen von Bergwerken, Rationalisierungsmaßnahmen, Entlassungen von Bergarbeitern sowie Austritte von Mitgliedern die Zahl der Beschäftigten und Organisierten verminderten[54].

Wenngleich Faktoren wie die Intensivierung der Europa- und EG-Politik und die Gründung des EBV, die geplante Fusion mit der ICEF sowie verschiedene nationale Entwicklungen ebenfalls eine Rolle spielten[55], begünstigte der globale politische Wandel den Beitritt weiterer Bergarbeiterverbände in West-Europa. Die Zahl der organisierten und beitragsleistenden Mitglieder wurde dadurch jedoch nicht wesentlich erhöht. Bemerkenswert an dieser Entwicklung ist die Erweiterung des politischen Spektrums der IBV-Verbände und der Abbau richtungspolitischer Abgrenzungen (sofern es sich nicht um die direkt konkurrierende IMO handelt), was sich u. a. in der Aufnahme des französischen CFDT-Verbandes (FGMM, 1991) und des Bergarbeiterverbandes der Comisiones Obreras (FEM, 1993) zeigte[56].

Während der IBV die Zahl seiner Mitgliedsverbände in Lateinamerika und Asien Anfang der 90er Jahren kaum erweitern konnte[57], verzeichnete er in Afrika einen ähnlichen Organisationserfolg wie in Europa. Seit 1990 konnte

---

54 Z.B. gab die IGBE, für die 1991 noch 650 000 Mitglieder in den IBV-Unterlagen ausgewiesen werden, für 1992 294 000 Mitglieder an; die ungarische BDSz reduzierte ihre Mitgliederangaben um 93 000 auf 43 000.
55 Parallel zu bereits angeschlossenen Gewerkschaften folgender Länder nahm der IBV Genel Maden-Is aus der Türkei, FGMM (CFDT) aus Frankreich und die FEM (CC.OO) aus Spanien auf. Aus Großbritannien reaktivierte NACODS ihre Mitgliedschaft und trat BACM bei; schließlich schlossen sich drei italienische Verbände (FILCEA, FLERICA, UILCID) an, deren Organisationsschwerpunkt im Chemiesektor liegt und die bereits der ICEF angehören. – Bemerkenswert ist die Abkehr von der bis in die 70er Jahre verfolgten Politik, möglichst nur eine Organisation eines Landes aufzunehmen, die Mitgliedschaft politisch konkurrierender Organisationen zu vermeiden, auf eine Fusion (was selten Erfolg hatte) zu drängen, zumindest eine enge, möglichst formalisierte Kooperation zu fordern. Diese Veränderung resultiert vorrangig aus der abnehmenden Bedeutung richtungspolitischer Differenzen und Abgrenzungen. Sie markiert aber auch eine Aufgabe des auch früher kaum durchsetzbaren Anspruchs des IBV, das, wenngleich mit sozialistischer/sozialdemokratischer Dominanz versehene Modell einer Einheitsgewerkschaft zu fördern.
56 Diese Tendenz wurde bereits mit der Aufnahme der peruanischen FNTMMSP (1990) deutlich, die einem Dachverband mit WGB-Mitgliedschaft angeschlossen ist.
57 In Lateinamerika und Asien hat der IBV jeweils drei Gewerkschaften (Peru, Kolumbien und Nicaragua; Papua Neuguinea, Kasachstan und Malaysia) neu aufgenommen. Die Gründe dürften teils in der geringeren Intensität des Schulungsprogramms (Asien), des größeren Einflusses des IMB (Lateinamerika, Asien) und einer größeren Nähe mancher Gewerkschaften zur IMO bzw. zum WGB (Lateinamerika) zu sehen sein.

der IBV neun Gewerkschaften aufnehmen[58]. Auch diese Entwicklung hat unterschiedliche Gründe. Sie ist zum Teil ein Ergebnis des Schulungsprogramms des IBV, sie resultiert aber auch aus dem Abbau staatlicher Restriktionen für internationale Anschlüsse, aus Veränderungen der politischen Systeme (Überwindung von Ein-Parteien-Systemen, politische und gesellschaftliche Demokratisierung) und nicht zuletzt aus dem Abbau richtungspolitischer Orientierungen und Bindungen.

Die Expansion seit Anfang der 90er Jahre weist insgesamt einen enormen Zuwachs mit Schwerpunkten in Europa (vor allem Mittel- und Osteuropa) und Afrika auf, indem sich bis 1993 die Zahl der angeschlossenen Organisationen (63) seit 1986 fast verdoppelt hat und die der Mitglieder (1,9 Mio.)[59] um ca. 80 % gestiegen ist (siehe Tabelle 10)[60]. Abgesehen von einer hohen Konzentration der Mitglieder in wenigen Gewerkschaften – von denen sich zumindest eine, meist dominant, in jeder Region befindet (siehe Tabelle 11) –, scheint der problematischste Effekt dieser Entwicklung in der Disproportionalität zur Fähigkeit bisheriger und neuer Mitgliedsverbände zu liegen, den Beitragsverpflichtungen gegenüber dem IBV nachkommen und damit den Bestand und die Handlungsfähigkeit des IBV dauerhaft sichern zu können. Konkret heißt das: Nur knapp 41 % der Mitgliedsverbände, die etwa 30 % der Mitglieder repräsentieren, waren 1993 in der Lage, einen vollen Beitrag zu leisten (siehe Tabelle 12). Das weist nicht notwendig auf Handlungs- und Durchsetzungsschwächen der Gewerkschaften auf der nationalen Ebene hin. Es zeigt eher zukünftige Bestandsprobleme für den IBV an, wenn eine derart geringe Fähigkeit oder Bereitschaft besteht, die Ressourcenbasis des IBV sicherzustellen, während

---

58 Und zwar: BMWU (Botswana), KQMWU (Kenia), SYNACOME (Mali), SINTICIM (Mosambik), MUN (Namibia), MUZ (Sambia), SMWU (Swasiland), SYDEMINES (Togo) und FENAMIZA (Zaire).
59 Im Tätigkeitsbericht des IBV ist die Zahl der vertretenen Mitglieder mit »fast fünf Millionen Mitgliedern« angegeben, IBV, 47. Weltkongreß, Budapest, 1993, Tätigkeitsbericht 1989–1992, S. IV. Es dürfte sich bei dieser Angabe um Spekulationen über die mögliche Mitgliederzahl vor allem der russischen und ukrainischen Gewerkschaften handeln und um einen kleinen Propaganda-Effekt bezogen auf die angestrebte Fusion mit der ICEF, die – ebenfalls hochgreifend – 15 Mio. Mitglieder für sich in Anspruch nimmt, indes nur ein Beitragsvolumen für 1991 von 4,17 Mio Sfr. (davon 58,4 % von europäischen Mitgliedsverbänden) ausweist.
60 Von den 63 Organisationen, die die Unterlagen zum Kongreß 1993 als anerkannte und aufgenommene Mitgliedsverbände ausweisen, liegen für vier Gewerkschaften (Rußland: NPRUP und NPG; Ukraine: NPG-U; Kasachstan: PRUP) akzeptable Mitgliederzahlen nicht vor. Zur Zahl der Mitgliedsverbände vgl. IBV, 47. IBV-Kongress, Budapest, 1993, Tagesordnungspunkt 7: Ratifizierung der Entscheidungen des Exekutivausschusses; MIF, MIF Executive Committee Meeting, Budapest, 11. 5. 1993, Agenda item 7.2: Voting Rights during Congress; MIF, Participants List 47th MIF Congress, Budapest, 12.–14. 5. 1993.

Tabelle 10:
**Regionale Verteilung der Mitglieder (1986/1993)**
(Mitglieder in: 1 000)

| Regionen | 1993[a] | | | 1986 | | |
|---|---|---|---|---|---|---|
| | G | L | M | G | L | M |
| Europa (West) | 18 | 11 | 423 | 13 | 13 | 351 |
| Europa (Ost)[b] | 10 | 8 | 489 | – | – | – |
| Nordamerika | 1 | 2 | 75 | 2 | 2 | 93 |
| Afrika | 17 | 17 | 434 | 8 | 8 | 263 |
| Asien/Pazifik[c] | 11 | 10 | 406 | 9 | 7 | 327 |
| Lateinamerika | 6 | 5 | 67 | 3 | 2 | 4 |
| insgesamt[d] | 63 | 53 | 1 894 | 34 | 32 | 1 038 |

G = Gewerkschaften; L = Länder; M = Mitglieder
Europa (Ost): alle europäischen Länder/Gewerkschaften des ehemaligen RGW-Bereichs
Europa (West): alle Länder/Gewerkschaften außerhalb des ehemaligen RGW-Bereichs, einschließlich der Türkei.
(a) Gewerkschaften, die bis zum Kongreß im Mai 1993 in den IBV aufgenommen wurden; Zahlen nach Liste über Stimmrechtsverteilung (Stand 1992), ergänzt um fehlende Angabe nach Unterlagen für Tagungen der Exekutive 1990–1993.
(b) Keine Angaben über Mitglieder für NPRUP und NPG (Rußland) und NPG-U (Ukraine).
(c) Keine Angaben über Mitglieder für PRUP (Kasachstan) für 1993.
(d) Keine Angaben über Mitglieder für vier Gewerkschaften für 1993.
Quelle: MIF, MIF Executive Committee Meeting, Budapest, 11.5.1993, Agenda item 7.2: Voting Rights During Congress; MIF, Meeting of the MIF Executive Committee, 14.5.1986, Item 3.5: Membership of the Miners' International Federation, provisional figures as at 31st January 1986.

gleichzeitig die Zahl der Mitgliedsverbände mit hohen Erwartungen an Koordination, Information, Unterstützung und Hilfeleistung zunimmt.

*Sektorale Mitgliederentwicklung*

Obwohl der IBV Bergarbeitergewerkschaften umfaßt, die in den verschiedenen Sektoren des Bergbaus (Kohlenbergbau, Mineral-/Erzbergbau) tätig sind, ist seine Entwicklung bis in die Gegenwart von der Tradition der (europäischen) Kohlenbergbau-Organisationen geprägt. Demgegenüber erreichte das ausdauernde Bemühen Eduard Mattsons (GRUV, Schweden) erst 1954, daß der Kongreß einen Arbeitsausschuß für den Nicht-Kohlenbergbau einrichtete und damit eine organisatorische Grundlage für eine Berücksichtigung des Mineralbergbaus und für eine mehr oder weniger systematische Beschäftigung mit Fragen des Nicht-Kohlenbergbaus schuf. Der IBV reagierte damit auf eine wachsende Zahl von Mitgliedsgewerkschaften, die entweder ausschließlich oder zu einem erheblichen Teil im

Tabelle 11:
**Größter Mitgliedsverband in den Regionen (1993)**
(Mitglieder in: 1 000)

| | Gewerkschaft | Mitglieder | v. H. der Mitglieder der Region | v. H. aller Mitglieder |
|---|---|---|---|---|
| Europa (W) | IGBE (BRD) | 294 | 69,5 | 15,5 |
| Europa (O) | FOS PHGN (CR)[a] | 216 | 44,1 | 11,4 |
| Nordamerika | UMWA (USA) | 75 | 100,0 | 3,9 |
| Afrika | NUM (SAF)[a] | 250 | 57,6 | 13,2 |
| Asien/Pazifik | INMF (Indien)[b] | 351 | 86,4 | 18,5 |
| Lateinamerika | FNTMMSP (Peru)[b] | 55 | 82,0 | 2,9 |
| insgesamt[c] | (1 894) | 1 241 | | 65,5 |

CR = Tschechische Republik; SAF = Südafrika
(a) Reduzierte Beitragsleistung 1993.
(b) Von Beitragsleistung 1993 befreit.
(c) Rundungsdifferenz bei Prozentangabe.

Mineralbergbau tätig waren[61]. Dieser Ansatz blieb mit dem strukturellen Defizit behaftet, daß die Mehrzahl der Gewerkschaften aus Entwicklungsländern kamen. Die meisten dieser Gewerkschaften waren (und sind) mit organisatorischen Problemen, geringem Mitgliederbestand und Ressourcenknappheit konfrontiert. Und ihre Orientierung auf Grundprobleme des Organisationsaufbaus und der Interessenvertretung trug mit dazu bei, daß eine sektorale Vertretung kaum weiterentwickelt wurde. Nur in Ansätzen entstanden daher Strukturen für Meinungsbildung, Koordination und Vertretung der Gewerkschaften im Mineralbergbau.

Während der sektorale Organisationsschwerpunkt vieler Gewerkschaften in den Ländern der Dritten Welt es nahelegen würde, Probleme des Mineralbergbaus intensiver zu berücksichtigen, nahmen die Handlungsorientierung auf den Kohlenbergbau und die Erweiterung auf den gesamten Energiesek-

---

61 Waren 1949 nur etwa 50 000 Mitglieder des IBV in diesem Sektor tätig, hatte sich die Zahl bis 1954 angeblich auf 210 000 und bis 1957 auf 510 000 erhöht, vgl. IBV, 37. Internationaler Kongreß, London, 1957, S. 73. – Eine sektoral differenzierte Statistik der Mitgliedsverbände und Mitglieder liegt leider nicht vor.

Tabelle 12:
**Beitragsfähigkeit der Mitgliedsverbände (1993)**

| Beitragsleistungen | | Europa (West) | Europa (Ost) | Nord-amerika | Afrika | Asien/Pazifik | Latein-amerika | insgesamt | in % aller G/O |
|---|---|---|---|---|---|---|---|---|---|
| befreit von Beitrag | G | 1 | – | – | 2 | 3 | 1 | 7 | 11,1 |
|  | M | 2 | – | – | 41 | 367 | 55 | 465 | 24,5 |
| reduzierter Beitragssatz | M2 | 2 | – | 6 | 4 | – | 14 | 22,2 | 33,7 |
|  | M | 24 | 242 | – | 344 | 28 | – | 638 |  |
| Teilbefreiung | G | 4 | 1 | – | 2 | – | 1 | 8 | 12,7 |
|  | M | 11 | 110 | – | 32 | – | 3 | 156 | 8,2 |
| Zahlung erst 1994 | G | 1 | 4 | – | 2 | 1 | – | 8 | 12,7 |
|  | M | 14 | 60[a] | – | 4 | (–)[b] | – | 78 | 4,1 |
| insgesamt – ohne/kein vollständ. Beitrag | G | 8 | 7 | – | 12 | 8 | 2 | 37 | 58,7 |
|  | M | 51 | 412[a] | – | 421 | 395[b] | 58 | 1.337 | 70,6 |
| – % der Mitglieder in der Region |  | 12,0 | 84,2 | – | 97,0 | 97,3 | 86,5 |  |  |
| nachrichtl. alle: | G | 18 | 10 | 1 | 17 | 11 | 6 | 63 | 100,0 |
|  | M | 423 | 489[a] | 75 | 434 | 406[b] | 67 | 1.894 | 100,0 |

G = Gewerkschaften; M = Mitglieder (in: 1.000)
(a) Keine Angaben über Mitglieder für NPRUP und NPG (Rußland) und NPG-U (Ukraine).
(b) Keine Angaben über Mitglieder für PRUP (Kasachstan).
Quelle: MIF, MIF Executive Committee Meeting, Budapest, 11.5.1993, Agenda item 6: Financial matters: 6.3 Affiliation fees 1993.

tor in den letzten Jahren zu[62]. Der hohe Stellenwert, der dem Kohlenbergbau beigemessen wird, hat seine Grundlage nach wie vor in der vom Kohlenbergbau geprägten Mitgliederstruktur, die durch den Beitritt der Gewerkschaften Mittel- und Osteuropas erneut gefestigt wird[63].

## Politische Heterogenität und die Gründung der International Miners' Organisation (IMO)

Der IBV strebt wie alle nationalen und internationalen Gewerkschaftsorganisationen eine umfassende Organisierung der potentiellen Mitglieder an, um eine größtmögliche Repräsentativität und Konfliktfähigkeit zu erlangen. Der Anspruch steht in einem Spannungsverhältnis mit der organisationsinternen Aufgabe eines Verbandes, die Integration der Mitglieder und ihre Verpflichtung auf die Programmatik und die gefaßten Beschlüsse sicherzustellen. Konsens- und Handlungsfähigkeit einer Gewerkschaftsorganisation hängen wiederum vom Ausmaß der (politischen und fachlichen) Interessenhomogenität der Mitglieder ab. Eine interessenheterogene Mitgliederstruktur reduziert die Integrationsfähigkeit, vermindert die Konsensbildung oder beschränkt sie auf unverbindliche Formelkompromisse und schwächt damit die Handlungsfähigkeit einer Organisation. Zudem können Mehrheitsentscheidungen gegen starke Minderheitsvoten eine desintegrierende Wirkung haben und gegebenenfalls den Bestand einer Organisation gefährden. Eine mehr oder weniger gewerkschaftspolitisch und/oder fachlich homogene Mitgliederstruktur vereinfacht und entlastet Meinungsbildungs- und Entscheidungsprozesse, erhöht die Fähigkeit zur Konsensbildung und kann die Verpflichtungsfähigkeit von Beschlüssen und die Verbandsloyalität der Mitglieder steigern.

Auf politische und weltanschauliche Differenzierungen haben nationale Gewerkschaftsbewegungen in der Regel mit der Bildung konkurrierender

---

62 Der Beschluß des Kongresses 1993 über eine Fusion mit der Internationalen Föderation von Chemie-, Energie- und Fabrikarbeiterverbänden (ICEF) weist vorrangig die Perspektive auf eine enge Kooperation im Bereich der Energiewirtschaft und der Energieunternehmen aus, vgl. die Begründung für eine Zusammenarbeit und Verschmelzung in: IBV, 47. Weltkongreß, Budapest, 1993, Kooperation und Zusammenschluß von IBV und ICEF. Einen effizienteren Verband aufbauen, S. 1 f., sowie den Antrag »Building a More Effective Federation« auf dem Kongreß 1989 in Harare, MIF, 46th Miners' International Congress, 1989, Harare, S. 52 ff., 102 f.

63 Entsprechend liegt auch der programmatische und thematische Schwerpunkt des EBV auf der Kohlen- und Energiepolitik.

Verbände reagiert[64], was seit Anfang des 20. Jahrhunderts auch auf internationaler Ebene zur Gründung von gewerkschaftspolitisch und weltanschaulich divergierenden Organisationen führte. Auch der als Einheitsorganisation konzipierte Weltgewerkschaftsbund (WGB) konnte die latent auch nach 1945 vorhandenen politischen Differenzen nicht überbrücken. Die unterschiedliche staatliche und gesellschaftliche Integration der Gewerkschaften in den kapitalistischen und den staatssozialistischen Ländern, die dadurch bedingten Funktionsdifferenzen der Gewerkschaften sowie deren unterschiedlich starke Bindung an ihnen nahestehende Parteien und nicht zuletzt der Versuch der mitgliederstarken Staatsgewerkschaften Osteuropas (insbesondere der UdSSR), den WGB für die eigene Politik zu instrumentalisieren, sind die wichtigsten Gründe, die von Anfang an die Labilität des WGB bedingten und schließlich zur Abspaltung der sozialdemokratischen/ sozialistischen Gewerkschaften führten. Mit der Spaltung des WGB 1948/ 49 setzte sich die gewerkschaftspolitische Differenzierung auf internationaler Ebene fort.

Trotz der richtungspolitischen Zuordnung zum 1902/1913 gegründeten Internationalen Gewerkschaftsbund (IGB) und zum 1949 nach der Spaltung des WGB entstandenen Internationalen Bund Freier Gewerkschaften (IBFG) war innerhalb des IBV seit seiner Gründung 1890 ein relativ breites Spektrum gewerkschaftspolitischer Positionen vertreten. Differenzen über internationale Aktionen und gewerkschaftspolitische Strategien kennzeichnen Debatten und Konflikte in der Gründungsphase und in der Zwischenkriegszeit. Insbesondere die von der MFGB in den 20er Jahren geforderte Aufnahme der sowjetischen Bergarbeitergewerkschaft markierte nicht nur gewerkschaftspolitisch divergierende Positionen, sondern auch unterschiedliche Handlungserwartungen an den IBV, die für einige Jahre (1926/ 28) eine ernsthafte Bestandskrise erzeugten. Die Entscheidung gegen eine Integration des IBV in den WGB (1948) bedeutete eine Abgrenzung gegenüber parteiabhängigen kommunistischen Gewerkschaften des Ostblocks und in Westeuropa und begründete eine – wenn auch nicht unbedingte und bruchlose – richtungspolitische Orientierung am IBFG.

Diese Entscheidung hatte jedoch nicht zur Folge, daß sich das innerhalb des IBV vertretene politische Spektrum wesentlich veränderte, wenngleich sich

---

64 Eine Alternative dazu stellen Einheitsorganisationen dar wie der britische TUC und die skandinavischen Gewerkschaften oder die nach dem Zweiten Weltkrieg entstandenen Gewerkschaften in der Bundesrepublik Deutschland oder in Österreich. Sie sind jedoch überwiegend durch eine gewerkschaftspolitische Dominanz der sozialdemokratischen/sozialistischen Richtung innerhalb der Organisationen geprägt und dadurch stabilisiert.

das Kräfteverhältnis gegenüber der unmittelbaren Nachkriegszeit verschob. Insbesondere bestand in der NUM ein zwar nicht beherrschender, aber einflußreicher Flügel, der seit 1949/50 immer wieder auf eine Revision der Entscheidung von 1948 drängte. Umstritten blieb zum Beispiel Anfang der 50er Jahre die Frage, ob auf Kooperationsangebote der WGB-Berufsabteilung für Bergarbeiter (Miners' Trade Union International, MTUI) eingegangen werden sollte. Obgleich bereits 1951 das Exekutivkomitee fast einstimmig eine Ablehnung von Kontakten mit der MTUI beschloß[65], wurde diese Frage in Variationen immer wieder vom Exekutivkomitee behandelt und abgewiesen[66]. Die politischen Konfliktlinien im IBV waren jedoch nicht starr, wie die Aufnahme des jugoslawischen Bergarbeiterverbandes 1952/54 zeigte, gegen den nur die UMWA opponierte. Auch hatte der IBV bereits 1956 den Beschluß gefaßt, daß bilaterale Beziehungen zu MTUI-Organisationen vom IBV nicht zu reglementieren seien[67].

Als konflikträchtig erwiesen sich politische Stellungnahmen, wie z. B. zur Niederschlagung des Aufstands in Ungarn durch die sowjetische Armee 1956, wenngleich durch diese Diskussionen und Resolutionen nicht die Handlungsgrundlage des IBV berührt wurde[68]. Problematischer für den IBV waren Beziehungen, wie sie die japanische TANRO Ende der 50er/ Anfang der 60er Jahre angesichts der Strukturkrise des japanischen Kohlenbergbaus zu WGB-Organisationen unterhielt und die Teil einer nationalen und internationalen Unterstützungskampagne waren, die mit Aktivitäten des IBV konkurrierten[69]. Generelle Bedeutung für die gewerkschaftspolitische Orientierung und den Bestand der Bergarbeiter-Internationale kam der

---

65 Vgl. MIF, Minutes of a Meeting of the Executive Committee of the MIF, Saarbrücken, 30. 11./1. 12. 1951, S. 4. – Opponiert hatte Arthur L. Horner (NUM) gegen die von Nicolas Dethier (Belgien) vorgelegte Resolution.
66 Vgl. u. a. MIF, Minutes of a Meeting of the Bureau of the MIF, Belgrade, 26./27. 5. 1954, S. 2 f. – Arthur L. Horner schlug die Einladung aller Bergarbeitergewerkschaften zum Kongreß 1954 vor, was von William Lawther (NUM, Sekretär des IBV) ohne größere Diskussion abgelehnt wurde. Ferner MIF, Minutes of a Meeting of the Executive Committee of the MIF, London, 2./3. 12. 1954, S. 8 f. – »Trade Union Unity«. Auch diesmal plädierte Horner für ein Treffen des IBV-Büros mit MTIU-Vertretern, was in der Diskussion von William E. Jones, William Lawther (beide NUM), Charles Morel (FNFOM) und Thomas Kennedy (UMWA) zurückgewiesen wurde.
67 Vgl. MIF, Minutes of the Meeting of the Executive Committee of the MIF, Belgrade, 29.–31. 5. 1956, S. 10.
68 Vgl. MIF, Minutes of a Meeting of the Executive Committee of the MIF, Paris, 1.–3. 11. 1956, S. 4–7 – »Events in Eastern Europe«; ferner IBV, 37. Internationaler Kongreß, London, 1957, S. 203–212.
69 Vgl. MIF, Minutes of a Meeting of the Executive Committee of the MIF, Geneva, 22./23. 4. 1959, S. 9 f. – Der Vorschlag von M. Watanabe (TANRO), daß der IBV Gespräche mit der MTUI aufnehmen sollte, um gemeinsame Aktionen angesichts der Kohlenkrise zu erörtern, wurde vom IBV abgelehnt. Ferner IBV, Protokoll einer Sitzung des Exekutiv-Komitees des IBV, Rom, 19.–21. 9. 1961, S. 5–11; IBV, Protokoll einer Sitzung des Büros des IBV, Berlin, 15.–16. 11. 1961, S. 10 f.

Frage der WGB-Beziehungen zu, als die NUM vor dem Hintergrund der Kohlenkrise Ende der 50er/Anfang der 60er Jahre eine Resolution auf dem Kongreß 1963 einbrachte, mit der das Exekutivkomitee beauftragt werden sollte, ein Treffen mit MTUI-Vertretern für eine »Besprechung der Mittel und Wege zur Sicherung und Verbesserung des Lebensstandards der Bergarbeiter« herbeizuführen[70]. Auf dem Kongreß lehnte eine entschiedene Mehrheit eine Zusammenarbeit mit der WGB-Organisation ab. Dennoch signalisierte der Antrag, daß in der NUM die Bereitschaft zu einer engeren Kooperation mit der MTUI vor dem Hintergrund der Strukturkrise des Kohlenbergbaus und eines verringerten nationalen Handlungsspielraums der Gewerkschaften eine größere Unterstützung gewonnen hatte. Diese latent vorhandene Bereitschaft zur Aufgabe der richtungspolitischen Abgrenzung führte jedoch erst in den 70er Jahren – wiederum unter ähnlichen Bedingungen – zu weiteren Initiativen der NUM[71].

Eine punktuelle informelle Zusammenarbeit mit konkurrierenden internationalen Bergarbeiterorganisationen hatte es seit den 50er Jahren im Rahmen der Tagungen des Kohlenbergbau-Ausschusses und der dreigliedrigen technischen Tagungen für den Nicht-Kohlenbergbau der ILO gegeben. Angeregt durch eine Einladung der MTUI-WGB, die 1974 ein Treffen von Vertretern der drei Bergarbeiter-Internationalen vorschlug, um Fragen der Weltenergiesituation zu erörtern und die nächste dreigliedrige NKB-Tagung der ILO vorzubereiten[72], hatte die NUM dem Kongreß 1975 eine Resolution vorgelegt, die den IBV zu einer kontinuierlicheren Zusammenarbeit mit »Bergarbeitergewerkschaften aller Länder« hinsichtlich »der Fragen, die Sicherheit, Gesundheit und Hygiene betreffen«, aufforderte[73]. Obwohl diese Resolution gegen einige skeptische Vorbehalte vom Kongreß angenommen wurde, kam es in den nächsten Jahren zu keinen besonderen Aktivitäten des IBV in dieser Richtung.

Die verschiedenen, vor allem von der britischen NUM getragenen Initiativen für eine Veränderung der gewerkschaftspolitischen Orientierung des IBV hatten zu keiner Zeit die Dimension, den Bestand des IBV zu gefähr-

---

70 IBV, 39. Internationaler Kongreß, Wien, 10.–14. 6. 1963, S. 159, 233–246.
71 In der Zwischenzeit ging der IBV auf weitere Kooperationsangebote der MTUI/WGB nicht ein, vgl. IBV, Protokoll einer Tagung des Büros des IBV, Paris, 13. 1. 1971, S. 7; IBV, Protokoll einer Exekutivausschußsitzung, London, 16. 7. 1971, S. 7.
72 Vgl. IBV, Protokoll einer Tagung des Exekutivausschusses des IBV, Richmond-upon-Thames, 24.–25. 5. 1974, S. 9 f.
73 IBV, Zusammengefaßter Bericht des 42. Internationalen Kongresses, New Delhi, 1975, S. 34; ferner IBV, Protokoll einer Tagung des Exekutivausschusses des IBV, New Delhi, 22. 3. 1975, S. 4 f.

den. Zu einer ernsten Bestandskrise führte hingegen der Versuch des britischen Bergarbeiterverbandes, auf dem Kongreß 1983 eine Resolution zur Annahme zu bringen, die die Selbstauflösung des IBV bedeutet hätte zugunsten der Gründung einer neuen Internationale unter Einschluß der bisher in der MTUI des WGB zusammengeschlossenen Bergarbeiterorganisationen[74]. Vorausgegangen waren 1982 Gespräche zwischen der NUM und der französischen Bergarbeitergewerkschaft FNSS-CGT sowie eine internationale Bergarbeiterkonferenz am 23./24. 4. 1983 in Paris, die einen grundsätzlichen Beschluß über die Bildung einer neuen, richtungsübergreifenden Bergarbeiter-Internationale gefaßt hatte[75].

Die Gründe für diesen Schritt der NUM sind zum Teil in den politischen Ambitionen des 1982 neugewählten Präsidenten der NUM, Arthur Scargill, zu suchen. Sie dürften aber auch, da der NUM-Vorstand die Initiative Scargills trug, in der schwierigen Lage der britischen Gewerkschaftsbewegung und insbesondere des Bergarbeiterverbandes zu sehen sein. Die rigide Politik der Regierung unter Margaret Thatcher hatte zu dieser Zeit damit begonnen, den gewerkschaftlichen Handlungsspielraum insgesamt zu beschneiden und, bezogen auf den Bergbau, Maßnahmen für die Stillegung unrentabler Zechen einzuleiten. Die NUM verfügte zu dieser Zeit offenbar über keine andere gewerkschafts- und wirtschaftspolitische Handlungsoption als eine kompromißlose Konfrontationsstrategie, für die auf internationaler Ebene mit der Bildung einer richtungsübergreifenden Bergarbeiter-Internationale ein Unterstützungskartell geschaffen werden sollte. Der IBV, der sich Ende der 70er Jahre/Anfang der 80er Jahre in einer permanenten Finanzkrise befand und für den 1983 erneut die Frage nach einer einschneidenden Strukturreform anstand[76], bot für die NUM-Strategie weder die organisatorischen Voraussetzungen, noch gehörten ihm entsprechend konfliktorientierte Mitgliedsverbände an, von denen eine vorbehaltlose Unterstützung der NUM-Politik zu erwarten war.

Auf dem Kongreß 1983, für den das IBV-Exekutivkomitee der NUM wegen

---

74 Vgl. die Resolution der NUM an den 44. IBV-Kongreß 1983, »Internationale Gewerkschaftsbewegung für den Bergbau«.
75 Von den IBV-Mitgliedern nahmen die britische NUM, die Australian Coal and Shale Employees' Federation und der IBV-Verband aus Sierra Leone sowie als Beobachter die japanische TANRO an der Konferenz teil. Die Einladung zu dieser Konferenz, die auch an die IBV-Mitgliedsorganisationen ergangen war, wurde auf NUM-Briefbogen von A. Scargill als Präsidenten der NUM und A. Dufresne, Generalsekretär der FNSS-CGT, unterzeichnet, vgl. z. B. das Schreiben vom 29. 1. 1983 an Jan Olyslaegers, Präsident des Belgischen Bergarbeiterverbandes.
76 Vgl. IBV, Protokoll einer Tagung des Internationalen Büros des IBV, Oporto, 23. 10. 1982, S. 4–9; die Probleme wurden verstärkt durch Austrittsabsichten der UMWA 1982/83.

statutenwidrigen Verhaltens das Stimmrecht entzogen hatte, konnte sich die NUM nicht durchsetzen[77]. Ihrem Auszug aus dem Kongreß und Austritt aus dem IBV folgte nur der australische Verband. Obwohl der Austritt der NUM die Finanz- und Organisationskrise der Bergarbeiter-Internationale vertiefte, konnte sich die erst im September 1985 gegründete International Miners' Organisation (IMO), der sich die Bergarbeitergewerkschaften der MTUI anschlossen, nicht als handlungsfähige Alternative etablieren. Nach dem politischen Umbruch in Mittel- und Osteuropa 1989/90 haben die meisten Gewerkschaften dieser Region die IMO verlassen. Die Mehrzahl der reformierten Nachfolgeorganisationen sowie die neugegründeten Bergarbeitergewerkschaften in Mittel- und Osteuropa sind dem reaktivierten IBV beigetreten. Ein wachsendes Interesse an einer Zusammenarbeit mit dem IBV (bzw. mit dem EBV) zeigten zwischenzeitlich auch verschiedene Distrikt-Gewerkschaften der NUM, während Gespräche über eine Verständigung und Kooperation zwischen dem IBV und der IMO ergebnislos verliefen[78].

## Ressourcen und Finanzierung

Die finanziellen Ressourcen bestimmen nicht in erster Linie den Einfluß und das Machtpotential eines Berufssekretariats. Das Interventionsvermögen hängt vorrangig von der Bereitschaft und Fähigkeit der nationalen Gewerkschaften ab, eine beschlossene Politik zu tragen und durchzuführen. Die verfügbaren Ressourcen bilden jedoch die Grundlage für die Möglichkeiten des IBV, international die Interessen der nationalen Bergarbeiterverbände zu koordinieren, d.h. zunächst: einen Organisationsapparat aufzubauen und zu unterhalten, der diese Funktion erfüllen kann. Die meist knappen finanziellen Ressourcen begrenzen in der Regel die Handlungsmöglichkeiten eines Berufssekretariats, während die Aufbringung der Mit-

---

77 Vgl. Protokoll einer Tagung des Internationalen Exekutivausschusses, Essen, 15. 5. 1983, S. 1–5; ferner die Debatte auf dem Kongreß, IBV, Bericht über den 44. Internationalen Kongreß, Essen, 1983, S. 14–21.
78 Vgl. IBV, 47. Weltkongreß, Budapest, 1993, Tätigkeitsbericht 1989–1992, S. 97 f. – Die Ausgangsposition des IBV für Gespräche mit der IMO legte der Exekutivausschuß des IBV im Mai 1991 fest, indem festgestellt wurde: »Der IBV ist nicht der Ansicht, daß ein Zusammenschluß mit der IMO unserer Zielsetzung entgegenkommt, die Einheit der Internationalen Bergarbeiterorganisation zu fördern. Der IBV ist im Gegenteil der Überzeugung, daß es nur im Interesse einer wirklichen Solidarität innerhalb der Bergarbeiterbewegung sein kann, wenn sich die IMO auflöst und sich die IMO-Mitgliedsorganisationen in Übereinstimmung mit den Statuten beim IBV bewerben würden«, ebd., S. 98.

tel gewerkschaftspolitische Abhängigkeiten oder besondere Einflußchancen für mitgliederstarke, finanzkräftige Organisationen schaffen kann. Den IBV finanzierten bislang hauptsächlich die Beitragsleistungen der Mitgliedsverbände. Für die Entwicklung seit dem Zweiten Weltkrieg lassen sich dabei zwei Phasen deutlich unterscheiden: (1) In den 50er Jahren, als der IBV seine Organisationsstruktur (Sekretariat, Regionalvertretungen) auf- und ausbaute, konnte der schnell wachsende Ressourcenbedarf durch eine erhebliche Steigerung des Beitragsaufkommens gedeckt werden. Es beruhte auf einer anfangs zunehmenden, dann stabilen Mitgliederbasis und auf einer Anpassung (Erhöhung) des Beitragssatzes an die neuen Aufgaben. (2) Seit Anfang der 60er Jahre hatte die Bergarbeiter-Internationale aufgrund der vorangegangenen Ausbauphase einen relativ hohen Finanzbedarf, während gleichzeitig der Strukturwandel des Kohlenbergbaus und der Energiewirtschaft den Mitgliederbestand der IBV-Gewerkschaften in den Industrieländern reduzierte, was die Basis der beitragsfähigen Organisationen verengte. Da diese Entwicklung weder durch den Beitritt von Gewerkschaften aus Ländern der Dritten Welt noch durch Beitragssteigerungen im erforderlichen Umfang und auch nicht durch die Mobilisierung externer Ressourcen ausgeglichen wurde, setzte seit den 60er Jahren ein Abbau der Organisation und der Aktivitäten ein. Krisenhaft wurde diese Entwicklung, als die britische NUM 1983 aus dem IBV austrat.

Der IBV hatte bis Anfang der 50er Jahre eine minimale Struktur, da er (abgesehen von der kurzen Phase von 1925 bis 1927) über keinen hauptamtlichen (General-)Sekretär, kein eigenständiges Sekretariat, keine festen Mitarbeiter und keinen Organisationsapparat verfügte. Die finanziellen Anforderungen konnten daher mit dem 1920 festgelegten Beitragssatz von 13s je 1 000 Mitglieder in der Regel gedeckt werden. Sie nahmen seit 1949/50 zu durch die vom Kongreß von 1949 beschlossene Einrichtung eines permanenten Sekretariats[79]. Der Beitritt von Mitgliedsverbänden aus Ländern der Dritten Welt verlangte vom IBV eine Erweiterung der bisherigen Aktivitäten und Dienstleistungen. Die meisten Organisationen benötigten Unterstützungen und Hilfeleistungen[80], was den IBV seit Ende der 50er Jahre u. a. veranlaßte, Verbindungsbeauftragte (Liaison Officer) in Afrika, Asien und

---

79 Vgl. MIF, 34. International Conference, Amsterdam, 1949, S. 44–50. – 1950 wurde in London ein Sekretariat eingerichtet, dessen Mitarbeiterstab bis Ende des Jahrzehnts auf acht Beschäftigte erhöht wurde. Das Sekretariat hatte zunächst Räume von der NUM zur Verfügung und seit 1956 eigene Büroräume.

80 Vom IBV wurden Unterstützungen punktuell bei Arbeitskonflikten und für Infrastrukturhilfen (insbesondere Finanzierung von Transportmitteln) sowie längerfristig für Organisations- und Schulungsprogramme gewährt, vgl. IBV, 39. Internationaler Kongreß, Wien, 1963, S. 74–76.

Lateinamerika einzusetzen. Die Einbeziehung dieser Gewerkschaften in die Entscheidungsgremien des IBV (Büro, Exekutivkomitee und Kongreß)[81] sowie die Durchführung von Regionalkonferenzen waren nur möglich, indem der IBV die Kosten übernahm.

Um die finanziellen Anforderungen, die mit dem Organisationsausbau und der Übernahme von Reisekosten für Kongreßdelegierte und Exekutivkomitee-Mitglieder verbunden waren, abdecken zu können, wurde in den 50er Jahren der Beitragssatz kontinuierlich erhöht[82]. Darüber hinaus richtete der IBV 1953/54 für die Regionalaktivitäten einen Regionalfonds ein, der mit £ 32 000 ausgestattet war[83]. Da erst ab Ende 1957 Regionalvertreter eingesetzt, hingegen intensivere Organisations- und Schulungsprogramme nicht durchgeführt wurden, konnten mit diesen Mitteln die Regionalaktivitäten bis Anfang der 60er Jahre bewältigt werden[84].

Bereits 1960 zeigte sich eine Verengung des finanziellen Handlungsspielraums für die nächsten Jahre. Aufgrund des Strukturwandels im Kohlenbergbau wurde ein Verlust von mindestens 150 000 Mitgliedern erwartet.

---

81 Der IBV-Kongreß 1951 hatte eine Beitragsanhebung auf £ 3/1 000 Mitglieder u. a. deshalb beschlossen, um die Reisekosten der Mitglieder des Exekutivkomitees zu übernehmen, vgl. MIF, 35th International Conference, Luxemburg, 1951, S. 30, 51, 55. Diese Regelung sollte anfangs einigen europäischen Verbänden helfen, diente aber seit der Statutenreform von 1963, als die Zusammensetzung des Exekutivkomitees die Vertretung der Regionen stärker berücksichtigte, vor allem Gewerkschaften aus Ländern der Dritten Welt. Bereits 1957 waren die japanischen Gewerkschaften in die Reihe der Exekutivkomitee-Mitglieder aufgenommen und deren Auslagen erstattet worden. – 1954 hatte der Kongreß beschlossen, daß der IBV die Reisekosten eines Delegierten jedes Mitgliedsverbandes zum Kongreß trägt, um die Repräsentativität des höchsten Entscheidungsorgans des IBV und eine Partizipation möglichst aller Mitgliedsverbände zu gewährleisten, vgl. IBV, 36. Internationaler Kongreß der Bergarbeiter, Dortmund, 1954, S. 175–185.

82 Der Kongreß 1949 hatte einen Beitragssatz von £ 2 je 1 000 Mitglieder festgesetzt; er wurde 1951 auf £ 3, 1954 auf £ 8 und 1957 auf £ 12 angehoben.

83 Vgl. Minutes of a Meeting of the Executive Committee of the MIF, 27th–29th July, 1953, London, S. 6 f. Beschlossen wurde die Erhebung eines Extrabeitrags von 1 d (einem Penny) je Mitglied zweimal im Jahr über 2 Jahre, um Regional- und Schulungsprogramme und sonstige Regionalaktivitäten zu finanzieren. Die Ausstattung des Fonds mit £ 32 000 war etwa drei- bis viermal so hoch wie das Jahresbudget zu dieser Zeit.

84 Umstritten war die Verwendung des Fonds, da auch organisationsschwache Mitgliedsgewerkschaften in Europa (Italien und Frankreich) Anspruch auf Unterstützung für ihre Organisationsprogramme aus diesem Fonds erhoben. Der IBV hatte 1951/52 ein Organisationsprogramm des FO-Verbandes (Fédération Nationale Force Ouvrière des Mineurs, FNFOM) mit etwa £ 10 000 unterstützt, die von einigen Mitgliedsverbänden neben den normalen Beitragsleistungen zur Verfügung gestellt worden waren. Nach Einrichtung des Regionalfonds hatten die FNFOM sowie die Libera Federazione Italiana Lavoratori Industrie Estrattive (LFILIE) Anträge auf Unterstützung für Organisationsprogramme an den IBV gerichtet, die für zwei Jahre etwa £ 18 000 bzw. £ 24 000 erfordert hätten. Der Kongreß von 1954 legte daher Kriterien für die Verwendung des Regionalfonds fest, die sicherstellen sollten, daß die Mittel hauptsächlich (letztlich ausschließlich) für die Gewerkschaftsarbeit in Afrika, Asien und Lateinamerika eingesetzt würden, vgl. IBV, 36. Internationaler Kongreß der Bergarbeiter, Dortmund, 1954, S. 66–71, 159–172.

Eine kompensierende Erhöhung der Beiträge, wie sie vom Sekretariat vorgeschlagen wurde, verhinderte die NUM, indem sie eine Beitragssenkung auf £ 9/1 000 beantragt hatte[85]. Ebenfalls war zu diesem Zeitpunkt die Erschöpfung des Regionalfonds bis 1963 absehbar, ohne daß der Kongreß dagegen Vorkehrungen traf. Die erweiterten Regionalaktivitäten des IBV[86] waren aus dem Fonds bis 1963 nur zu finanzieren, da der Svenska Gruvindustriarbetareförbundet (GRUV) außerordentliche Zuwendungen für Regionaltätigkeiten leistete[87].

Seit Anfang der 60er Jahre setzte aufgrund der Mitgliederverluste in den Industrieländern eine Entwicklung ein, die den IBV mit einer permanenten Finanzkrise belastete. Die Mitglieder, für die ein vollständiger Beitrag entrichtet wurde, sanken seit 1960 von 1,9 Mio. (1960) auf 1,4 Mio. (1963), 1,2 Mio. (1967) und etwa 750 000 (1971). Eine drastische Beitragserhöhung von £ 12 auf £ 27½ erfolgte 1963 (die vorgeschlagene Erhöhung auf £ 32, die im Juli 1964 eingeführt wurde und bis 1971 unverändert blieb, lehnte die britischen NUM zunächst ab[88]), da nach Erschöpfung des Regionalfonds die Regionalaktivitäten aus dem normalen Beitragsaufkommen finanziert werden mußten. Zugleich wurden aber Regelungen eingeführt und auf den nächsten Kongressen erweitert, um die Kosten für die Entscheidungsgremien zu begrenzen[89]. Als unter dem Kostendruck das Sekretariat 1966 von 8 auf 6 Beschäftigte verkleinert wurde, begann ein allmählicher Abbau des Personals, bis der IBV schließlich in den 80er Jahre neben dem Generalse-

---

85 Das Sekretariat hatte eine Anhebung auf £ 14 vorgeschlagen, vgl. IBV, 38. Internationaler Kongreß, Stockholm, 1960, S. 70 f., 203. Die NUM reagierte mit ihrem Antrag teils auf die eigene Situation, da sie mit Kurzarbeit, Entlassungen und ersten Mitgliederverlusten konfrontiert war, teils auf die Blockierung eines Antrags, der die Prinzipien für Besetzung der Funktionärsposten und für die seit 1957 vorgesehene Wahl eines hauptamtlichen Generalsekretärs regeln sollte, vgl. Minutes of a Meeting of the Executive Committee of the MIF, 22nd and 23rd October 1959, Zagreb, S. 10–12; Minutes of a Meeting of the Executive Committee of the MIF, 3rd, 4th and 5th May, 1960, S. 2–4.
86 Regionalkonferenzen in Asien und Afrika 1961; Einsetzung eines Regionalvertreters für Lateinamerika Anfang 1963. Nicht möglich war die Einsetzung weiterer Verbindungsbeauftragter in Afrika, wie es von der Regionalkonferenz beschlossen worden war, vgl. IBV, 39. Internationaler Kongreß, Wien, 1963, S. 34.
87 Der GRUV spendete 1961 30 000 Kronen (ca. £ 2 000) und 1963 erneut £ 1 500, vgl. ebd., S. 35, 211.
88 Vgl. ebd., S. 282–299. Mit der Forderung nach einer detaillierten Überprüfung der Ausgaben hatte die NUM eine Erhöhung auf £ 32 auf dem Kongreß abgelehnt. Es ist aber zu vermuten, daß diese Reaktion auch dadurch motiviert war, daß der Kongreß zuvor einen Antrag der NUM abgelehnt hatte, der den IBV zu einer Kooperation mit der WGB-Bergarbeiterinternationale verpflichten wollte, vgl. ebd., S. 159, 233–247.
89 Auf dem Kongreß 1963 wurde die Kongreßperiode von 3 auf 4 Jahre verlängert und die Tagungen des Exekutivkomitees auf eine Sitzung im Jahr begrenzt; 1967 wurden die Reisekosten zum Kongreß für Exekutivkomitee-Mitglieder und für einen Kongreßdelegierten jeder Organisation auf eine Person reduziert; 1971 wurde die Zahl der Kongreß-Ausschüsse vermindert. Darüber hinaus wurde 1967 das »Bulletin« des IBV, ein mehr oder weniger regelmäßig erscheinendes Nachrichtenblatt, eingestellt.

kretär nur noch drei Angestellte in London bzw. Brüssel und einen Regionalvertreter in Afrika (bis 1983) beschäftigte.

Obwohl 1963 noch mit der Einrichtung einer Regionalorganisation in Asien gerechnet wurde[90] und die Kosten dafür im Budget eingeplant waren, stagnierten auch die Regionalaktivitäten seit dem Kongreß von 1963. Maßnahmen, wie die Einrichtung eines Übersetzungsbüros in Japan, die Erhöhung der Zahl der Verbindungsbeauftragten in Afrika, die Abhaltung einer Regionalkonferenz in Europa und die Herausgabe von Informationsmaterialien in mehreren Sprachen, die der Regionalausschuß des Kongresses von 1963 empfohlen hatte, konnten in den nächsten Jahren nicht durchgeführt werden. Statt dessen reduzierte der IBV seit Anfang der 70er Jahre seine regionalen Vertretungen[91]. Da der Beitragssatz von £ 32 als Maximum der Belastung für die Mitgliedsverbände galt[92], mußten sich die Tätigkeit und der Apparat an einem stagnierenden bzw. abnehmenden Einkommen orientieren, zumal Beitragsanhebungen seit Anfang der 70er Jahre[93] nicht darauf bemessen waren, diesen Trend umzukehren.

Finanzielle Hilfen für einzelne Mitgliedsverbände, die der IBV bis Anfang

---

90 Die 1. Asiatische Regionalkonferenz (1961) hatte den Aufbau einer regionalen Organisationsstruktur befürwortet; der Vorschlag war von der 2. Asiatischen Regionalkonferenz (1965) zugunsten der Beibehaltung und Intensivierung der Aktivitäten des Verbindungsbeauftragten zurückgestellt worden, vgl. IBV, 39. Internationaler Kongreß, Wien, 1963, S. 40; MIF, 40th International Congress, Hamburg, 1967, S. 94–101.
91 Als Hans Schirmacher 1971 seine Tätigkeit als Verbindungsbeauftragter in Lateinamerika aufgab, wurde er nicht ersetzt. Kanti Mehta war bis 1971 hauptamtlicher, danach bis 1975 ehrenamtlicher Verbindungsbeauftragter, diese Funktion wurde seit 1975 ebenfalls nicht wieder besetzt. Mit einer kurzen Unterbrechung nach dem Ausscheiden von James Roberts (1971) war Sahr Foday von 1973–1983 als Verbindungsbeauftragter in Afrika tätig, nun mit der weniger kostenintensiven Aufgabe betraut, über längere Zeit auf ein Land konzentriert den Gewerkschaftsaufbau zu unterstützen.
92 Vgl. MIF, 40th International Congress, Hamburg, 1967, S. 20; z. B. auch die Stellungnahme von Walter Arendt, der für die IGBE erklärte, »that an increase of affiliation fees beyond £ 32 is not acceptable for us, and that we could not pay it« (ebd., S. 220).
93 Beitragsanhebungen erfolgten:
1971 auf £ 35
1975 auf £ 40
1978 auf £ 80
1980 auf £ 110
1981 auf £ 130
1984 auf £ 137.
Darüber hinaus waren die Mitgliedsverbände von 1972 bis 1979 zu jährlichen Zahlungen eines freiwilligen Sonderbeitrags in Höhe von £ 0,01 je Mitglied für Regionalaktivitäten aufgefordert, was etwa £ 6500 im Jahr ergab, jedoch den Handlungsspielraum des IBV nicht entscheidend erweiterte. Die Beitragsanhebungen hatten in den 70er Jahren die Abwertung der britischen Währung, die generelle Kostensteigerung sowie den weiteren Rückgang der Zahl der beitragsleistenden Mitglieder auszugleichen.

der 60er Jahre noch zur Verfügung stellen konnte, ließen diese Ressourcen ebensowenig zu wie die Veranstaltung von Organisations- und Schulungsprogrammen, sofern sie nicht von den Regionalvertretern durchgeführt wurden. Soweit im Verlauf der 60er Jahre derartige Programme für einige Mitgliedsverbände bereitgestellt werden konnten, wurden sie aus Mitteln des Internationalen Solidaritätsfonds (ISF) des IBFG finanziert[94]. Abgelehnt wurde hingegen ein Vorschlag der UMWA, für die Regionaltätigkeit in Lateinamerika Fonds der AFL-CIO in Anspruch zu nehmen. Nach den negativen Erfahrung, die andere IBS mit direkten und indirekten Finanzhilfen der AFL-CIO in Lateinamerika gemacht hatten, und angesichts der politischen Sensibilität lateinamerikanischer Gewerkschaften gegenüber möglichen Einflußnahmen von US-Gewerkschaften forderten insbesondere Vertreter lateinamerikanischer Verbände auf dem Kongreß 1971, daß Unterstützungen nur unmittelbar durch den IBV erfolgen sollten[95].

Problematisch für den Bestand und die Ressourcenausstattung des IBV erwies sich die zunehmend ungünstige Mitgliederstruktur (siehe Tabelle 13). Die globale Expansion hatte nicht dazu beigetragen, das Beitragsaufkommen zu erhöhen und umzuschichten, während gleichzeitig die Zahl der Mitglieder, für die der volle Beitrag entrichtet wurde, weiter abnahm. Hinzu kam die Konzentration der Beitragsaufbringung auf drei Gewerkschaften (NUM, IGBE, UMWA), deren Beitragsleistungen und Sonderzahlungen etwa 70–90 % des IBV-Haushalts ausmachten.

Krisenhaft für den IBV mußte es werden, wenn eine dieser Organisationen sich aus dem IBV zurückzog. Als die UMWA aufgrund interner Probleme

---

94 Für den ISF waren ursprünglich für drei Jahre 10 Mio. $ vorgesehen gewesen, die 1963 auf 1,75 Mio. $ gekürzt wurden, wobei nunmehr – nicht zuletzt aufgrund der Intervention der IBS – auch die Berufssekretariate einbezogen wurden. Die Mittel des ISF wurden seit 1965 dadurch beschnitten, daß die AFL-CIO ihren Anteil an den bislang nicht verwendeten Geldern des Fonds in Höhe von 818 000 $ zurückforderte und einer bilateralen gewerkschaftlichen Entwicklungspolitik Priorität einräumte, vgl. IBFG, Bericht über den neunten Weltkongreß 1969, Brüssel, 2.–8. 7. 1969, S. 299–307. Die Mittel für »Organisierungsaufgaben (einschließlich IBS)« wurden daher von 535 000 $ (1965) auf 278 000 $ (1968) reduziert; aufgrund eigener Finanzierungsschwierigkeiten endete eine systematische Förderung von Regionalprojekten der Berufssekretariate durch den IBFG 1969, als die AFL-CIO aus dem IBFG austrat. – Der IBV hatte Ende 1963 beschlossen, Anträge für die Unterstützung von Gewerkschaften an den ISF zu stellen; für Organisations- und Schulungsprojekte und Infrastrukturmaßnahmen in Asien, Afrika, Lateinamerika und Europa (Türkei, Zypern, Griechenland) hatte der IBV 1965 (vgl. D/IC/2/65) Anträge über insgesamt £ 56 564 gestellt, die allerdings auf Anregung des IBFG im Oktober 1965 auf 3 Projekte (Sierra Leone, Philippinen und Türkei) und ein Antragsvolumen von £ 10 000 reduziert wurden, von denen ein Teil im Sommer 1966 vom ISF genehmigt wurde (vgl. D/IC/6/66). Ein für 1967 eingereichter Antrag hatte als Ergebnis, daß Projekte für die Philippinen, Sierra Leone, Indien, Gabun, Kenia und die Türkei mit einem Gesamtvolumen von £ 4 820 gefördert wurden (vgl. D/IC/8/67). Anträge für 1968/69 waren nur noch zum Teil erfolgreich (vgl. D/B/1/69).
95 Vgl. IBV, Zusammengefaßter Bericht des 41. Internationalen Kongresses, London, 1971, S. 38.

Tabelle 13:
**Beitragsleistungen der Mitgliedsverbände (1960–1985)**

| Jahr | Mitglieder (in: 1.000) mit vollem Beitrag (%) | mit Teilzahlung (%) | ohne Beitrag (%) | Beiträge insgesamt (in £)[a] | davon: IGBE, NUM, UMWA (in %) | Mitglieder insgesamt (in: 1 000) |
|---|---|---|---|---|---|---|
| 1960 | 1 917 (16) 76,4 | 478 (11) 19,0 | 115 ( 7) 4,6 | 23 301 | 87,2 | 2 510 (34) |
| 1965 | 1 406 (15) 72,8 | 389 ( 6) 20,1 | 137 (14) 7,1 | 46 445 | 87,2 | 1 932 (35) |
| 1970 | 1 086 (13) 71,2 | 383 (10) 25,1 | 56 (10) 3,7 | 43 492 | 87,4 | 1 525 (33) |
| 1975 | 741 (15) 75,1 | 207 ( 6) 21,0 | 39 (11) 3,9 | 29 486 | 72,8 | 987 (32) |
| 1980 | 737 (13) 73,8 | 214 ( 8) 21,4 | 48 (11) 4,8 | 81 269 (91 404)[b] | 74,5 (76,4) | 999 (32) |
| 1985 | 315 (15) 33,3 | 549 ( 9) 58,0 | 82 (10) 8,7 | 118 391 | 67,1[c] | 946 (34) |

In ( ) Zahl der Gewerkschaften.
Angaben in % von allen Mitgliedern.
(a) Beitragssätze je 1.000 Mitglieder:
  1960: £ 12
  1965: £ 32
  1970: £ 32
  1975: £ 35
  1980: £ 110
  1985: £ 295/23 600 bfr.
(b) 1980 wurden von einigen Gewerkschaften Sonderbeiträge in Höhe von £ 10.135 geleistet.
(c) Nur IGBE und UMWA.

1976 die Mitgliedschaft kündigte[96] – mit erheblichem Überzeugungsaufwand seitens des IBV konnte dieser Schritt rückgängig gemacht werden, so daß die UMWA im Herbst 1977 dem IBV wieder beitrat –, stand die Frage einer Fusion mit einem anderen Berufssekretariat, konkret mit dem Internationalen Metallarbeiter-Bund (IMB), zur Diskussion. Das Fusionsangebot des IMB lehnte das Exekutivkomitee ab. Es beschloß statt dessen, den Mitgliedsbeitrag um 100 % auf £ 80 (ab 1978) heraufzusetzten und den Beitritt neuer Mitgliedsverbände, unter Anerkennung der Statuten, anzustreben[97].

Angesichts der dennoch ungelösten Ressourcenprobleme konkurrierten seit Ende der 70er Jahre offen alternative Strategien für die zukünftige Entwicklung des IBV: zum einen die von der IGBE vorgeschlagene Konzeption, den IBV durch weitere Begrenzungen der administrativen Struktur (insbesondere Einsetzung eines ehrenamtlichen Sekretärs) weiterzuführen und ihm zugleich und schwerpunktmäßig die Aufgabe zu übertragen, die Interessenvertretung gegenüber der EG (EGKS) zu übernehmen; zum anderen der Vorschlag der NUM, den administrativen Kern des IBV aufrechtzuerhalten mit der Priorität für eine globale Interessenvertretung und der Perspektive zu einer richtungsübergreifenden Erweiterung der Mitgliedschaft. Gegen den Antrag der IGBE fand das Konzept der britischen NUM – bezogen auf den organisatorischen Bestand – auf dem Kongreß 1979 eine Mehrheit[98].

---

96 Vgl. Schreiben Arnold Miller, UMWA, vom 26. 3. 1976 (D/IC/14/76), und den Bericht der IBV-Delegation (Kanti Mehta, Joe Gormley, Dennis Edwards) über den UMWA-Kongreß 1976 (D/B/1/76). – Die UMWA, die seit 1970 ihren Mitgliederbestand von 450000 (1970) auf 115000 (1975) korrigiert hatte, leistete 1975 einen Beitrag von £ 4 200, d. h. 14,5 % der gesamten Beitragseinnahmen und etwa 7 % der gesamten, durch den Kongreß allerdings erhöhten Ausgaben, vgl. IBV, Kontoaufstellung für das am 31. 12. 1975 ablaufende Jahr.
97 Vgl. D/IC/13/77; IBV, Protokoll einer Tagung des Exekutivausschusses des IBV, 23. 9. 1977, Karthago, S. 2–6. Der Vorschlag von Joe Gormley (NUM) nach Erweiterung der Mitgliederbasis des IBV war weitergehender als dieser Beschluß; er wollte die bisherige Beschränkung des IBV auf Gewerkschaften, die indirekt dem IBFG verbunden sind, überwunden wissen und schlug vor, daß »Bergarbeiter-Gewerkschaften in der ganzen Welt eingeladen werden, der Internationale beizutreten«, ebd., S. 2.
98 Vgl. IBV, Protokoll einer Tagung des Exekutivausschusses des IBV, 12. und 13. September 1978, Tokio, S. 6–8. J. Gormley (NUM), der den Tagungsordnungspunkt »Zukunft der Internationale« einführte, war zu diesem Zeitpunkt anscheinend bereit, den IGBE-Vorschlag zu akzeptieren – vorausgegangen war eine Treffen zwischen NUM- und IGBE-Vertretern, bei dem eine Verständigung über den Vorschlag erzielt worden war, einen nebenamtlichen Sekretär zu ernennen (J. Olyslaegers) und das Sekretariat nach Brüssel zu verlegen. Auf der Büro-Sitzung im November 1978 und März 1979 präferierte die NUM, unterstützt von anderen Gewerkschaftsvertretern, hingegen die Wahl eines hauptamtlichen Generalsekretärs für die Nachfolge von D. Edwards, vgl. IBV, Protokoll einer Bürotagung des IBV, 30. 11. 1978, Brügge, S. 2–4; Protokoll einer Tagung des Büros des IBV, 2. 3. 1979, London, S. 1–6; ferner IBV, Bericht über den 43. Internationalen Kongreß, Madrid, 1979, S. 10.

Mit dieser Entscheidung war das Finanzproblem jedoch nicht gelöst. Der Dissens zwischen NUM und IGBE blockierte die Diskussion über eine ausreichende Beitragsanhebung, die den IBV vor der nächsten Finanzkrise, die sich 1981/82 abzeichnete, hätte bewahren können[99]. Diese Entwicklung kulminierte 1983, als die NUM die Gründung einer konkurrierenden Bergarbeiter-Internationale vorbereitete. Der Austritt der NUM aus dem IBV reduzierte das Beitragsaufkommen schlagartig um über 30 %. Nur mit Hilfe des IBFG, der dem IBV etwa £ 40 000 für 1983/84 zur Verfügung stellte, und durch drastische Einsparungen, die die Aktivitäten auf ein Minimum begrenzten[100], konnte die Bergarbeiter-Internationale ihren Bestand und ihre Autonomie aufrechterhalten[101].

Der Kongreß von 1984 beschloß dann die bereits 1979 von der IGBE propagierten Strukturveränderungen, um eine Kostenentlastung zu erreichen[102]. Wichtiger war allerdings die Bereitschaft, den Mitgliedsbeitrag in den nächsten Jahren sukzessive anzuheben[103]. Damit wurden die finanziellen Voraussetzungen für eine Reorganisation des IBV geschaffen. Sie erfolgte seit 1989 mit der Wahl eines hauptamtlichen Generalsekretärs und dem personellen Ausbau des Sekretariats. Eine Folge dieser Entwicklung war jedoch, daß die Beitragsaufbringung eine noch ungünstigere Verteilung unter den Mitgliedsverbänden erfuhr: Anfang der 90er Jahre finanziert

---

99 Vgl. IBV, Protokoll einer Tagung des Büros des IBV, 23. 10. 1982, Oporto, S. 4–17.
100 Dazu gehörte u. a. die Entlassung des Regionalvertreters für Afrika, Sahr Foday, im September 1983.
101 Vgl. IBV, Sitzung des Exekutivausschusses, 27.–28. 9. 1983, Brüssel, S. 4 f. – Das Exekutivkomitee faßte auf dieser Sitzung den Beschluß, dem Kongreß, der 1984 über die weitere Entwicklung der Bergarbeiter-Internationale beraten sollte, die Weiterführung des IBV als eigenständige Organisation zu empfehlen.
102 Die Verlegung des Sitzes nach Brüssel, die Wahl eines ehrenamtlichen Generalsekretärs, die Ersetzung des Büros durch ein kleineres Gremium, das Präsidium, die Verringerung der Zahl der Exekutivkomitee-Mitglieder auf 14 sowie die Abschaffung der Übernahme der Reisekosten für Mitglieder des Exekutivkomitees zu den Tagungen und für einen Delegierten jedes Verbandes zum Kongreß durch den IBV, vgl. MIF, Statut des Internationalen Bergarbeiterverbandes, angenommen vom 45. Internationalen Bergarbeiterkongreß, Luxemburg – Mai 1984, und geändert vom 46. Internationalen Bergarbeiterkongreß, Harare – März 1989.
103 Der Beitragssatz wurde für
1985 auf £ 295
1986 auf £ 319
1990 auf £ 560
1991 auf £ 610
1992 auf £ 665
1993 auf £ 725 angehoben. Es bleibt für Spekulationen offen, ob der Austritt der NUM, der auch aus dem Zweifel an der Handlungsfähigkeit der Bergarbeiter-Internationale resultierte, verhindert worden wäre, wenn 1982/83 die Bereitschaft vorhanden gewesen wäre, diese erhebliche Beitragserhöhung vorzunehmen und den IBV mit einem soliden Etat auszustatten.

allein die IGBE etwa 40–50 % der für administrative Aufgaben zur Verfügung stehenden Mittel (siehe Tabelle 14)[104].
Den Austritt der NUM hinzunehmen und den IBV trotz der sehr unausgewogenen Beitragsaufbringung weiterzuführen – und die dadurch bedingte einzigartige Machtposition der IGBE zu akzeptieren –, war nur möglich, weil einerseits der IBV explizit gegen die projektierte und 1985 gegründete International Miners' Organisation (IMO) als richtungsgewerkschaftliche Konkurrenzorganisation bewahrt werden sollte und weil andererseits seit 1982 ein expandierendes Schulungsprogramm für Bergarbeitergewerkschaften in Ländern der Dritten Welt etabliert worden war. Dieses Programm stellte einen der wichtigsten Handlungsschwerpunkte des IBV in den 80er Jahren dar. Aufgrund seiner externen, insbesondere über die schwedische GRUV vermittelten Finanzierung aus Fonds des schwedischen LO/TCO-Bistandsnämnd (Rat für internationale gewerkschaftliche Zusammenarbeit) bildet es ein Gegengewicht zum Einfluß der IGBE. Der Stellenwert dieses Gegengewichts wird deutlich, wenn berücksichtigt wird, daß seit den 60er Jahren die Mitgliedsbeiträge den IBV nur in die Lage versetzten, den immer bescheidener werdenden administrativen Apparat (Sekretariat und Regionalvertretungen) sowie die Tagungen der Entscheidungsgremien (Kongreß, Exekutivkomitee, Büro/Präsidentschaft und Regionalkonferenzen) zu finanzieren. Umfangreichere Aktivitäten – wie Schulungsprogramme und Infrastrukturhilfen, Streikunterstützung, größere Spenden nach Grubenunfällen, Unterstützung von Gewerkschaften und Gewerkschaftern gegen Repressionen usf. – konnte der IBV nur durchführen, wenn die Mitgliedsverbände Sonderbeiträge oder Spenden leisteten oder wenn externe Ressourcen verfügbar waren. Für Schulungsprogramme, Rechtshilfe und Arbeitsschutzprogramme hat der IBV beispielsweise zwischen 1989 und 1992 jährlich etwa 50 Mio. bfr. (etwa 2,5 Mio. DM) einsetzen können. Diese Gelder wurden zum größten Teil von der schwedischen LO/TCO, in geringerem Umfang von der dänischen und der norwegi-

---

104 Obwohl der Mitgliederanteil der Gewerkschaften in Ländern der Dritten Welt bis 1982 auf etwa 35 % anstieg und nach dem Austritt der britischen NUM und dem Beitritt der südafrikanischen NUM auf über 50 % (1986) anwuchs (ein Trend der sich bis Ende der 80er Jahre durch den Mitgliederzuwachs der NUM (SAF) auf 360 000 zunächst fortsetzte), betrug deren Anteil am Beitragsaufkommen bislang meist weniger als 10 %, während IGBE und UMWA zusammen mindestens zwei Drittel stellten.

Tabelle 14:
**Beitragsaufkommen nach Regionen (1988–1992)**
(Angaben in: 1.000 bfr.)

| Regionen | 1988 Beiträge | Org. | 1989 Beiträge | Org. | 1990 Beiträge | Org. | 1991 Beiträge | Org. | 1992 Beiträge | Org. |
|---|---|---|---|---|---|---|---|---|---|---|
| Europa[a] | 7.288 | (9) | 6.942 | (10) | 8.509 | (8) | 20.296[b] | (12) | 21.701[b] | (12) |
| in: % | (72,4) | | (80,7) | | (66,5) | | (78,0) | | (76,2) | |
| davon: | | | | | | | | | | |
| – IG BE | 5.989 | | 5.713 | | 7.446 | | 16.068 | | 15.762 | |
| (in: %) | (59,5) | | (66,4) | | (58,2) | | (61,7) | | (55,4) | |
| Nordamerika | 865 | (1) | 962 | (1) | 3.332 | (1) | 3.161 | (1) | 3.389 | (1) |
| in: % | (8,6) | | (11,2) | | (26,0) | | (12,1) | | (11,9) | |
| Afrika | 1.510 | (1) | 318 | (2) | 738 | (3) | 2.330 | (4) | 3.352 | (5) |
| in: % | (15,0) | | (3,7) | | (5,8) | | (9,0) | | (11,8) | |
| Asien/Pazifik | 406 | (5) | 329 | (5) | 212 | (5) | 200 | (4) | 34 | (2) |
| in: % | (4,0) | | (3,8) | | (1,7) | | (0,8) | | (0,1) | |
| Lateinamerika | – | (–) | 46 | (2) | – | (–) | 35 | (1) | – | (–) |
| in: % | (–) | | (0,5) | | (–) | | (0,1) | | (–) | |
| insgesamt | 10.069 | (16) | 8.597 | (20) | 12.791 | (17) | 26.022 | (22) | 28.476 | (19) |

Org. = Organisationen.
(a) Die luxemburgische OGB-L zahlt nur noch einen symbolischen Beitrag und ist hier nicht in der Zahl der Organisationen enthalten.
(b) Davon Gewerkschaften aus Mittel-/Osteuropa: (in: 1.000 bfr.)
    1991: Ungarn (BDSz): 1.500 (5,8 %)
    1992: Ungarn (BDSz), CSFR (FOSPHGN): 3.816 (13,4 %).
Beitragssätze: 1990: 38,08 bfr. (je Mitglied) (= £ 560/1.000)
    1991: 41,48 bfr. (= £ 665/1.000)
    1992: 45,22 bfr. (= £ 725/1.000).
Quelle: IBV, 47. Weltkongreß, Budapest, 1993, Finanzbericht 1989–1992 und Bericht der Rechnungsprüfer.

schen LO, der niederländischen FNV und von einigen anderen Organisationen zur Verfügung gestellt[105].

Die externe, über einzelne Mitgliedsverbände vermittelte Finanzierung wichtiger Handlungsbereiche relativiert nicht nur die Position der IGBE. Sie bedeutet zugleich eine erhebliche Abhängigkeit und Unsicherheit für den IBV. Auch wenn sich das Beitragsaufkommen inzwischen (1992) dem Punkt annähert, an dem zumindest sämtliche administrativen Kosten von den regulären Mitgliedsbeiträgen gedeckt werden, obwohl sie nur etwa 35,8 % (1990: 18,7 %) der gesamten Ausgaben und 58 % (1990: 26,1 %) der Aufwendungen für das Schulungsprogramm ausmachen (siehe Tabelle 15), ist derzeit nicht zu erkennen, daß die Mitgliedsorganisationen des IBV bereit und in der Lage sind, gegebenenfalls diesen Bereich auf der Basis erhöhter Beitragsleistungen selbst zu finanzieren.

---

105 Vgl. IBV, Sitzung des IBV-Exekutivausschusses, Wien, 4. und 5. Mai 1991, Unterlagen zu Tagesordnungspunkt 11 (Finanzielle Angelegenheiten); IBV, Tagung des IBV-Exekutivausschusses, Haltern, 10. 4. 1992, Unterlagen zum Tagesordnungspunkt 7 (Finanzfragen); IBV, 47. Weltkongreß, Budapest, 1993, Finanzbericht 1989–1992 und Bericht der Rechnungsprüfer. – Allein für die Unterstützung der südafrikanischen NUM standen dem IBV 1987 – Anlaß war der als Generalstreik und Generalaussperrung geführte Arbeitskampf im Bergbau, an dem 200 000 bis 300 000 Bergleute beteiligt waren – aus Spenden ca. 73,7 Mio. bfr. zur Verfügung, von denen bis Ende 1987 63,5 Mio. bfr. an die NUM transferiert wurden, vgl. MIF, Income and Expanditure Account, Brüssel, 31. 12. 1987.

*Tabelle 15:*
**Verteilung der Einnahmen und Ausgaben (1988–1992)**
(in: 1.000 bfr.)

| Einnahmen/Ausgaben | 1988 | 1989 | 1990 | 1991 | 1992 |
|---|---|---|---|---|---|
| EINNAHMEN | 48.184 | 70.173 | 63.454 | 84.006 | 86.598 |
| – Mitglieds-beiträge[a] | 10.069 | 8.597 | 12.791 | 26.034 | 28.531 |
| – andere Einnahmen | 616 | 878 | 1.804 | 2.675 | 2.802 |
| – Projekt-administration | (–)[b] | 5.008 | 4.302 | 4.627 | 4.104 |
| *zusammen* | *10.686* | *14.483* | *18.897* | *33.336* | *35.436* |
| – Solidaritäts-zuwendungen[c] | 10.933 | 2.271 | 11 | 1.688 | 1.617 |
| – Projektmittel[d] (Schulung) | 26.565 | 58.427 | 48.848 | 53.609 | 53.648 |
| AUSGABEN[e] | 55.027 | 68.859 | 68.373 | 75.065 | 79.805 |
| – durch Beiträge gedeckt (in: %) | *(18,3)* | *(12,5)* | *(18,7)* | *(34,7)* | *(35,8)* |
| – Administration | 9.796 | 12.826 | 23.678 | 32.222 | 34.473 |
| – Solidaritätsaktionen[f] | 20.952 | 2.007 | 102 | 1.452 | 1.677 |
| – Schulungsprojekt | 24.279 | 59.034 | 48.895 | 46.018 | 48.759 |
| (davon: Verwaltungs-aufwendungen) | (–)[g] | (10.004) | (9.394) | (8.190) | (7.366) |
| *durch Beiträge gedeckt (in: %)* | *(41,4)* | *(14,6)* | *(26,1)* | *(56,6)* | *(58,5)* |

(a) Sämtliche Mitgliedsbeiträge (einschließlich Nachzahlungen).
(b) Mittel für Projektadministration (einschließlich Personalkosten) nicht im IBV-Haushalt eingerechnet.
(c) Überwiegend gebundene Mittel für bestimmte Aktionen.
(d) Hierin auch Mittel für Projektadministration (IBV-Einnahmen).
(e) Mittel für Projektadministration (= Einnahmen und Ausgaben des IBV) sind herausgerechnet.
(f) Überwiegend Mittel aus Solidaritätszuwendungen für bestimmte Aktionen.
(g) Mittel für Verwaltungsaufwendungen nicht ausgewiesen.
Quelle: IBV, 47. Weltkongreß, Budapest, 1993, Finanzbericht 1989–1992 und Bericht der Rechnungsprüfer.

# Handlungsfelder des IBV (1945/49–1993)

Die Darstellung der Organisationsstruktur, der Mitgliederentwicklung und der Ressourcen hat bereits deutlich gezeigt, daß der IBV seit dem Zweiten Weltkrieg beachtliche Veränderungen erfahren hat (globale Expansion, sektorale Differenzierung), die zu neuen Handlungsanforderungen führten. Durch den Strukturwandel im (europäischen) Kohlenbergbau war die Bergarbeiter-Internationale seit Anfang der 60er Jahre Begrenzungen unterworfen, die, indem sie die verfügbaren Ressourcen beschnitten, in wachsendem Maße die Handlungsmöglichkeiten der Bergarbeiter-Internationale verminderten und interne Konflikte verstärkten. Dennoch hat der IBV seit Anfang der 50er Jahre in unterschiedlicher Intensität Aktivitäten in verschiedenen Handlungsbereichen weitergeführt oder neu aufgenommen.

Einen zentralen Handlungsbereich stellt die industrielle Interessenvertretung dar, d. h. der Versuch durch die Koordination der Mitgliedsverbände, durch Aktivitäten auf nationaler und internationaler Ebene sowohl eine Kohlenbergbau- und Energiepolitik als auch eine Mineralbergbaupolitik zu entwickeln und zu vertreten, um durch mehr oder weniger koordinierte Stellungnahmen und Aktivitäten die Wahrung der Interessen der Bergarbeiter zu erreichen. Die Chancen für eine erfolgversprechende international koordinierte Energie- und Mineralbergbaupolitik waren und sind mit dem Handikap belastet, daß insbesondere die Kohlenbergbau- und Energiepolitik erheblich variierenden Bedingungen in den einzelnen Ländern unterlag und in unterschiedlicher Weise von staatlichen/politischen Regulierungen beeinflußt wurde. Diese Problemkonstellation verhinderte zwar nicht die Aufstellung konsensfähiger Forderungen und Programme, sie beschränkte jedoch die Möglichkeiten für eine koordinierte Gewerkschaftspolitik und für internationale Unterstützungsaktionen. Nicht im Bereich energiepolitischer Grundsatzentscheidungen, sondern bezogen auf die Durchsetzung und Wahrung von Gewerkschaftsrechten entstanden mit dem zunehmenden Engagement von Multinationalen Konzernen im Kohlenbergbau in den letzten zwei Jahrzehnten neue Interventionsanforderungen und Handlungsmöglichkeiten für den IBV.

Als wichtiges Handlungsfeld entwickelte sich mit der globalen Expansion seit den 50er Jahren der Auf- und Ausbau von Regionalaktivitäten. Angesichts der organisatorischen Labilität und der Ressourcenschwäche der meisten Gewerkschaften in Ländern der Dritten Welt zunächst als Hilfs- und Unterstützungsmaßnahme angelegt, richteten sich die Regionalaktivitäten langfristig auch darauf, durch die Stärkung der Eigenständigkeit und die Verbesserung der Handlungsfähigkeit der Gewerkschaften den Bestand sowie die Aktions- und Interventionsfähigkeit des IBV selbst zu erhalten und zu erweitern. Die Finanzprobleme des IBV schränkten die in den 50er Jahren begonnene Regionalpolitik zunehmend ein. Erst mit einem extern finanzierten Schulungs- und Organisationsprogramm, das Anfang der 80er Jahre eingeleitet wurde, konnte der IBV einen wesentlichen Fortschritt bei der Unterstützung der Mitgliedsverbände und ihrer Entwicklung zu größerer Eigenständigkeit erreichen. Die Verteidigung von Gewerkschafts- und Menschenrechten gehört ebenfalls zu den Tätigkeitsfeldern des IBV, die darauf gerichtet sind, Handlungs- und Interventionsfähigkeit von Gewerkschaften zu erhalten oder herzustellen, wenngleich die Interventionsmöglichkeiten der Bergarbeiter-Internationale meist gering sind.

Die Entwicklung und der Ausbau der Unfallverhütung, der Arbeitssicherheit und des Gesundheitsschutzes standen seit der Gründung des IBV im Mittelpunkt des Informationsaustausches und gewerkschaftspolitischer Forderungen. Nicht zuletzt mit dem Beitritt von Gewerkschaften in Ländern der Dritten Welt, die selten in der Lage sind, eigene Programme aufzustellen und Experten zu beschäftigen, haben für den Bereich der Arbeitssicherheit und des Gesundheitsschutzes internationale Regelungen und Standardisierungen sowie die Informationsvermittlung und die Schulung von Gewerkschaftern an Bedeutung gewonnen. Initiativen des IBV in diesem Bereich richteten sich sowohl auf Internationale Organisationen (vor allem die ILO) wie auch auf die Entwicklung eigener Aktivitäten zur Unterstützung von Mitgliedsverbänden.

**Industriepolitische (sektorale) Interessenvertretung**

*Kohlenbergbau- und Energiepolitik*
Der Schwerpunkt der Tätigkeiten des IBV lag und liegt in der Interessenvertretung der Kohlenbergbaugewerkschaften. Ausschlaggebend dafür war

(und ist) der hohe Mitgliederanteil dieses Sektors und die Dominanz der mitgliederstarken und finanzkräftigen Kohlenbergbaugewerkschaften der Industrieländer im IBV. Diese organisationsinternen Faktoren basierten auf der Bedeutung der Kohle als wichtiger Energieträger seit der Industriellen Revolution. Der hohe Stellenwert, der der Kohle für die Rekonstruktionsphase nach dem Zweiten Weltkrieg weiterhin beigemessen wurde, manifestierte sich in der Bildung zwischenstaatlicher Institutionen wie dem Industrieausschuß der ILO für den Kohlenbergbau (1945)[106], der Europäischen Gemeinschaft für Kohle und Stahl (EGKS) (1951), die ansatzweise eine Regulierung der Kohlenförderung und -verteilung versprach[107], und dem ECE-Kohlenausschuß. Diese Institutionalisierung stabilisierte den Rang der Kohle- und Energiepolitik innerhalb des IBV und verstärkte Anforderungen und Erwartungen der Mitgliedsverbände an eine Interessenvertretung und Koordinierung durch den IBV.

Die Interessenvertretung der Kohlenbergbau-Gewerkschaften im IBV hat(te) zwei Schwerpunkte: (1) Konzipierung und Vertretung einer energiepolitischen Strategie, die sich auf den Erhalt des Kohlenbergbaus richtete und (2) internationale Weiterentwicklung der Sozial- und Arbeitsschutzpolitik (Arbeitszeitregelungen, Unfallverhütung, Arbeitssicherheit und Gesundheitsschutz). Daneben spielte die Unterstützung einzelner Gewerkschaften bei größeren Konflikten, die mit Fragen der nationalen Energiepolitik und der Sicherung des Kohlenbergbaus verbunden waren, eine Rolle.

*Strukturprobleme des Kohlenbergbaus*

Der Strukturwandel der Energiewirtschaft hatte bereits in der Zwischenkriegszeit den europäischen Kohlenbergbau belastet, wenngleich andere Faktoren wie die wirtschaftliche Stagnation und die Weltwirtschaftskrise, die Überkapazitäten im europäischen Kohlenbergbau und die daraus folgende Dumpingkonkurrenz für die krisenhafte Entwicklung der Branche

---

106 Die Einsetzung eines Industrieausschusses für den Kohlenbergbau hatten IBV, NUM und TUC seit 1942 gefordert, vgl. MIF, Special International Conference, London, 1. 5. 1942, S. 3 f.; MIF, 34th International Conference, Amsterdam, 5th and 6th October, 1949, S. 68 f.
107 Für die EGKS richteten die Gewerkschaften (d. h. die nationalen Dachverbänden und die Bergarbeiter- und Metallarbeitergewerkschaften der 6 EGKS-Staaten sowie die beiden Berufssekretariate, IMB und IBV, und der IBFG) ein eigenständiges Koordinationsgremium ein, den sogenannten 21er-Ausschuß, der nach Gründung der EWG in den Montanausschuß umgewandelt wurde. Die Koordinierung der Bergarbeitergewerkschaften der 6 EGKS-Länder (bis zur Erweiterung der EWG) erfolgte überwiegend außerhalb des IBV, da Großbritannien und die USA der EGKS nicht angehörten, NUM und UMWA nicht unmittelbar an der EGKS-Politik interessiert waren und im Montanausschuß nur Beobachterstatus hatten.

entscheidender waren. Nach dem Zweiten Weltkrieg setzte sich dieser Strukturwandel in verstärktem Maße fort. Erste Anzeichen einer Absatzmarktkonkurrenz im europäischen Kohlenbergbau traten bereits Ende der 40er Jahre auf, ebenso Befürchtungen, daß die Verwendung von Erdöl für die Energieerzeugung schnell zunehmen und die Kohle verdrängen würde[108]. So real die Anzeichen bereits zu dieser Zeit waren, obwohl der Rekonstruktionsprozeß zunächst eine wachsende Nachfrage der Energiewirtschaft und der Stahlindustrie in Aussicht stellte, leitete der Korea-Krieg und die forcierten Rüstungsprogramme seit Anfang der 50er Jahre eine mehrjährige Stabilisierungsphase für den Kohlenbergbau ein. Die Situation verkehrte sich seit Ende 1957, zunächst als Folge einer Wirtschaftsrezession in den USA und von Produktionseinbrüchen in der europäischen Stahlindustrie. Neben konjunkturellen Effekten kamen zwei strukturelle Veränderungen[109] zum Tragen, die langfristig und dauerhaft vor allem den europäischen Kohlenbergbau minimieren sollten: (1) Kohle wurde als Energieträger in großem Umfang von Erdöl- und Erdgas ersetzt, und seit Ende der 60er/Anfang der 70er Jahre erlangten Atomkraftwerke einen schnell steigenden Anteil an der Energieerzeugung. (2) Der Tiefbau des europäischen Steinkohlenbergbaus war trotz Rationalisierung und Mechanisierung – Entwicklungen, die für sich bereits zum Abbau von Arbeitsplätzen führten – nicht in der Lage, mit den geologisch günstigeren Abbaubedingungen der Steinkohlevorkommen (zum Teil im Tagebau) in Australien, den USA und Südafrika[110] zu konkurrieren, die seit den 60er Jahren nach und nach als Kohlenexporteure auf dem Weltmarkt auftraten.

Die Auswirkungen dieser Entwicklung verliefen weder einheitlich noch parallel in den einzelnen Ländern (siehe Tabelle 16). Die Folgen des Strukturwandels trafen insbesondere die traditionsreichen europäischen Bergbauregionen und Japan, deren Förderung verringert oder eingestellt (z. B. Niederlande 1975, Belgien 1992) wurde, während gleichzeitig Zechenschließungen, Mechanisierung und Rationalisierung im Bergbau drastisch die Zahl der Beschäftigten reduzierten. Sie wirkten sich in anderer Weise

---

108 Abe Moffat (NUM) sah auf dem Kongreß 1949 angesichts wachsender Haldenbestände, »that we are at the end of the sellers' market, and we are now faced with a buyers' market«. Ähnlich Nicolas Dethier (CSTM-Belgien), der auf das Problem zunehmender Kohleexporte aus den USA und die Bedeutung der technischen Entwicklung im Bereich der Erdölnutzung hinwies, vgl. MIF, 34th International Conference, Amsterdam, 1949, S. 16 und 17 f.
109 Neben diesen zwei zentralen Faktoren traten eine Anzahl von Veränderungen, die den Absatzmarkt für Kohle verengten: seit den 70er Jahren die Schrumpfung der europäischen Stahlerzeugung, Maßnahmen zur Verminderung des Energieverbrauchs usf.
110 In Südafrika kam noch die politische und soziale Verfassung des Landes, das Apartheid-System, hinzu, was zumindest bis Ende der 80er Jahre äußerst geringe Lohnkosten im Bergbau ermöglichte.

*Tabelle 16:*
**Kohlenförderung und Beschäftigung im Steinkohlenbergbau (1950–1985)**

| Jahr | Belgien | | Frankreich | | BR Deutschland | | Groß- britannien | | USA | |
|---|---|---|---|---|---|---|---|---|---|---|
| | P | B | P | B | P | B | P | B | P | B |
| 1950 | 27,3 | 135,8 | 52,5 | 258,0 | 125,7 | 536,8 | 219,6 | 690,8 | 516,3 | 415,6 |
| 1955 | 29,9 | 116,6 | 57,3 | 218,0 | 147,9 | 586,9 | 225,2 | 698,7 | 464,6 | 225,1 |
| 1960 | 22,5 | 71,5 | 58,2 | 191,0 | 142,3 | 505,0 | 196,7 | 602,1 | 415,5 | 169,4 |
| 1965 | 19,8 | 52,0 | 54,0 | 161,0 | 135,1 | 387,7 | 185,7 | 455,7 | 512,1 | 133,7 |
| 1970 | 11,4 | 30,0 | 40,1 | 104,0 | 111,3 | 249,7 | 144,7 | 287,2 | 602,9 | 140,1 |
| 1975 | 7,5 | 20,0 | 25,6 | 74,0 | 92,4 | 204,0 | 125,8 | 247,1 | 648,4 | 189,8 |
| 1980 | 6,3 | 21,4 | 18,1 | 59,0 | 86,6 | 184,1 | 128,2 | 281,6 | 719,1 | 248,7 |
| 1985 | 6,2 | 18,6 | 15,1 | 44,3 | 81,8 | 167,0 | 90,8*| 185,6 | 741,1 | 169,1 |

P = Produktion in Millionen Tonnen; B = Beschäftigte in 1.000
* Die Förderleistung wurde in diesem Jahr durch den bis April geführten Bergarbeiterstreik von 1984/85 reduziert.
Quelle: G. D. Feldman, K. Tenfelde (Hrsg.), Arbeiter, Unternehmer und Staat im Bergbau. Industrielle Beziehungen im internationalen Vergleich, München 1989, S. 327–330.

auf den Bergbau der USA aus. Hier kam es bis etwa Mitte der 60er Jahre zu einem Einbruch der Förderung und einer dramatischen Verringerung der Beschäftigtenzahl. Seit der wieder wachsenden Nutzung von Kohle in Kraftwerken kehrt sich der Trend des Produktionsrückgangs um und stieg die Zahl der Beschäftigten leicht an[111]. Begünstigt wurde die Nutzung von Kohle für die Energieerzeugung durch die erste Ölkrise (1973/74), die in den USA zur Ausweitung der Produktion beitrug. In den großen Förderländern Europas konnte die Nutzung der nationalen Steinkohlevorkommen nur durch Beihilfen und vorübergehende Kontingentierungen der Einfuhren, die mit erheblichen Rationalisierungsanstrengungen und sozialen Anpassungsmaßnahmen verbunden waren, aufrechterhalten werden. Die Substitution der nationalen Kohlenförderung durch preisgünstigere Importe aus Australien, Südafrika, den USA und Polen und die Erhöhung des Anteils anderer Energieerzeuger (Atomkraftwerke) wurden dadurch nur verlangsamt, jedoch nicht verhindert, so daß die Förderung – wenn auch verzögert – weiter zurückging.

---

111 Zur Entwicklung im Bergbau der USA vgl. D. Brody, Arbeitsbeziehungen im amerikanischen Kohlenbergbau. Probleme einer Industrie im Wandel des Wettbewerbs, S. 101–106.

## Kohle- und Energiepolitik

Auf die ersten Anzeichen eines Nachfrageeinbruchs im Jahr 1949 hatte der IBV mit der Forderung an die Vereinten Nationen (UN) und die ILO reagiert, eine dreigliedrige Konferenz aller Kohlenförderländer einzuberufen. Ziel der Konferenz sollte ein Internationales Kohlenabkommen sein, um eine Regulierung der Produktion, der Preise, des Exports und Imports sowie eine Reduzierung der Arbeitszeit auf der Basis einer 40-Stunden-Woche herbeizuführen[112]. Aufgrund dieser Resolution befaßten sich sowohl die ILO als auch die UN (Coal Committee der ECE) dilatorisch oder ablehnend mit dieser Frage. Eine schriftliche Umfrage über die Notwendigkeit einer Konferenz und die Bereitschaft zur Teilnahme, die die ILO unter den Regierungen der Kohlenförder- und Kohlenimportländer aufgrund einer Resolution der 4. Tagung des ILO-Kohlenausschusses schließlich durchführte, beendete diese IBV-Initiative, da 1952/53 kaum Interesse an einer derartigen Konferenz bestand[113]. Die veränderte Situation nach Beginn des Korea-Kriegs und die Gründung der EGKS hatten ein anfangs noch vorhandenes Interesse an einer internationalen Kohlenkonferenz verebben lassen.

Während noch Anfang der 50er Jahre im IBV eine breite Diskussion über Forderungen nach Nationalisierung und Sozialisierung des Kohlenbergbaus geführte wurde[114], lenkte die veränderte Situation im (europäischen) Kohlenbergbau in den 50er Jahren die Initiativen schwerpunktmäßig auf den

---

112 Vgl. die vom Kongreß 1949 angenommene Resolution 4, MIF, 34th International Conference, Amsterdam, 1949, S. 45, 47 f. – Damit hatte der IBV eine Forderung wieder aufgegriffen, die bereits mit dem Lewy-System 1893 vom belgischen Verband, allerdings ohne eine Mehrheit im IBV zu finden, vorgeschlagen worden war. Angesichts der Kohlenkrise in den 20er Jahren hatte der IBV die ILO und den Völkerbund – letztlich erfolglos – aufgefordert, eine Regulierung des Kohlenmarktes (Förderung und Absatz) durch ein Internationales Kohlenabkommen einzuführen. Ab Mitte der 30er gab es marktstabilisierende Absatzkartelle (England, Deutschland, Polen).
113 Vgl. MIF, 35th International Conference, Luxemburg, 1951, S. 85–88; IBV, 36. Internationaler Kongreß der Bergarbeiter, Dortmund, 1954, S. 15.
114 Programmatisch spielte die Sozialisierungsfrage Ende der 40er/Anfang der 50er Jahre eine wichtige Rolle. Da die Eigentumsregelungen im Bergbau in den einzelnen Ländern unterschiedlich waren (z. B. war der Kohlenbergbau in Großbritannien und Frankreich in der zweiten Hälfte der 40er Jahre nationalisiert worden) und die Ziele wichtiger Gewerkschaften differierten (die IG Bergbau in der Bundesrepublik Deutschland forderte noch Anfang der 50er Jahre die Sozialisierung des Kohlenbergbaus, während die UMWA die Forderungen nach Nationalisierung oder Sozialisierung zurückwies), folgten aus der Diskussion dieser Frage und der Verabschiedung eines Grundsatzdokuments keine koordinierten Aktivitäten. Zur Sozialisierungs-/Nationalisierungsdebatte vgl. MIF, 35th International Conference, Luxemburg, 1951, S. 41–47; IBV, 36. Internationaler Kongreß der Bergarbeiter, Dortmund, 1954, S. 54–61, 153–158.

Ausbau sozialer Standards[115] und auf Forderungen nach Arbeitszeitverkürzungen[116]. Fragen der Veränderungen der Energieträger und deren Folgen für den Kohlenbergbau blieben zwar im Blickfeld der Bergarbeiter-Internationale, sie wurden jedoch bis Ende 1957 nicht als akute Bedrohung wahrgenommen[117], sondern als Chance, um die Arbeitsbedingungen zu verbessern und sozialpolitische Einrichtungen auszubauen[118].

Mit der Kohlenkrise, die Ende 1957 als Folge einer wirtschaftlichen Rezession einsetzte, kam der Strukturwandel in der Energiewirtschaft langfristig und dauerhaft zum Tragen. Parallel dazu wurden die europäischen Förderländer mit der Konkurrenz »überseeischer« Kohlenexporte ebenso dauerhaft konfrontiert. Der IBV berief angesichts der dramatischen Entwicklung im Kohlenbergbau einen außerordentlichen Kongreß im Dezember 1958 ein[119]. Die von diesem Kongreß erhobenen Forderungen zur Überwindung der Krise und zur langfristigen Sicherung des europäischen Kohlenbergbaus konnten nur ein reaktives Programm entwerfen, das Importkontingentierungen mit Absatzförderungen für den nationalen Kohlenbergbau, Arbeitszeitverkürzungen und sozialer Absicherung der Beschäftigten kombinierte. Im Mittelpunkt stand die Forderung nach einer nationalen

---

115 Der 37. IBV-Kongreß nahm 1957 eine Bergarbeiter-Charta an, die die zentralen Forderungen zu den Arbeitsbedingungen und zur sozialen Sicherung zusammenfaßte, vgl. IBV, 37. Internationaler Kongreß, London, 1957, S. 42–72, 221–227. Die Charta sollte als Leitlinie für die Politik der einzelnen Organisationen dienen, vgl. MIF, Minutes of a Meeting of the Executive Committee of the MIF, 19th/20th November 1957, Geneva, S. 5 f.

116 Wie vor 1939 sollte die Forderung nach Verkürzung der Arbeitszeit auch dazu dienen, die Beschäftigungsverhältnisse im Bergbau trotz Rationalisierung und Mechanisierung zu stabilisieren. Der IBV bemühte sich daher seit Anfang der 50er Jahre um eine Novellierung der bestehenden, aber nicht ratifizierten Arbeitszeitkonvention der ILO. Da die einzelnen Gewerkschaften in Europa auf nationaler Ebene Arbeitszeitverkürzungen durchsetzen konnten, wurde diese Initiative in den nächsten Jahrzehnten stetig, aber mit geringem Nachdruck und ohne Ergebnis verfolgt, vgl. MIF, 35th International Conference, Luxemburg, 1951, S. 36–40, 68 f., 124–131; IBV, 36. Internationaler Kongreß der Bergarbeiter, Dortmund, 1954, S. 148 f.; IBV, 39. Internationaler Kongreß, Wien, 1963, S. 30–32.

117 Dazu trug nicht nur die hohe und in einigen Ländern (Großbritannien) wachsende Zahl der Beschäftigten im Bergbau bei; mit der EGKS waren Interventionsmöglichkeiten entstanden, die bei Zechenschließung u. a. Umschulungsprogramme für Bergarbeiter und Sozialhilfen umfaßten, vgl. IBV, 37. Internationaler Kongreß, London, 1957, S. 5. Auf der 6. Tagung des ILO-Kohlenbergbau-Ausschusses hatte die Arbeitnehmergruppe u. a. eine Resolution eingebracht, die soziale Probleme als Folge der zunehmenden Nutzung anderer Energiequellen thematisierte und die Forderung nach nationalen Energiepolitiken unter Einbeziehung des nationalen Kohlenbergbaus erhob, vgl. ebd., S. 13.

118 So Arthur Horner (NUM): »Wir sind dafür, daß Atomenergie benutzt wird, um den Menschen Arbeit zu sparen und um die Menschen vor den Gefahren zu bewahren, denen sie in den Gruben ausgesetzt sind. (...) Wir sehen die Atomenergie nicht als eine Bedrohung der Bergarbeiter an. Sie wird die kürzeren Arbeitsstunden, für die wir uns einsetzen, verwirklichen«, IBV, 37. Internationaler Kongreß, London, 1957, S. 197.

119 Vgl. IBV, Bericht der Verfahren des außerordentlichen Internationalen Kongresses über die wirtschaftliche Lage in der Kohlenbergbau-Industrie, London, 10./11. 12. 1958.

Energie- und Kohlepolitik, »welche die maximale Verwendung einheimischer Kohle und die Regelung von Energie-Einfuhren im Einklang mit den nationalen Bedürfnissen sicherstellen« und über internationale Organisationen (EGKS, UN, OEEC, ILO) international koordiniert werden sollte[120].

Zwar erreichte der IBV, daß die ILO im Januar 1961 eine Ad-hoc-Tagung zur Untersuchung der sozialen Folgen der Kohlenkrise veranstaltete[121], doch blieben die Reaktionen auf die Krise des Kohlenbergbaus – abgesehen von sozialpolitischen Unterstützungen der EGKS – im großen und ganzen national begrenzt. Sie umfaßten Maßnahmen, um die Förderkapazitäten zu reduzieren, die Produktion einzuschränken und die Produktivität zu erhöhen, daneben protektionistische Eingriffe zur Regulierung der Kohlen- und Erdölimporte und der Absatzstimulierung. Zu der vom IBV geforderten international koordinierten Energiepolitik[122] kam es zu dieser Zeit ebensowenig wie zu langfristig angelegten nationalen Planungen der Energieversorgung unter Einbeziehung der Kohlenbergbau-Industrie[123].

Seit dem außerordentlichen Kongreß 1958 variierte der IBV seine Forderungen und Erwartungen an die nationalen Regierungen und internationalen Organisationen, die wiederholt aufgefordert wurden, Strategien zu entwickeln und Maßnahmen zu ergreifen, um eine langfristige Einbeziehung und Absicherung der Kohleförderung für die Energieversorgung zu gewährleisten. Die Vorstellungen des IBV richteten sich Anfang der 60er Jahre auf vier Punkte: (1) eine langfristig angelegte und international abgestimmte nationale Energiepolitik, die den nationalen Kohlenbergbau integriert;

---

120 Ebd., S. 67–70, hier S. 68. Der IBV forderte vor allem: wirtschaftspolitische Maßnahmen zur Belebung der wirtschaftlichen Aktivitäten, die Einführung einer nationalen und internationalen Energiepolitik, die Verkürzung der Arbeitszeit, Belebung des Kohlenabsatzes und Rationalisierung der Verteilung, Erhöhung der Kohlenverwertung (u. a. Vorrang der einheimischen Kohle bei der Energieerzeugung), arbeitsplatzsichernde Investitionsmaßnahmen und Ausbauarbeiten in Phasen des Nachfragerückgangs, langfristige Investitionspläne, um die Konkurrenzfähigkeit des Bergbaus zu erhalten.

121 Die Forderung nach einer dreigliedrigen Tagung hatte die Arbeitnehmergruppe auf der 7. Tagung des ILO-Kohlenbergbau-Ausschusses (1959) in Form einer Resolution erhoben, vgl. IBV, IAO dreiparteiliche technische Tagung zur Untersuchung der sich aus der Krise in der Kohlenbergbau-Industrie ergebenden sozialen Folgen, D/B/ILO/6/61.

122 Die Möglichkeit für eine internationale Koordinierung der nationalen Energiepolitiken wurde im IBV kontrovers eingeschätzt. Die Feststellung von William Paynter (NUM), daß »in Großbritannien (...) die Frage der Koordinierung der verschiedenen Energieformen wie Gas, Öl, Kohle usw. ein nationales Problem [sei], das im wesentlichen im nationalen Rahmen zu lösen sei, galt auch für die meisten anderen Länder, da die energiewirtschaftliche Bedeutung des Kohlenbergbaus von Land zu Land erheblich differierte, IBV, Protokoll einer Sitzung des Exekutiv-Komitees des IBV, 11./12. 1. 1961, Genf, S. 5.

123 Vgl. die Überblicke in: IBV, 38. Internationaler Kongreß, Stockholm, 1960, S. 88–111; IBV, 39. Internationaler Kongreß, Wien, 1963, S. 83–123.

(2) Maßnahmen zur Verbesserung der Produktivität des Kohlenbergbau, um wenigstens teilweise die Kostenvorteile des Erdöls ausgleichen zu können; (3) Maßnahmen für eine bessere Nutzung der Kohle (Energieerzeugung, Kohleveredelung, Kohlederivate); (4) soziale Absicherung für die Beschäftigten im Kohlenbergbau bei Produktionseinschränkungen und Stillegungen von Zechen durch Ausgleichszahlungen, Umschulungsangebote und eine Industrieansiedlungspolitik sowie Verbesserung der Arbeitsbedingungen (u. a. Arbeitszeitverkürzung) und der Arbeitssicherheit[124]. Darüber hinaus appellierte der IBV seit 1963 wiederholt an den Wirtschafts- und Sozialrat der UN, eine Untersuchung über die langfristige Entwicklung des Weltenergiebedarfs und der vorhandenen Weltenergiereserven durchzuführen und eine Weltenergiekonferenz einzuberufen. Über eine »offizielle« Abschätzung der zukünftigen Entwicklung des globalen Energiebedarfs und der vorhandenen Energieressourcen, d. h. insbesondere der Feststellung einer absehbaren Erschöpfung der bekannten Erdölreserven im Vergleich zu den entschieden langfristiger nutzbaren Kohlenvorkommen, suchte der IBV Unterstützung für die Forderung nach Aufrechterhaltung der (europäischen) Kohlenförderung[125].

Angesichts der geringen Durchsetzungsfähigkeit des IBV und von Koordinierungsproblemen innerhalb der Bergarbeiter-Internationale, unterschiedlicher nationaler Energiepolitiken und divergierender Konzeptionen der einzelnen Organisationen sowie der wachsenden Konkurrenz neuer Energieträger (Atomkraftwerke)[126] richteten sich die Forderungen des IBV seit Mitte der 60er Jahre stärker darauf, eine gleichrangige Behandlung der Kohle neben den anderen Energieträgern und generell eine Aufrechterhaltung des Kohlenbergbaus zu fordern[127].

Um die Probleme des Kohlenbergbaus kontinuierlicher zu behandeln und

---

124 Vgl. IBV, 38. Internationaler Kongreß, Stockholm, 1960, S. 111 ff., 184 ff.; ferner IBV, 39. Internationaler Kongreß, Wien, 1963, S. 270.
125 Vgl. ebd., S. 85, 271; MIF, 40th International Congress, Hamburg, 1967, S. 115–118. Untersuchungen über die langfristige Entwicklung des Weltenergiebedarfs und -angebots wurden in den 60er Jahren nur von der OEEC durchgeführt. Intensivere Aktivitäten internationaler Organisationen löste erst die Ölkrise von 1973 aus.
126 Vgl. z. B. die Differenzen um die Einsetzung eines Energieausschusses, mit dem Einfluß auf die EGKS genommen werden sollte, IBV, Protokoll einer Sitzung des Exekutivausschusses des IBV, 18./19. 5. 1965, London, S. 5–7. Kontrovers war die Akzeptanz der Atomkraftwerke, die in den 60er Jahren von der UMWA im Gegensatz zu europäischen Organisationen wegen den unkalkulierbaren Risiken, aber auch wegen unterschiedlicher nationaler Energiepolitiken abgelehnt wurden, vgl. MIF, 40th International Congress, Hamburg, 1967, S. 240, sowie die von der UMWA vorgelegte und vom Kongreß angenommene Resolution zur Atomenergie, ebd., S. 236; ferner IBV, Protokoll einer Sitzung des Büros des IBV, 5. 12. 1967, Paris, S. 4 f.
127 Vgl. MIF, 40th International Congress, Hamburg, 1967, S. 235 f.

Aktivitäten besser zu koordinieren, hatte der IBV 1967 einen Kohle- und Energieausschuß eingesetzt, der bis 1976 regelmäßig vor den Tagungen des Exekutivkomitees zusammentrat. Eine qualitative Veränderung der IBV-Politik konnte mit dem Ausschuß jedoch nicht erreicht werden, da sich in dieser Zeit durch den Bau von Atomkraftwerken und die zunehmende Verwendung von Erdöl und Erdgas für die Energieerzeugung der Spielraum für den (europäischen) Kohlenbergbau weiter verengte[128]. Auch nach der ersten Ölkrise 1973 änderten sich die Handlungsbedingungen nicht wesentlich. Vorübergehend zeichnete sich die Chance ab, daß nationale Energiepolitiken die Importabhängigkeit durch eine verstärkte Verwendung inländischer Energiequellen zu verringern suchten und sich die Nutzung von Steinkohle für die Energieerzeugung stabilisieren würde. Doch sahen sich die europäischen und japanischen Bergarbeitergewerkschaften in den 70er Jahren mit einem wachsenden Import »billiger« australischer, südafrikanischer und nordamerikanischer Kohle konfrontiert. Orientierend für die weitere Entwicklung konnte der IBV daher 1979 nur seine Forderung nach Verwendung von Kohle für die Energieerzeugung wiederholen, gestützt auf eine Abschätzung des zukünftigen Energiebedarfs. Mit Hinweisen auf Liefer- und Preisunsicherheiten bei der Erdölversorgung und Akzeptanzprobleme bei der Nutzung von Atomkraftwerken empfahl die Kongreßresolution den Neubau von Kohlekraftwerken und die Umrüstung von ölbetriebenen Kraftwerken auf Kohleverbrauch und kritisierte zugleich ein Importverhalten, daß den nationalen Kohlenbergbau gefährdete[129]. Diese reaktive Position, die auf den nächsten Kongressen wiederholt wurde, ergänzte der IBV 1989 mit der Erklärung, daß »die langfristigen Versorgungsgrundlagen der Erde (...) zerstört [würden], wenn man weiterhin zuläßt, daß Kohlenexporte aus den Ländern die Weltmärkte bestimmen, in denen die Systeme der sozialen Sicherheit für Bergleute unterentwickelt sind oder gar noch abgebaut werden«[130].

---

128 Vgl. z. B. die vom Exekutivkomitee im August 1970 angenommene und vom Kongreß bestätigte Resolution zur »Internationalen Energiepolitik«, IBV, Generalbericht und Tagesordnung, 41. Internationaler Kongreß, London, 1971, S. 43 f. – Auf seiner Tagung am 18. 8. 1969 hatte der Kohle- und Energieausschuß bereits festgestellt, »daß es nicht notwendig sei, immer wieder zu versuchen, neue Lösungen des Problems hervorzubringen. Schon 1958 wurde von der Internationale eine Politik formuliert, deren Richtigkeit durch Geschehnisse bewiesen wurde, und weitere Resolutionen und Erklärungen haben die Politik aktuell gehalten. Verstärkte Anstrengungen sollten gemacht werden, diese Dokumente vor die Öffentlichkeit zu bringen, und alle betreffenden Organisationen immer wieder auf sie aufmerksam gemacht werden«, IBV, Bericht einer Tagung des IBV Kohle- und Energieausschusses, D/CEC/2/70.
129 IBV, Bericht über den 43. Internationalen Kongreß, Madrid, 1979, S. 19 f.
130 IBV, 100 Jahre internationale Solidarität. 46th Congress Zimbabwe 1989, Leitantrag für den 46. Kongreß des IBV in Harare/Simbabwe vom 8.–10. 3. 1989 zum Thema »Internationale Kohlenpolitik«.

*Einflußgrenzen*

Die Entwicklung der europäischen Kohle-Industrie stand – mit unterschiedlicher Intensität – im Mittelpunkt der IBV-Politik seit Anfang der 50er Jahre. Neben Fragen des Arbeitsschutzes, der Verbesserung der Arbeitsbedingungen und der sozialen Sicherung forderte die seit Ende der 50er Jahre fortgesetzte Einschränkung der Kohlenförderung in Europa eine Koordination der Mitgliedsverbände im Rahmen des IBV. Der außerordentliche Kongreß 1958 stellte Leitlinien auf für eine weitere Nutzung nationaler Kohlevorkommen, für die gleichrangige Behandlung der Kohle gegenüber anderen, billigeren Energieträgern sowie für eine soziale Absicherung der im Bergbau Beschäftigten. Sie wurden in den nächsten Jahrzehnten variiert und den Veränderungen des Weltenergiemarktes angepaßt, ohne grundsätzlich an Aktualität zu verlieren. Die Chancen für eine koordinierte Politik der IBV-Mitgliedsverbände blieben indes gering. Aktivitäten des IBV beschränkten sich daher überwiegend auf einen kontinuierlichen Informationsaustausch und appellative Erklärungen und Forderungen.

Maßgebend für diese Einflußgrenzen war die überwiegend auf nationaler Ebene angesiedelte und stark divergierende Energiepolitik, die zwar das grundsätzliche Problem der Einschränkung des europäischen Kohlenbergbaus nicht auflöste, aber im Laufe der 60er Jahre zu unterschiedlichen Arrangements für die Sicherung bzw. die kontrollierte Einschränkung des Kohlenbergbaus in den einzelnen Ländern führte[131]. Differenzierungen zwischen den IBV-Gewerkschaften entstanden zudem durch die EGKS, deren Mitgliedsländer Mittel für soziale und arbeitsmarktbezogene Unterstützungen bei der Reduzierung von Beschäftigten und bei Zechenstillegungen erhielten.

Die Bemühungen des IBV um eine international koordinierte Energiepolitik und um Aktivitäten internationaler Organisationen blieben – nicht zuletzt aufgrund der nationalen Präferenz der Energiepolitik und des unterschiedlichen Stellenwertes des Kohlenbergbaus in den einzelnen (europäischen) Ländern – weitgehend erfolglos. Eine Thematisierung der sozialen und arbeitsmarktpolitischen Probleme konnte der IBV nur im

---

131 Beispielsweise kam für den Ruhrkohlenbergbau 1967/68 ein hochsubventioniertes Programm der Absatzmarktsicherung zustande, das mit Gründung der Ruhrkohle AG zwar nicht den Status quo sicherte, aber einen über lange Zeit kontrollierten Abbau der Kohlenförderung und der Beschäftigten bei gleichzeitiger Rationalisierung der Produktion einleitete, vgl. W. Abelshauser, Der Ruhrkohlenbergbau seit 1945. Wiederaufbau, Krise, Anpassung, München 1984, S. 139–164.

Rahmen des Kohlenbergbau-Ausschusses der ILO erreichen[132]. Diese Initiativen führten jedoch nicht so weit, daß eine internationale oder globale Energiepolitik eingeleitet wurde. Die nationalen Handlungsgrenzen zeigten sich schließlich deutlich, wenn der IBV einzelne Verbände zu unterstützen versuchte, die mit massiven Veränderungen der nationalen Energiepolitik und mit drastischen Reduzierungen des Kohlenbergbaus konfrontiert waren (z. B. in Japan 1959/60 und 1978, in Großbritannien 1984/85). Die Rolle des IBV blieb auf öffentlichkeitsbezogene, argumentative Unterstützungen und gegebenenfalls auf materielle Hilfen bei größeren Arbeitskämpfen beschränkt. Angesichts der Abhängigkeit des europäischen Kohlenbergbaus von jeweiligen nationalen, staatlichen Energiepolitiken seit den 60er Jahren, gab es zwar ein gemeinsames Problem, für das ähnliche oder gleiche Forderungen aufzustellen und Lösungskonzepte möglich waren. Aber aufgrund dieser staatlichen Regulierung bestanden keine interdependenten Problemsituationen mehr, auf die die IBV-Gewerkschaften koordiniert und mit gemeinsamen Aktionen – wie es in der Zwischenkriegszeit noch mit Berechtigung gefordert worden war – hätten reagieren können.

*Mineralbergbau-Politik*

Die Interessenvertretung der vorwiegend oder ausschließlich im Erzbergbau tätigen Gewerkschaften (Nicht-Kohlen-Bergbau, NKB) spielt im IBV – wie bereits erwähnt – bis in die Gegenwart aufgrund der Mitgliederstruktur und branchenspezifischer Probleme eine geringere Rolle im Vergleich zum Kohlenbergbau[133]. Die sektorale Diversität des Erzbergbaus und vor allem die Problemlagen der meisten Erzbergbau-Gewerkschaften in Ländern der Dritten Welt hatten zur Folge, daß seit den 50er Jahren der organi-

---

132 So konnten die Arbeitnehmer-Delegierten auf der 8. Tagung des Kohlenbergbau-Ausschusses 1964, eine Resolution zur Annahme bringen, die die ILO aufforderte, Maßnahmen zu ergreifen, um zusammen mit der UN und anderen internationalen Organisationen eine Weltenergiekonferenz einzuberufen, vgl. MIF, 40th International Congress, Hamburg, 1967, S. 34. Auf der nächsten Tagung des Kohlenbergbau-Ausschusses 1970 wurde diese Resolution, die ohne Wirkung geblieben war, wiederholt, zudem befaßten sich die »technischen« Tagesordnungspunkte mit Problemen der Beschäftigungssicherheit und Sozial- und Arbeitsbedingungen im Kohlenbergbau in Rezessionszeiten sowie mit sozialen Folgen der Mechanisierung im Kohlenbergbau, vgl. IBV, Generalbericht und Tagesordnung, 41. Internationaler Kongreß, London, 1971, S. 24–38.

133 Neben organisationsinternen Faktoren tritt als branchenstrukturelles Problem das weite Spektrum des Erzbergbaus mit unterschiedlichen Abbau- und Förderbedingungen, Verwendungs- und Verwertungsarten, was eine Interessenbündelung erschwert. Zur Vielfalt des Erzbergbaus vgl. MIF, 35th International Conference, Luxemburg, 1951, S. 182–198; IBV, 36. Internationaler Kongreß der Bergarbeiter, Dortmund, 1954, S. 30 f.; IBV, 38. Internationaler Kongreß, Stockholm, 1960, S. 114–121. Als Übersicht vgl. beispielsweise Das Bergbau-Handbuch, hrsg. von der Wirtschaftsvereinigung Bergbau e. V., vierte, neubearb. Auflage, Bonn, Essen 1983.

sationsinternen Vertretung des NKB-Sektors und einer branchenspezifischen Interessenvertretung weniger Bedeutung zukam als Unterstützungsmaßnahmen für den Auf- und Ausbau der Gewerkschaften[134]. Branchenspezifische Einflußnahmen richteten sich hauptsächlich auf eine Interessenvertretung in einigen internationalen Organisationen.

Initiativen und Aktivitäten des IBV für eine Interessenvertretung der NKB-Gewerkschaften bezogen sich in erster Linie auf die ILO. Im Mittelpunkt stand seit Anfang der 50er Jahre die Forderung, den ILO-Industrieausschuß für den Kohlenbergbau auf den Erzbergbau auszudehnen. Daneben verlangte der IBV die Einbeziehung dieses Bergbausektors in die angestrebte ILO-Arbeitszeitkonvention[135] sowie die Erweiterung der von der ILO 1949 für den Kohlenbergbau herausgegebenen Mustersicherheitsbestimmung auf den Mineralbergbau[136]. Die Einbeziehung des Erzbergbaus in den Kohlenbergbau-Ausschuß der ILO sollte eine permanente Vertretung der NKB-Beschäftigten auf internationaler Ebene und eine kontinuierliche arbeits- und sozialpolitische Einflußnahme auf diesen Sektor über die dreigliedrige Struktur der ILO ermöglichen. Dieses Ziel wurde 1954, als der Fortbestand der ILO-Industrieausschüsse in Frage gestellt zu sein schien, zugunsten der

---

134 Eduard Mattson (GRUV) hatte Ende der 40er Jahre seine Forderung nach Einrichtung eines Forums für die NKB-Gewerkschaften innerhalb des IBV wiederholt und war zunächst auf Ablehnung gestoßen, da die Zahl der interessierten Mitgliedsverbände für eigene Konferenzen und eine Branchenstruktur zu gering war, vgl. MIF, 34th International Conference, Amsterdam, 5th and 6th October, 1949, S. 81. Der IBV-Kongreß von 1949 hatte beschlossen, eine Untersuchung über die Lebens- und Arbeitsbedingungen der Bergarbeiter im Mineralbergbau durchzuführen. Das geringe Interesse bzw. die Nichtzuständigkeit der meisten Mitgliedsverbände zeigten sich in den Antworten auf einen detaillierten Fragebogen. Bis zum nächsten Kongreß 1951 hatten ihn nur vier Gewerkschaften (Frankreich, BR Deutschland, Luxemburg, Schweden) beantwortet, vgl. MIF, 35th International Conference, Luxemburg, 1951, S. 117–122.
– 1954 wurde ein »Technischer Ausschuß« (Kommission) für den Erzbergbau eingerichtet, der bis 1984 auf jedem Kongreß zusammentrat und dessen Ergebnisse und Empfehlungen in Form eines Berichts jeweils im Kongreß im Rahmen eines eigenen Tagesordnungspunktes vorgelegt wurden. Kontinuierlich wurden die NBK-Gewerkschaften seit 1954 durch einen Vizepräsidenten im Büro vertreten; mit der Statutenreform von 1963 wurde diese Regelung zugunsten der Repräsentation von Gewerkschaften aus Ländern der Dritten Welt aufgegeben. Ein weiterer Ausbau der sektoralen Differenzierung kam aufgrund der Ressourcenprobleme des IBV nicht zustande. Der Kongreß von 1967 hatte zwar beschlossen, einen »Mineralausschuß« einzurichten und ihn zwischen den Kongressen zu Tagungen einzuberufen. Von dieser Möglichkeit wurde jedoch erstmals 1977 Gebrauch gemacht und danach nur noch sporadisch. Vgl. MIF, 40th International Congress, Hamburg, 1967, S. 153 f., 250.
135 Die Einbeziehung des Erzbergbaus in die angestrebte Arbeitszeit-Konvention wurde vom IBV nur halbheitlich verfolgt. Angesichts der erheblichen Widerstände gegen eine Novellierung der 1931 beschlossenen und erstmals 1935 novellierten, aber nie in Kraft getretenen Konvention befürchtet das Exekutivkomitee des IBV das Auftreten weiterer Verzögerungen und Verschleppung dieses Anliegens, vgl. MIF, Minutes of a Meeting of the Executive Committee of the MIF, York, 31th October, 1st and 2nd November, 1950, S. 2.
136 Vgl. MIF, 35th International Conference, Luxemburg, 1951, S. 33 ff., 68; IBV, 36. Internationaler Kongreß der Bergarbeiter, Dortmund, 1954, S. 5, 32, 34, 131.

Forderung nach einem eigenen Industrieausschuß für den Mineralbergbau aufgegeben[137]. Aber auch die Durchsetzung dieser regelmäßig in Kongreßresolutionen wiederholten Forderung gelang dem IBV in den nächsten Jahrzehnten nicht. Erreicht wurde lediglich die Einberufung sogenannter »Dreigliedriger technischer Tagungen für den Nichtkohlenbergbau«, die 1957, 1968, 1975, 1984 und 1990 stattfanden[138]. Im Rahmen der ILO-Tagungen konnten wichtige Probleme wie Arbeitssicherheit, Gesundheitsschutz, die Geltung von Kollektivrechten, soziale Absicherung usf. auf internationaler Ebene und unter Beteiligung von Arbeitgeber- und Regierungsvertretern behandelt und Grundsätze aufgestellt werden, die den einzelnen Gewerkschaften Orientierungspunkte und Argumentationshilfen für die eigene Interessenvertretung bieten. Die Tagungs- und Regelungsintensität des ILO-Kohlenbergbau-Ausschusses konnte indes nicht erreicht werden.

Ähnlich wie im Kohlenbergbau ist auch die Beschäftigungssicherheit in den meisten Zweigen des Erzbergbaus von Nachfrageschwankungen und der Angebotsentwicklung (Ausbau von Förderkapazitäten, Entdeckung und Erschließung neuer Vorkommen) geprägt. Als Belastung und Einschränkung für eine gewerkschaftliche Interessenvertretung – insbesondere in der Dritten Welt – wirken sich das Auseinanderfallen von Förderung und Verarbeitung, der Einfluß Multinationaler Konzerne und die niedrigen Rohstoffpreise aus. Es ist daher nicht verwunderlich, daß der IBV auch für den Erzbergbau bereits 1960 die Forderungen nach internationaler Kontrolle und Regulierung der Förderungen, der Preise und des Verbrauchs, unter Beteiligung der Arbeitnehmervertretungen und der Verbraucher, erhob und die Organisationen der UN aufforderte, für den Erzbergbau und -handel »in Konsultation mit den Arbeitnehmern und den Verbrauchern internationale

---

137 Vgl. ebd., S. 32.
138 Thematisch befaßten sich die NKB-Tagungen der ILO mit Fragen der Unfallverhütung, der Lohnfestsetzung und der industriellen Beziehungen (1957), der Beschäftigungssicherheit und der Arbeitsbedingungen angesichts diskontinuierlicher Nachfrage und Förderung sowie der Ausbildung für Sicherheit und Gesundheitsschutz (1968), der sozialen Sicherheit und der Berufsausbildung angesichts technologischer und wirtschaftlicher Veränderungen (1975), der Vereinigungsfreiheit und der industriellen Beziehungen sowie des Gesundheitsschutzes (1984) und der Arbeitsbedingungen und des Rechtsschutz sowie der Auswirkungen neuer Arbeitsverfahren auf die Beschäftigungssituation und die Beschäftigung von Fachkräften, vgl. IBV, 38. Internationaler Kongreß, Stockholm, 1960, S. 11–15; IBV, Generalbericht und Tagesordnung, 41. Internationaler Kongreß, London, 1971, S. 12–23; IBV, Allgemeiner Bericht und Tagesordnung. 43. Internationaler Kongreß, Madrid, 1979, S. 15–17; IBV, 45. Kongreß des IBV, Luxemburg 1984. Bericht über die IAO 4. dreigliedrige technische Tagung für den Nichtkohlenbergbau, Genf, 11.–19. 1. 1984; IBV, 47. Weltkongreß, Budapest 1993, Tätigkeitsbericht 1989–1992, S. 96 f.

Kontrollsysteme zu schaffen« und internationale Warenabkommen einzuführen[139].

Bemühungen des IBV, zumindest einen Beobachterstatus bei Institutionen zu erlangen, die direkt oder indirekt die Aufgabe einer internationalen Marktregulierung für einzelne Erze/Metalle wahrnehmen – wie der Zinn-Rat (direkt) und die Blei- und Zink-Studiengruppe (indirekt durch Empfehlungen und Beratungen) – blieben jedoch erfolglos[140]. Ebensowenig drang der IBV mit der Forderung an die UN durch, dreigliedrige Strukturen für diese Institutionen bzw. generell für internationale Warenabkommen einzurichten[141].

Die UNCTAD-Konferenz 1964, die neue Impulse für die Schaffung von Rohstoff- und Warenabkommen gab[142], stellte einen weiteren Ansatzpunkt für den IBV dar, auf die Einbeziehung von Gewerkschaften zu drängen. Nur mit erheblicher zeitlicher Verzögerung gelang es dem IBV 1973, einen Beobachterstatus für Tagungen des Gebrauchsgüterausschusses und des Wirtschafts- und Entwicklungsrates zu erlangen, sofern Fragen des Erzbergbaus und Erzhandels beraten werden[143]. Dieses Vertretungsrecht wurde anscheinend kaum genutzt[144].

Der IBV hat seit den 50er Jahren wiederholt die Notwendigkeit betont, internationale Warenabkommen und Regulierungen der Förderung, der Preise und des Absatzes zu schaffen, die als Voraussetzung dafür gelten, die Beschäftigungs-, Arbeits- und Lebensbedingungen der Bergarbeiter vor allem in Ländern der Dritten Welt zu stabilisieren und zu verbessern[145]. Die meisten dieser Appelle und Initiativen – abgesehen von den ILO-Aktivitäten, die vor allem Fragen der Arbeitssicherheit und der Sozialpolitik betrafen – blieben angesichts des geringen Einflußpotentials der IBV-Gewerkschaften programmatische Erklärungen.

---

139 IBV, 38. Internationaler Kongreß, Stockholm, 1960, S. 208 f.
140 Vgl. IBV, 39. Internationaler Kongreß, Wien, 1963, S. 16 f., 124–141; MIF, 40th International Congress, Hamburg, 1967, S. 23 f.
141 Vgl. die »Empfehlung für die Grundprinzipien einer Politik für Warenabkommen«, IBV, 39. Internationaler Kongreß, Wien, 1963, S. 302.
142 Vgl. den knappen Überblick von J. Betz, UNCTAD, 1984, S. 490–497.
143 Vgl. IBV, Generalbericht und Tagesordnung, 42. Internationaler Kongreß, New Delhi, 1975, S. 27 f.
144 In Protokollen und Berichten der verschiedenen IBV-Organe sind keine Hinweise über eine Teilnahme an einer Konferenz zu finden.
145 Vgl. zuletzt die vom Kongreß in Harare 1989 angenommene Resolution: »Development of the Mineral Mining Industry«, MIF, 46th Miners' International Congress, 8–10 March 1989, Harare, S. 114 f.

## Solidaritätsaktionen

Der IBV hat sich mit dem Problem, das Multinationale Konzerne für die Interessenvertretung von Gewerkschaften darstellen, Anfang der 70er Jahre erstmals befaßt. Während im europäischen Steinkohlenbergbau Multinationale Konzerne (MNK) keine Rolle spiel(t)en, waren die meisten Gewerkschaften im Erzbergbau, der in einigen Sparten von wenigen Konzernen mit Förderschwerpunkten in Ländern der Dritten Welt beherrscht wird, nicht in der Lage, innerhalb der Bergarbeiter-Internationale entsprechende Initiativen und Aktivitäten zu etablieren, zumal Probleme der eigenen Organisationsentwicklung von größerer Bedeutung waren. Der geringe Stellenwert des MNK-Problems resultiert zudem aus einer ausgeprägten staatlichen Reglementierung des Bergbaus, die mehr oder weniger auch die Produktions- und Arbeitsbedingungen umfaßt. Hinzu kommt die Struktur der internationalen Verflechtung der für den IBV relevanten MNK, die in Europa kaum wichtige Bergbau-Unternehmen betreiben, in denen IBV-Gewerkschaften über ein Mitglieder- und Einflußpotential verfügen. Daher hatte der IBV bis in die 80er Jahre nur geringe Ansatzpunkte für direkte Interventionen der Bergarbeitergewerkschaften in Industrieländern (insbesondere) zugunsten von Organisationen in Ländern der Dritten Welt, die in Arbeitskonflikte mit Tochterunternehmen von MNK verwickelt waren. Und daher spielte auch die von anderen Berufssekretariaten genutzte Chance[146], die Konzernstrukturen für die Unterstützung von Gewerkschaften bei Tarifkonflikten oder bei deren Bemühungen um Anerkennung als Arbeitnehmervertretung zu instrumentalisieren, im Bergbau keine strategische Rolle und erklärt ebenfalls, daß die Diskussion im IBV relativ spät begann und sporadisch geführt wurde.

Erst auf Anregung der nordamerikanischen UMWA befaßte sich der IBV-Kongreß 1971 mit diesem Problembereich. Neben der generellen Befürchtung, daß die globalen Aktivitäten von MNK durch Verlagerungen von Produktionsstätten in sogenannte Niedriglohnländer und der Importdruck dieser Länder zu Arbeitsplatzverlusten in den Industriestaaten führen, sah sich die UMWA zu dieser Zeit insbesondere mit einem Konzentrationsprozeß in der Energiewirtschaft der USA konfrontiert. Die Übernahme von Kohlenbergbauunternehmen durch einige große Erdöl-Konzerne sowie ein

---

146 Vgl. z. B. E. Piehl, Multinationale Konzerne und internationale Gewerkschaftsbewegung, Frankfurt a. M. 1974; K. P. Tudyka u. a., Macht ohne Grenzen und grenzenlose Ohnmacht, Frankfurt a. M. 1978; P. Rütters, 1989, S. 216–240.

verlustreicher Arbeitskampf im Kupferbergbau, der trotz eines langen Streiks nicht gewonnen werden konnte, weil die beiden führenden Unternehmen (Kennecott und Anaconda) über hohe Lagerbestände und Importmöglichkeiten aus ihren lateinamerikanischen Kupferbergwerken verfügten, hatte die UMWA sensibilisiert[147]. In einer vom Kongreß angenommenen Resolution forderte sie nationale und internationale Kontrollen der MNK und die Einsetzung eines IBV-Ausschusses, um Aktivitäten der Mitgliedsverbände zu koordinieren[148]. Das Exekutivkomitee setzte 1972 einen »technischen Ausschuß« ein[149], der 1973 erstmals zusammentrat. Dieser sah es als Aufgabe des IBV an, Maßnahmen zur Stärkung der Verhandlungsmacht der einzelnen Gewerkschaften gegenüber MNK zu entwickeln und ein Konsultationsverfahren einzurichten, damit bei Konflikten der Mitgliedsverbände mit einem MNK-Unternehmen Unterstützung durch andere Gewerkschaften mobilisiert werden könne[150].

Obwohl das MNK-Thema auf der Tagesordnung der nächsten Kongresse stand, erschöpften sich die Aktivitäten des IBV in begrenzter Informationsvermittlung und allgemeinen Stellungnahmen[151]. Hemmend wirkte, daß die europäischen und japanischen Kohlenbergbau-Gewerkschaften kaum oder zumindest nicht unmittelbar mit diesem Problem konfrontiert waren[152]. Hinzu kamen der vorübergehende Rückzug der UMWA aus dem IBV (1976/77) sowie die Ressourcenschwäche. Weitere Tagungen des MNK-Ausschusses wurden dadurch verhindert, und eine geplante Dokumenta-

---

147 Vgl. IBV, Zusammengefaßter Bericht des 41. Internationalen Kongresses, London, 1971, S. 22–25.
148 Vgl. die Resolution über Multinationale Gesellschaften, ebd., S. 25; ferner die Resolution, die das Exekutivkomitee auf seiner Tagung am 18./19. 5. 1972 angenommen hatte und in der u. a. internationale Bestimmungen zur Kontrolle der Wirtschaftsaktivitäten von MNK, ein Verhaltenskodex für MNK, die Einhaltung von Gewerkschaftsrechten, Verzicht auf Ausnutzung der internationalen Machtstellung bei Tarifverhandlungen und -konflikten, die Anwendung von international anerkannten Arbeitsschutzstandards und ein den Umweltschutz berücksichtigender Bergbau gefordert wurden, IBV, Protokoll einer Tagung des Exekutivausschusses des IBV, 18./19. 5. 1972, Hannover, S. 9–12.
149 Vgl. ebd.; ferner IBV, Multinationale Gesellschaften, D/IC/5/72. In diesem Positionspapier, dem eine Umfrage unter den Mitgliedsverbänden zugrunde lag, wurden die potentielle Machtkonzentration in MNK und der Kontroll- und Einflußverlust als zentrale Probleme angesehen. Für das weitere Vorgehen wurden die Mitarbeit an der Ausarbeitung internationaler Bestimmungen zur Kontrolle von MNK und die Entwicklung von Strategien für die Verbesserung der Verhandlungsstärke der Mitgliedsverbände gegenüber MNK vorgeschlagen.
150 Vgl. IBV, Ausschuß für Multinationale Gesellschaften. Bericht für die erste Tagung des Ausschusses, D/MNC/1/73.
151 Vgl. IBV, Zusammengefaßter Bericht über den 42. Internationalen Kongreß, New Delhi, 1975, S. 20 f.; ferner das 1979 erneut angesprochene Problem der Übernahme von Kohlengruben durch Erdöl-Konzerne, IBV, Bericht über den 43. Internationalen Kongreß, Madrid, 1979, S. 20; ferner IBV, Ausschuß für Kohle und Energiepolitik, 43. Internationaler Bergarbeiter-Kongreß, Madrid, 1979, hier (S. 13–27) ein Überblick über das Engagement von MNK im Kohlenbergbau.
152 Vgl. IBV, Generalbericht und Tagesordnung, 42. Internationaler Kongreß, New Delhi, 1975, S. 13.

tionstätigkeit über MNK beschränkte sich auf eine gelegentlich Behandlung im IBV-Ausschuß für den Mineralbergbau[153].

Interventionschancen, die MNK durch ihre Präsenz in Ländern mit einflußfähigen Gewerkschaften eröffnen, versuchte der IBV erstmals im Rahmen der Anti-Apartheid-Kampagne zu nutzen[154]. Gegen den Energiekonzern Royal Dutch/Shell lancierte der IBV, angeregt durch die UMWA und aufgefordert von der südafrikanischen NUM, seit 1985/86 eine internationale Boykott-Kampagne. Anlaß dazu war die Entlassung von 86 schwarzen Bergarbeitern der Rietspruit Kohlengruben, nachdem sie gegen die willkürliche Entlassung von sechs Shop Stewards in einen Proteststreik getreten waren. Die Kampagne gegen Royal Dutch/Shell, die das Bergwerk gemeinsam mit dem südafrikanischen Konglomerat Barlow Rand betreibt, richtete sich nicht allein gegen die gewerkschafts- und arbeitnehmerfeindliche Haltung des Konzerns, sondern auch gegen das ungebrochene Engagement des Energie-Multis in Südafrika[155].

Vor dem Hintergrund eines wachsenden Engagements von Energie-Konzernen im Kohlenbergbau und eines zunehmenden Konzentrationsprozesses im Erzbergbau wurde auf dem IBV-Kongreß in Harare 1989 von Vertretern der UMWA eine Ausweitung der MNK-Aktivitäten gefordert[156], deren Umsetzung – abgesehen von den Fusionsplänen mit der ICEF – bislang nicht systematisch erfolgte[157]. Praktische Bedeutung bei Tarifkonflikten hatte diese Initiative für die kolumbianische Bergarbeitergewerkschaft SINTER-

---

153 Vgl. IBV, Allgemeiner Bericht und Tagesordnung. 43. Internationaler Kongreß, Madrid, 1979; IBV, 44. Internationaler Kongress, Essen, 1983, Allgemeiner Bericht und Tagesordnung, S. 27. – Auch weitergehende Vorschläge wie die Einrichtung von MNK-Ausschüssen und die Durchführung von MNK-Konferenzen, die 1980/81 gemacht wurden, waren unter diesen Bedingungen nicht zu realisieren, vgl. Protokoll der Internationalen Bürotagung des IBV, 28. 10. 1981, Birmingham, Alabama, S. 9 f.

154 Eine erste Aktion fand 1974 statt, nachdem protestierende Bergarbeiter in den Western Deep Level Goldbergwerken bei Carltonville am 11. September 1973 erschossen worden waren. Ohne über direkte Interventionsmittel zu verfügen, startete der IBV eine Briefkampagne, mit der MNK mit Tochterunternehmen in Südafrika aufgefordert wurden, die Arbeitsbedingungen der von ihnen beschäftigten schwarzen Arbeitnehmer zu verbessern.

155 Vgl. MIF, Minutes of a Meeting of the MIF Executive Committee, 14th May, 1986, Amsterdam, S. 3; ferner Schreiben von A. Stendalen (Präsident des IBV) und J. Olyslaegers (Generalsekretär) an G. Wagner, Chairman, Royal Dutch/Shell Group of Companies, 14. 5. 1986; MIF, Resolution on Boykott of Royal Dutch/Shell (14. 5. 1986); ferner IBV, 46th Miners' International Congress, Harare, 1989, S. 23, 46 ff., 104–109.

156 Vgl. ebd., S. 52–54, sowie die Resolution, S. 102 f. Ein Schritt zur Verbesserung der Handlungsfähigkeit wurde in einer Fusion mit anderen Berufssekretariaten gesehen. – Einen Zusammenschluß mit der Chemie- und Energiearbeiter-Internationale (ICEF) hat der IBV-Kongreß 1993 beschlossen. Ein wichtiger Grund für diesen Schritt ist die erhoffte Kooperation im Bereich der MNK, da einige große Erdöl-Konzerne (u. a. Exxon, Royal Dutch/Shell, British Petroleum, Gulf Oil etc.) seit den 70er Jahren in wachsendem Maße im Bergbau engagiert sind.

157 Vgl. IBV, Protokoll der IBV-Exekutivausschuß-Sitzung, Brüssel, 4./5. 5. 1990, S. 29.

COR, die Arbeitnehmer des von EXXON gemeinsam mit dem kolumbianischen Staat betriebenen Kohlenbergwerks Intercor (El Cerrejon) organisiert. Die Anerkennung der Gewerkschaft und der Abschluß von Tarifvereinbarungen erfolgten bis Anfang der 90er Jahre nicht ohne Arbeitskämpfe und massive staatliche Repressionen gegen die Bergarbeiter und Gewerkschaftsvertreter. Bereits 1990 hatte der IBV versucht, mit einer internationalen, schwerpunktmäßig von der UMWA durchgeführten Kampagne, unter Beteiligung verschiedener Berufssekretariate und Bergarbeitergewerkschaften, die in EXXON-Unternehmen vertreten sind, SINTERCOR bei stagnierenden Tarifverhandlungen mit Intercor/EXXON zu unterstützen. Die Aktion blieb 1990 erfolglos, da die Gewerkschaft durch einen Regierungserlaß zur Einstellung des Arbeitskampfes gezwungen wurde[158]. Hingegen konnte 1992 bereits nach kurzer Verhandlungsdauer ein zweijähriger Kontrakt abgeschlossen werden. Vorausgegangen war diesmal eine gegen die gewerkschaftsfeindliche Haltung von EXXON gerichtete internationale und öffentlichkeitswirksame Kampagne des IBV und der UMWA, an der sich wiederum andere Berufssekretariate – u.a. die ICEF, deren Mitgliedsverbände EXXON-Gesellschaften organisieren – beteiligten[159].

Derartige Aktionen stellen für den IBV bislang eine Ausnahme dar[160], da multinationale Konzernstrukturen im Organisationsbereich des IBV verglichen mit anderen Berufssekretariaten gering ausgeprägt sind, so daß selten einflußfähige Gewerkschaften in Industriestaaten mit unterstützungsbedürftigen Organisationen in Ländern der Dritten Welt unmittelbar über die Konzernstrukturen verbunden sind. Wenn internationale Solidaritätsaktionen des IBV über Solidaritätsadressen und Spendenaktionen hinausgehen sollen, bedarf es meist einer Strategie, die – wie beim Pittston-Streik[161] der UMWA 1989/90 – neben Unterstützungsaktionen von Mitgliedsverbänden

---

158 Vgl. ebd., S. 30; ferner die Resolution zur Verletzung von Menschen- und Gewerkschaftsrechten in Kolumbien, IBV, 46th Miners' International Congress, Harare, 1989, S. 121; The Miner, No. 2, August 1990, S. 6f.
159 Vgl. IBV-Info, No. 7, März 1992, S. 3.
160 Soweit Unterstützungen von Gewerkschaften bei Arbeitskämpfen erfolgten, beschränkten sie sich auf Solidaritätsadressen und Spendenaktionen. Daneben war es den vom IBV in den 50er Jahren nach Afrika entsandten Tarifexperten sowie den Regionalvertretern (Afrika und Lateinamerika) in den 60er Jahren möglich, einzelne Verbände bei Tarifverhandlungen und Arbeitskonflikten zu beraten.
161 Gegenstand des Konflikts war der Versuch der Pittston Company, die bestehende Interessenvertretung der Bergarbeiter durch die UMWA auszuschalten. Als Mittel dazu dienten ultimativ von der Gesellschaft vorgelegte Neuregelungen der Tarifverträge, die Lohnsenkungen vorsahen, Kürzungen im Bereich der Krankenversicherung und den Austritt aus dem überbetrieblichen Gesundheits- und Pensionsfonds, was vor allem die soziale Sicherung von Rentnern und Invaliden betraf, vgl. The Miner, No. 1, August 1990, S. 5, 11; No. 2, December 1990, S. 3.

öffentlichkeitswirksam Protest- und Interventionsformen in den Mittelpunkt stellen. Beim Pittston-Konflikt konnten politische Repräsentanten, Entscheidungsträger und Regierungsvertreter (u. a. der Botschafter der USA in Brüssel, Abgeordnete und Senatoren des Kongresses der USA sowie die Arbeitsministerin der USA, Elizabeth Dole) einbezogen werden, um die Verhandlungs- und Konzessionsbereitschaft des Unternehmens zu erzwingen.

Die Erfolgschancen solcher Aktionen, die nicht jederzeit mit ähnlicher Intensität wiederholbar sind, hängen von verschiedenen Faktoren ab, die zugleich Einflußgrenzen internationaler Solidaritätsaktionen markieren. Sie setzen u. a. die Mobilisierungsfähigkeit der betroffenen Gewerkschaft voraus sowie meist einen lokal oder betrieblich begrenzten Konfliktanlaß.

## Regionaltätigkeit

Mit dem Beitritt von Gewerkschaften aus Ländern der Dritten Welt seit Ende der 40er Jahre begann die globale Expansion des IBV[162]. Bei den meisten Gewerkschaften, abgesehen von den »europäischen« Verbänden im südlichen Afrika, handelte es sich um organisatorisch instabile, mitgliederschwache und mit geringen finanziellen Mitteln und einem Mangel an qualifizierten Gewerkschaftsfunktionären ausgestattete Verbände, die zudem noch durch fehlende gesellschaftliche Akzeptanz und staatliche Interventionen bedroht waren. Der Beitritt dieser Gewerkschaften stellte den IBV vor die Aufgabe, den Organisationsausbau und die Handlungsfähigkeit dieser Gewerkschaften durch Hilfeleistungen und Unterstützungen zu fördern[163]. Die geographische Expansion konfrontierte den IBV darüber hinaus mit dem Problem, diese Gewerkschaften von einem zentralen Sekretariat zu

---

162 Neben der Indian National Mineworkers' Federation (INMF) waren dem IBV 1949/51 in Afrika als Folge der kolonialen Bindungen an Großbritannien zunächst »europäische« Bergarbeitergewerkschaften aus Nordrhodesien (Sambia) und Südrhodesien (Simbabwe) sowie Südafrika beigetreten. Im Laufe der 50er Jahre erweiterte sich das Spektrum der Verbände um »afrikanische« Gewerkschaften aus Nordrhodesien, der Goldküste (Ghana), Sierra Leone, Nigeria und Tanganjika.
163 Vgl. die Rede von Kanti Mehta, INMF, auf dem IBV-Kongreß 1951, der dazu aufforderte, Delegationen in die Entwicklungsländer zu schicken, um die Erfordernisse für Unterstützungsmaßnahmen zu untersuchen, IBV, 35th International Congress, 1951, S. 26 ff. Nach Asien hat der IBV in den 50er Jahren zwei Delegationen entsandt, die 1952 nach Indien, Pakistan und Ceylon, eine weitere 1954 nach Japan. Afrika, d. h. Nord- und Südrhodesien, war in den 50er Jahren mehrmals das Ziel von IBV-Beauftragten bzw. von Sekretariatsvertretern. – Im europäischen Raum waren es in den 50er Jahren die mitgliederschwachen Gewerkschaften in Italien und Frankreich, die vom IBV ähnliche Organisationshilfen erwarteten, da sie mit den dominanten kommunistisch orientierten Bergarbeitergewerkschaften der CGIL bzw. der CGT kaum konkurrieren konnten.

betreuen und sie in die Entscheidungsprozesse des IBV einzubeziehen[164]. Um die Unterstützungsaufgaben erfüllen zu können, hatte der IBV bereits 1953/54 durch Sonderbeiträge einen Regionalfonds eingerichtet, da über längere Zeit nicht damit gerechnet werden konnte, daß die meisten Gewerkschaften in Afrika, Asien und Lateinamerika in der Lage sein würden, einen substantiellen Mitgliedsbeitrag zu leisten[165].

Für die Regionalpolitik hatte der Kongreß von 1954 bereits Leitlinien beschlossen, die vom Grundsatz der Eigenständigkeit der Gewerkschaften ausgingen. In impliziter Ablehnung der IBFG-Regionalpolitik sah der IBV eine Möglichkeit für regionale Aktivitäten nur dort gegeben, »wo bereits Gewerkschaftsorganisationen der Bergarbeiter bestehen«. Die Regionaltätigkeit sollte die »volle Unterstützung der betreffenden Organisation« haben und an deren Zielen orientiert sein, sofern sie mit den Prinzipien der IBV-Politik übereinstimmten. Abgelehnt wurde es, den Gewerkschaften »eine bestimmte Organisationsform oder eine bestimmte Haltung« zu oktroyieren[166]. Als wichtiges Ziel für die Entwicklung der Regionaltätigkeit wurde die Organisierung von Regionalkonferenzen angesehen, um die Mitgliederbasis in den einzelnen Kontinenten zu verbreitern, aber auch um die jeweiligen Probleme und Aufgaben besser beurteilen zu können[167]. Da Regionalkonferenzen nach Möglichkeit von einer Gewerkschaft der Region vorbereitet werden sollten, kamen sie in Afrika und Asien erst 1961, in Lateinamerika, wo die Konferenz von der UMWA, der ORIT und dem IBV gemeinsam veranstaltet wurde, bereits 1957 zustande.

Kontinuität erhielten die Regionalaktivitäten des IBV, die in den 50er

---

164 Zur Beteiligung am Willensbildungs- und Entscheidungsprozeß vgl. Kap. »Organisationsstruktur«.
165 Vgl. Minutes of a Meeting of the Executive Committee of the MIF, 27th-29th July, 1953, London, S. 6 f.
166 IBV, 36. Internationaler Kongreß der Bergarbeiter, Dortmund, 1954, S. 163 f., hier S. 163.
167 Mit einer Regionalkonferenz in Asien sollte u. a. auch eine einheitliche regionale Lösung für die Forderung des indischen Bergarbeiterverbandes nach Unterstützung für die Einrichtung von Gewerkschaftsschulen in Indien gefunden werden, vgl. ebd., S. 164. Der Ausbau gewerkschaftlicher Schulungstätigkeit hatte Kanti Mehta (INMF) bereits auf dem Kongreß 1951 als vordringliche Aufgabe für die Entwicklung der Gewerkschaften betont, vgl. MIF, 35th International Conference, Luxemburg, 1951, S. 26 f. Diese Einschätzung teilte die IBV-Delegation, die Ende 1952 Pakistan, Indien und Ceylon bereiste. – Der Vorschlag, Regionalkonferenzen zu veranstalten, nahm Planungen für eine gesamtamerikanische Gewerkschaftskonferenz auf, die der IBV mit dem chilenischen Gewerkschafter Ovalle 1953 begonnen hatte, vgl. IBV, 36. Internationaler Kongreß der Bergarbeiter, Dortmund, 1954, S. 14.

Jahren nur einzelne Unterstützungen und Hilfeleistungen umfaßten[168], erst gegen Ende dieses Jahrzehnts, als Verbindungsbeauftragte (Liaison Officer) in Afrika und Asien eingesetzt wurden. Für Lateinamerika wurde erst 1963 ein Verbindungsbeauftragter ernannt, da hier von 1957 bis 1962 die IAMF als regionale Bergarbeiterorganisation bestand. Die Intensität des Engagements und die Beziehungen zu den Bergarbeiterverbänden gestaltete sich unterschiedlich in den einzelnen Regionen, bedingt vor allem durch die jeweiligen politischen und gesellschaftlichen Rahmenbedingungen und den Mitgliederbestand des IBV.

*Afrika*

Organisatorische Schwierigkeiten der Northern Rhodesia African Mineworkers' Trade Union (NRAMTU) waren der Anlaß für das Exekutivkomitee des IBV, einen IBV-Beauftragten für eine zunächst begrenzte Zeit (6–12 Monate) nach Afrika zu entsenden, um den Verband beim Organisationsaufbau und bei gewerkschaftlichen Aktivitäten zu unterstützen. Die Aufgabe des Verbindungsbeauftragten sollte darüber hinaus grundsätzlich die Koordinierung zwischen dem IBV und den Mitgliedsverbänden und allgemein die von den einzelnen Verbänden erwünschten Unterstützungen umfassen[169]. Mit wenigen Unterbrechungen war der IBV in dieser Region von Oktober 1957 bis September 1983 durch einen Verbindungsbeauftragten vertreten[170]. Mit unterschiedlichen Schwerpunkten unterhielt der jeweilige Verbindungsbeauftragte Kontakte zu den Mitgliedsverbänden und zu anderen Bergarbeiterorganisationen, unterstützte nach Möglichkeit die Or-

---

168 Unterstützungsmaßnahmen des IBV in den 50er Jahren betrafen u. a. Infrastrukturhilfen (Transportmittel) für die indische Gewerkschaft (INMF) und den ghanaischen Verband (Ghana Mineworkers' Union, GMU); Solidaritätsspenden der IBV-Verbände für die GMU, die 1955/56 einen längeren Arbeitskampf führte; die Entsendung eines Rechtsberaters für die Northern Rhodesia African Mineworkers' Trade Union (NRAMTU), die 1955 in einen Arbeitskampf um Lohnerhöhungen und Gleichstellung mit den »europäischen« Arbeitnehmern getreten war, vgl. IBV, 37. Internationaler Kongreß, London, 1957, S. 16–20, 95–98.
169 Vgl. Minutes of a Meeting of the Executive Committee of the MIF, 19th-21th March, 1957, Hamburg, S. 9 f; IBV, 37. Internationaler Kongreß, London, 1957, S. 102–104.
170 Von Ende 1957 bis Ende 1958 war Jack Joyce für den IBV tätig, von April 1959 bis Ende 1961 William Hindson, von November 1962 bis Anfang 1971 James Roberts, schließlich von Mai 1973 bis September 1983 Sahr S. Foday. Bis auf Foday, ein Togolese, kamen die Verbindungsbeauftragten aus Großbritannien. 1958 war zudem Daniel K. Foevie (GMU, Ghana) als ehrenamtlicher Verbindungsbeauftragter für Westafrika ernannt worden.

ganisationen bei Tarifregelungen und Arbeitskonflikten und führte kleinere Schulungsprogramme durch[171].

Die über einige Jahre aufgebauten Kontakte zu den Mitgliedsverbänden in Afrika erlaubten es, 1961 die erste afrikanische Regionalkonferenz in Accra (Ghana) durchzuführen[172]. Ein Ergebnis dieser Konferenz war die Forderung an den IBV, eine grundlegende, mitgliederbezogene Gewerkschaftsschulung zu organisieren. Ein Ausbau der Regionalarbeit durch kontinuierliche Schulungs- und Organisationsprogramme und die Ernennung eines zweiten hauptamtlichen Verbindungsbeauftragten für die französisch-sprachigen Länder – eine bereits 1960 vom Regionalausschuß des Kongresses empfohlene Erweiterung der Regionalaktivitäten[173] –, konnte der IBV angesichts seiner beginnenden Ressourcenprobleme nicht leisten. Soweit der IBV in der zweiten Hälfte der 60er Jahre seine Regionaltätigkeit durch besondere Organisationsprogramme für einzelne Gewerkschaften erweiterte, waren diese über den Internationalen Solidaritätsfonds des IBFG finanziert.

Trotz der Präsenz in Afrika entwickelte sich die Regionaltätigkeit in den 60er Jahren diskontinuierlich. Die Ressourcenprobleme des IBV waren eine Ursache dafür. Größeren Einfluß hatte die politische Instabilität afrikanischer Staaten in ihrer nachkolonialen Phase. Daneben entstanden Probleme aus der einseitigen Unabhängigkeitserklärung (Süd-)Rhodesiens (1965), da James Roberts seinen Standort in Salisbury hatte. Aber auch andere Länder boten zu dieser Zeit nicht die Gewähr, von ihnen aus die meisten afrikanischen Staaten bereisen zu können. Die geplante zweite Regionalkonferenz, die 1966 in Kenia stattfinden sollte, kam u.a. deshalb nicht zustande, weil der kenianischen Gewerkschaft 1966 das Recht entzogen worden war, Mitglied einer internationalen Organisation zu sein. Darüber hinaus stand der Nutzen einer Regionalkonferenz in Zweifel. Staatliche

---

171 Beispielsweise beriet Jack Joyce schwerpunktmäßig die Northern Rhodesia African Mineworkers' Trade Union (NRAMTU). Er konnte der Organisation bei der Durchsetzung des check-off-Systems helfen sowie deren Kooperation mit der »europäischen« Northern Rhodesia Mineworkers' Union (NRMU) beleben, die während eines Aufenthaltes von William Lawther und Dennis Edwards in Nordrhodesien im März 1953 bereits vermittelt worden war, vgl. IBV, 36. Internationaler Kongreß der Bergarbeiter, Dortmund, 1954, S. 2–5; IBV, 38. Internationaler Kongreß, Stockholm, 1960, S. 35 f., 57 f. Auf Empfehlung von Jack Joyce wurde William Hindson damit beauftragt, hauptsächlich die Entwicklung der nigerianischen Bergarbeiterverbände zu unterstützen, vgl. ebd., ferner die Berichte von W. Hindson an den IBV. J. Roberts, der seit 1964 über ein Flugzeug verfügte, konnte die meisten Mitgliedsverbände in Afrika regelmäßig aufsuchen.
172 Vgl. MIF, Report of Proceedings of African Regional Miners' Conference, Accra, Ghana, 9th-11th May, 1961.
173 Vgl. IBV, 38. Internationaler Kongreß, Stockholm, 1960, S. 193 ff.

Restriktionen und politische Instrumentalisierungen, denen Gewerkschaften ausgesetzt waren, und eine bürgerkriegsähnliche Situation in einigen Ländern hatten die Entwicklung der meisten Gewerkschaften beeinträchtigt. Für diese Gewerkschaften hatte eine Debatte über gemeinsame Perspektiven der afrikanischen Bergarbeitergewerkschaften nur geringe Aktualität gegenüber individuellen Lösungen für elementare gewerkschaftliche Probleme[174].

Die Präsenz des IBV in Afrika erlaubte es, einzelne Verbände bei Tarifverhandlungen und Organisationsproblemen zu unterstützen[175], die Gründung von Gewerkschaften zu begleiten[176] oder durch internationale Proteste und ILO-Klagen dazu beizutragen, staatliche Restriktionen und Repressionen abzubauen[177]. Als wichtigste Aufgabe wurde jedoch eine intensive Unterstützung einzelner Gewerkschaften durch »education facilities at grass root level« und »basic trade union education« sowie langfristige Organisationsprogramme angesehen[178]. Da der IBV breit angelegte Programme für die verschiedenen Mitgliedsverbände nicht finanzieren konnte, reduzierte er seit Anfang der 70er Jahre seine Regionaltätigkeit auf die langfristige Stationierung des Regionalbeauftragten in einem Land[179]. Von 1973 bis 1983 wurden verschiedene nationale Gewerkschaften (Sierra Leone, Ghana, Liberia und Nigeria) durch längere Aufenthalte des Regionalvertreters unterstützt. Damit verbunden waren Schulungs- und Organisations-

---

174 Vgl. MIF, 40th International Congress, Hamburg, 1967, S. 106–110; ferner den detaillierten Bericht von J. Roberts: Report from the Liaison Officer for Africa, 25. 8. 1966, D/IC/12/66, sowie Protokoll einer Sitzung des Exekutivausschusses des IBV, 19./20. 10. 1966, Graz, S. 9 f.
175 Beispielsweise unterstützte der IBV die sambische Mineworkers' Union (MWU) 1966 durch Entsendung eines Sachverständigen der britischen NUM für Arbeitsplatzbewertung (W. B. Morris), als eine Regierungskommission die Arbeits- und Lohnbedingungen im Bergbau untersuchen sollte, nachdem die Gewerkschaft seit 1964 nachdrücklich Lohnforderungen und Verbesserungen der Aufstiegsmöglichkeiten für ihre Mitglieder gefordert hatte, vgl. D/B/13/66; Protokoll einer Sitzung des Büros des IBV, 25./26. 5. 1966, Ronneby, S. 2.
176 Z. B. war es dem Regionalvertreter möglich, in Swasiland 1962/63 den Aufbau einer Bergarbeiterorganisation zu fördern, vgl. D/B/3/63; MIF, 40th International Congress, Hamburg, 1967, S. 106 f.
177 Das Mittel einer Klage vor der ILO wegen Verletzungen von Gewerkschaftsrechten wandte der IBV 1967 gegen Liberia an, nachdem es 1966 zu Verhaftungen von Gewerkschaftsfunktionären und des Regionalbeauftragten die Erlaubnis entzogen worden war, die Bergarbeitergewerkschaft bei Tarifverhandlungen zu beraten, vgl. MIF, Report on Liberian Mineworkers' Union, 18. 12. 1966, D/IC/2/67; Liberia, D/IC/4/67, D/IC/9/67; Liberia: Complaint to the ILO concerning trade union freedom, D/B/5/67; Protokoll einer Sitzung des Exekutivausschusses des IBV, 19./20. 5. 1967, Hamburg, S. 2 f.
178 MIF, 40th International Congress, Hamburg, 1967, S. 109, ferner IBV, Aufgaben der Gewerkschaftsbewegung und die neuen Gewerkschaften, D/IC/8/65.
179 Ende der 60er Jahre schien es nicht mehr möglich, einen IBV-Vertreter mit der Betreuung der gesamten Region zu beauftragen, da kein geeigneter Standort gefunden werden konnte, der uneingeschränkte Reisen in Afrika erlaubte, vgl. Vorschläge des Verbindungsfunktionärs für Afrika, D/B/12/69.

programme, die den Tätigkeitsschwerpunkt des IBV-Verbindungsbeauftragten Sahr S. Foday bildeten. Sie waren z. T. erst durch Spenden des schwedischen Verbandes (GRUV) ermöglicht worden. Unterbrochen wurde die direkte Präsenz in Afrika 1983, als die Bergarbeiter-Internationale nach dem Austritt der britischen NUM nicht mehr über die Mittel zur Finanzierung eines Regionalvertreters verfügte[180].

*Asien/Pazifik*

In Asien unterhielt der IBV zwischen 1959 und 1975 eine kontinuierliche Vertretung. Kanti Mehta, Sekretär der Indian National Mineworkers' Federation (INMF), war bis 1971 hauptamtlich, danach, als er zum Präsidenten seines Verbandes gewählt worden war, ehrenamtlich als Verbindungsbeauftragter tätig. Anders als in Afrika basierte diese Kontinuität der Regionalvertretung auf der Stabilität verschiedener Mitgliedsverbände in der Region[181] und der Vermittlungsfunktion des indischen Verbandes. Auch in dieser Region waren die meisten Gewerkschaften mit erheblichen Organisationsproblemen konfrontiert, so daß sie kaum über die Organisationskapazitäten und Ressourcen verfügten, eigenständig allgemeine und berufsspezifische Schulungsprogramme zu entwickeln und zu unterhalten. Darüber hinaus waren insbesondere die japanischen Kohlenbergbau-Gewerkschaften (TANRO, ZENTANKO) seit Ende der 50er Jahre vom Strukturwandel der Energieversorgung betroffen. Dennoch blieben die Anforderungen der einzelnen Gewerkschaften an eine direkte Unterstützung durch den Regionalvertreter und den IBV anscheinend gering. Wie auch immer beschränkt durch sehr niedrige Entlohnungen im Bergbau, Schwierigkeiten bei der Rekrutierung von Mitgliedern, geringe Akzeptanz seitens der Unternehmen sowie beeinträchtigt durch politische Restriktionen (v. a. in Südkorea, auf den Philippinen), zeigten sich die meisten Verbände in der Lage, den Bestand ihrer Organisation zu bewahren[182].

Der geringe finanzielle Etat des Regionalvertreters[183], seine Einbindung in Organisationsaufgaben für den INMF sowie die großen Entfernungen in der Region reduzierten die regionalen Aktivitäten weitgehend auf den Informa-

---

180 Vgl. IBV, 45ieme Congres International des Mineurs, Luxembourg 1984, Rapport General et Ordre du Jour, S. 10.
181 Kontinuierlich waren dem IBV neben dem indischen Verband Gewerkschaften aus Japan, Südkorea, den Philippinen und Neuseeland angeschlossen.
182 Vgl. die Problemanalyse des Regionalvertreters im Bericht für den Kongreß 1967, MIF, 40th International Congress, Hamburg, 1967, S. 94 ff.
183 Vgl. IBV, 39. Internationaler Kongreß, Wien, 1963, S. 72.

tionsaustausch zwischen den Gewerkschaften, mehr oder weniger regelmäßige Kontakte zu einzelnen Verbänden und auf das Bemühen, Verbindungen zu potentiellen Mitgliedsgewerkschaften aufzunehmen (Australien, Malaysia, Indonesien, Fidschi).

Aufgrund der relativen Stabilität der Mitgliedsverbände, der Kontinuität der regionalen Beziehungen und der Bedeutung, die dem Informations- und Erfahrungsaustausch beigemessen wurde, fanden in Asien von 1961 bis 1974 vier Regionalkonferenzen statt[184]. Die erste Regionalkonferenz hatte als Perspektive der regionalen Entwicklung, abgesehen von der Veranstaltung regelmäßiger Konferenzen zwischen den IBV-Kongressen, die Bildung einer regionalen Bergarbeiterorganisation im Rahmen des IBV entworfen, um die Beziehungen zwischen den Organisationen zu intensivieren und eine auf die Region bezogene Bergarbeiterpolitik zu entwickeln[185]. Angesichts der geringen Zahl der asiatisch/pazifischen Mitgliedsverbände und – auch hier – wegen der Ressourcenprobleme des IBV stellte die 2. Asiatische Regionalkonferenz diese Forderung zurück[186]. Statt dessen wurde (wie bereits 1961) ein Ausbau der Kommunikations- und Informationsmöglichkeiten gefordert. Als einzelne Projekte waren dafür vorgesehen die Einrichtung eines Übersetzungsbüros für Japan, der Aufbau einer regionalen Forschungsstelle, die sich mit Fragen der Entwicklung des asiatisch-pazifischen Bergbaus befassen und z. T. aus Beiträgen der regionalen Mitgliedsverbände finanziert werden sollte, sowie ein regelmäßiger Publikationsdienst für den Informationsaustausch zwischen den Verbänden. Als ebenso wichtig – und von den nächsten Regionalkonferenzen wiederholt hervorgehoben – wurden gewerkschaftliche Bildungsprogramme und der Auf- und Ausbau einer mitgliederbezogenen Gewerkschaftsschulung angesehen[187]. Da der IBV die Ressourcen für die Umsetzung dieser Forderungen nicht zur Verfügung stellen konnte und kein Mitgliedsverband der Region organisatorisch und finanziell in der Lage war[188], einen substantiellen Bei-

---

184 Die erste Regionalkonferenz fand 1961 in New Delhi statt, die zweite 1965 in Tokio, die dritte 1970 in Djakarta und die vierte 1974 in Seoul.
185 Vgl. ebd., S. 40. Der IBV hatte aufgrund dieser Initiativen die satzungsmäßigen Voraussetzungen für die Bildung von Regionalorganisationen geschaffen (Artikel 11 der Statuten von 1963) und eine Mustersatzung ausgearbeitet, vgl. MIF, 40th International Congress, Hamburg, 1967, S. 56–58.
186 Vgl. ebd., S. 61.
187 Vgl. ebd., S. 59–62, 97 f.
188 Australische Gewerkschaften, insbesondere die Australian Coal and Shale Employees' Federation, die die Regionalpolitik hätten stützen können, schlossen sich dem IBV in dieser Phase nicht dauerhaft an.

trag für die Umsetzung dieses Programms zu leisten, stagnierte die Regionaltätigkeit des IBV seit Anfang/Mitte der 70er Jahre. Aufgrund seiner Ressourcenprobleme konnte der IBV nach dem Rücktritt von Kanti Mehta als ehrenamtlicher Regionalvertreter (1975) diese Funktion nicht wieder besetzen. Aus demselben Grund fand nach 1974 keine Regionalkonferenz mehr statt. Die Verbindungen zu den Mitgliedsverbänden in der Region liefen seit Mitte der 70er Jahre mehr oder weniger kontinuierlich über deren Vertretung in den zentralen Entscheidungsgremien des IBV.

*Lateinamerika*

Im Vergleich zu den beiden anderen Regionen gestalteten sich die Verbindungen des IBV zu Bergarbeitergewerkschaften in Lateinamerika sporadisch und diskontinuierlich. Zwar war bereits 1953 die Einberufung eines Regionalkongresses vorbereitet worden[189], doch verzögerten politische Restriktionen die Umsetzung. Erst Ende April 1957 konnte als gemeinsame Veranstaltung des IBV, der UMWA und der ORIT die erste Lateinamerika-Konferenz der Bergarbeitergewerkschaften in Lima (Peru) stattfinden. Wichtigstes Ergebnis dieser Konferenz war die Gründung der Inter-American Mineworkers' Federation (IAMF), obwohl vom IBV nur die Ernennung eines Verbindungsbeauftragten beabsichtigt gewesen war[190]. Bis zu ihrer Auflösung aufgrund interner Probleme Ende 1962 blockierte die Existenz der IAMF eigenständige Kontakte des IBV zu südamerikanischen Gewerkschaften[191]. Die Bildung einer eigenständigen Regionalorganisation war für den IBV nicht unproblematisch. Die geringe Verzahnung und fehlende Unterordnung beeinträchtigten die Integrationsfähigkeit des IBV. Die Existenz einer eigenständigen Regionalorganisation konnte zudem als Modell für andere Regionen dienen und gegebenenfalls zentrifugale Entwicklungen freisetzen. Organisationspolitisch faßte der IBV daher 1963 den Be-

---

189 Vgl. IBV, 36. Internationaler Kongreß der Bergarbeiter, Dortmund, 1954, S. 14.
190 Vgl. IBV, 37. Internationaler Kongreß, London, 1957, S. 99; W. Lawther, Inter-American Miners' Conference, IC/12/57; ferner, auch zum folgenden, D. Lazorchick, 1962, S. 137–147. – Obwohl der IBV sowohl die Konferenz als auch die IAMF finanziell unterstützte, war sie satzungsmäßig nicht als integrierte Regionalorganisation des IBV konzipiert. Anscheinend nahm die ORIT erheblichen Einfluß auf diesen Konferenzbeschluß und die Statuten. Eine Verbindung zwischen IBV und IAMF bestand hauptsächlich über die Mitgliedschaft der UMWA in beiden Organisationen und über die ex-officio-Vertretung des IBV-Sekretärs bzw. stellvertretenden Sekretärs im Vorstand der IAMF.
191 Einen Mitgliederzuwachs in Lateinamerika hatte der IBV durch die IAMF-Aktivitäten nicht erzielen können. 1963 zählte die Bergarbeiter-Internationale nur 3 inaktive Mitgliedsorganisationen in der Region, so daß der Geschäftsbericht für den Kongreß feststellen mußte, daß »die Internationale (...) daher keinen direkten Kontakt mit den Bergarbeitergewerkschaften in Lateinamerika« hat, IBV, 39. Internationaler Kongreß, Wien, 1963, S. 73, 35 f.

schluß, daß Regionalorganisationen »keinen Ersatz, sondern einen Teil der Internationale darstellen« sollten[192].

Von 1963 bis 1971 wandte die Bergarbeiter-Internationale das Modell der Verbindungsbeauftragten auch auf Lateinamerika an[193]. Die Regionalbeauftragten konnten zwar Verbindungen zu den zahlreichen Bergarbeitergewerkschaften in Mittel- und Südamerika herstellen, bei Tarifkonflikten und Organisationsproblemen in begrenztem Maße Unterstützung bieten und ebenfalls einige Schulungsaktivitäten entwickeln. Im Hinblick auf den Beitritt lateinamerikanischer Gewerkschaften zum IBV blieb ihre Präsenz weitgehend erfolglos. Das war nicht nur eine Folge der knappen Ressourcen, die den Verbindungsbeauftragten zur Verfügung standen und die es auch in dieser Region nicht gestatteten, langfristige Organisationsprogramme oder weitere Regionalkonferenzen durchzuführen. Entscheidender waren politische Probleme in der Region, strukturelle Hindernisse und politisch bedingte Schwierigkeiten der Bergarbeitergewerkschaften. Neben der politischen Instabilität einzelner Länder und der Etablierung von autoritären Regimen und Militärdiktaturen (Peru, Argentinien, Brasilien usf.) in den 60er Jahren trugen dazu eine ausgeprägte Politisierung und richtungspolitische Differenzierung der Gewerkschaftsbewegung ebenso bei wie ein starker Einfluß des WGB in der Region. Hinzu kamen Vorbehalte gegen einen Anschluß an internationale Gewerkschaftsorganisationen. Daneben spielten gewerkschaftsstrukturelle Probleme eine Rolle. Da sich einige wichtige Bergbauregionen in abgelegenen, stadtfernen Gebieten befinden, waren viele Gewerkschaften organisatorisch nicht gefestigt und hatten kaum Verbindung zu den nationalen Gewerkschaftszentren. Schließlich wurden Bergarbeiter im Erzbergbau zum Teil von Metallarbeitergewerkschaften organisiert und sind deshalb dem Internationalen Metallarbeiterbund (IMB) angeschlossen.

Trotz des offensichtlichen Bedarfs an Unterstützung und an Organisations- und Schulungsprogrammen sah sich der IBV aufgrund seiner Ressourcenprobleme auch in Lateinamerika Anfang der 70er Jahre gezwungen, die Aktivitäten einzuschränken und schließlich seit Ende 1971 auf eine Regio-

---

192 Ebd., S. 307. Die 1963 revidierten Statuten und das 1967 dem Kongreß vorgelegte Modellstatut für Regionalorganisationen sahen eine entsprechend Hierarchisierung und Bindung vor. Organisationsstrukturelle Vorbehalte gegen die IAMF-Gründung äußerten bereits 1957 Mitglieder des Exekutivkomitees, vgl. MIF, Minutes of a Meeting of the Executive Committee of the MIF, 13th and 14th June, 1957, London, S. 5–8.
193 Als Verbindungsbeauftragter waren 1963/64 Albert Kemetmüller und 1966 bis 1971 Hans Schirmacher in Lateinamerika tätig.

nalvertretung zu verzichten[194]. Bis Anfang der 80er Jahre beschränkten sich die Beziehungen zu lateinamerikanischen Bergarbeitergewerkschaften auf gelegentliche Delegationen. Sie wurden erst Anfang der 80er Jahre intensiviert[195].

*Reaktivierung der Regionaltätigkeit in den 80er Jahren*
Die Grundlage für eine Reorganisierung und Intensivierung der Beziehungen des IBV zu den Bergarbeiterorganisationen in Afrika, Asien und Lateinamerika konnte erst seit Anfang der 80er Jahre geschaffen werden. Die wichtigste Voraussetzung dafür war das 1981/82 begonnene Schulungsprogramm. Im Rahmen der seither entwickelten Schulungs-, Organisations- und Arbeitsschutzprojekte war es möglich, das seit Mitte der 60er Jahre von den Verbindungsbeauftragten immer wieder betonte Defizit einer mitgliederbezogenen Gewerkschaftsschulung auszugleichen. Auf der Basis von Schulungsprojekten, die in den 80er Jahren schrittweise in allen Regionen begonnen wurden, konnten Verbindungen zu den Mitgliedsverbänden gefestigt und Arbeitsbeziehungen zu potentiellen Mitgliedsgewerkschaften aufgenommen werden. Beispielsweise schufen die im Rahmen des Schulungsprogramms vermittelten Verbindungen zu mittel- und südamerikanischen Bergarbeitergewerkschaften die Grundlage für die 1991 vom IBV durchgeführte Interamerikanische Bergarbeiter-Konferenz[196].

Dieser Reaktivierung der Regionalbeziehungen gingen Veränderungen der politischen Situation in den einzelnen Regionen und Ländern voraus. In Lateinamerika erweiterte sich in den 80er Jahren der Handlungsspielraum für die nationalen Gewerkschaften durch die Ablösung von autoritären Regimen und Militärdiktaturen, die in den 60er und 70er Jahren die gesellschaftlichen und politischen Verhältnisse der meisten lateinamerikanischen Staaten gestaltet hatten. Im südlichen Afrika erhielten die Gewerkschaftsbewegungen neue Impulse durch das Entstehen unabhängiger schwarzer und nicht-rassischer Gewerkschaften in Südafrika und durch den seit Ende

---

194 Vgl. IBV, 41. Internationaler Bergarbeiterkongreß – London 1971: Kommission für Regionaltätigkeit, D/CON71/RA/1, S. 7 f.
195 Beispielsweise führte die NUM 1977 eine Delegation nach Chile und Bolivien durch, vgl. IBV, Bericht einer NUM-Delegation nach Chile und Bolivien, D/IC/18/77. 1981 besuchte eine IBV-Delegation (NUM und IGBE) Kolumbien und Peru, der 1982 die Entsendung von zwei Arbeitsschutzexperten folgte, um die Gewerkschaften beim Aufbau von Arbeitsschutzmaßnahmen zu beraten, vgl. H.-D. Bauer, Bericht über das Ergebnis einer Beratung in den Ländern Kolumbien und Peru, Ms, Bochum [1982]; IBV, Bericht über Kontakte in Lateinamerika, D/B/4/81.
196 MIF, Report of the Interamerican Mineworkers' Conference, 15–19 July, 1991; ferner IBV, The Miner, No. 5, October 1991, S. 6–8.

der 70er Jahre forcierten Kampf gegen die Apartheid. Die 1982 gegründete südafrikanische National Union of Mineworkers (NUM) erlangte in kurzer Zeit eine Koordinationsfunktion für die Beziehungen der Bergarbeiter-Internationale im südlichen Afrika. Die Belebung der regionalen und internationalen Beziehungen verdeutlichen die 1985 mit Unterstützung des IBV erfolgte Gründung einer subregionalen Bergarbeiterorganisation für das südliche Afrika (SAMF)[197] und die 1990 vom IBV in Harare durchgeführte Panafrikanische Konferenz der Bergarbeitergewerkschaften[198].

## Organisations- und Schulungsprogramme

Eine der wichtigsten Voraussetzungen internationaler Gewerkschaftspolitik besteht in der Fähigkeit nationaler Organisationen zur Unterstützung dieser Politik. Der Aufbau eines Schulungs- und Organisationsprogramms für Mitgliedsverbände in der Dritten Welt hat sich seit 1982/83 zu einem zentralen Handlungsfeld des IBV entwickelt und dient dazu, langfristig seine Interventionsfähigkeit zu erhalten und zu erweitern. Darauf bezogen hat das Schulungsprogramm die Aufgabe, die Organisationsentwicklung und die Handlungsfähigkeit der Mitgliedsverbände zu fördern und deren Mitgliederbasis durch die Kompetenzsteigerung von Gewerkschaftsfunktionären und die Vermittlung gewerkschaftlicher Grundausbildung für Mitglieder zu erweitern. Mit solchen Programmen werden Defizite der gewerkschaftlichen Entwicklung kompensiert, die Folge unzureichender gesellschaftlicher Akzeptanz von Gewerkschaften sind und deren eigenständige Entwicklung auf allen Ebenen gehemmt haben, so daß die Verbände selbst nicht in der Lage sind, Schulungs- und Organisationsprogramme zu unterhalten. Solche Programme haben für den IBV – und generell für internationale Gewerkschaftsorganisationen – auch die Funktion, die Möglichkeiten und Fähigkeit der Gewerkschaften zur Partizipation an der internationalen Gewerkschaftspolitik zu verbessern und die Übernahme von finanziellen Verpflichtungen gegenüber der internationalen Organisation zu ermöglichen. Sie eröffnen – begrenzte – Einflußnahmen auf die organisatorische Entwicklung und politische Orientierung. Darüber hinaus de-

---

197 Die SAMF, obwohl formal eine eigenständige Regionalorganisation, wurde mit finanzieller Unterstützung skandinavischer Gewerkschaften und des niederländischen FNV, vermittelt über den IBV, gegründet, vgl. MIF, Meeting of the MIF Officals, 22nd October 1985, Agenda item 7.2: Regional Conference for Southern Africa; MIF, Executive Committee Meeting, Amsterdam 14th May, 1986, Agenda item 4.3: Southern Part of Africa.
198 Vgl. IBV, 47. Weltkongreß, Budapest, 1993, Tätigkeitsbericht 1989–1992, S. 27.

monstrieren sie die Handlungsfähigkeit eines Berufssekretariats – nicht zuletzt gegenüber konkurrierenden Organisationen – und erhöhen dessen Attraktivität für potentielle Mitgliedsverbände.

Die bereits Anfang der 50er Jahre vom indischen Mitgliedsverband (INMF) erhobenen Forderungen, die Entwicklung der Gewerkschaften durch Organisationshilfen und systematische Schulungsprogramme zu unterstützen[199], konnte der IBV im Rahmen seiner verfügbaren Ressourcen und organisatorischen Möglichkeiten nicht erfüllen[200]. Ein breit angelegtes, langfristiges Schulungsprogramm konnte erst Ende 1981 eingeleitet werden, als der schwedische LO/TCO-Bistandsnämnd (Rat für internationale gewerkschaftliche Zusammenarbeit), vermittelt über den schwedischen GRUV, zunächst für eine Projektphase (1982/83) und seit 1983/84 langfristig die Finanzierung für die Einstellung eines Bildungssekretärs (Stig Blomqvist) und für durchzuführende Projekte gewährte[201]. Seither expandierten Umfang, inhaltliche Aufgaben und organisatorische Funktion des Schulungsprogramms (siehe Tabelle 17).

Das Schulungsprogramm hat zum Ziel, den einzelnen Organisationen eine Konzeption für gewerkschaftliche Bildungsmaßnahmen zur Verfügung zu stellen. Es beruht auf der Studien-Zirkel-Methode, die eine breit angelegte, basisbezogene gewerkschaftliche Grundschulung für einfache Mitglieder, gewerkschaftliche Vertrauensleute, Betriebsräte und Gewerkschaftsfunktionäre ermöglicht. Durch die Ausbildung von Schulungsinstrukteuren und Studienzirkel-Leitern in einer Vorlaufphase der auf zwei bis drei Jahre angelegten Projekte soll die inhaltliche Ausgestaltung der Schulungskurse an den konkreten Bedürfnissen der jeweiligen Organisation und der Mitglieder orientiert werden. Zugleich zielen die Projekte darauf, die einzelnen

---

199 Vgl. IBV, 36. Internationaler Kongreß der Bergarbeiter, Dortmund, 1954, S. 64; IBV, 38. Internationaler Kongreß, Stockholm, 1960, S. 74–87.
200 Der IBV entwickelte seit den 50er Jahren verschiedene Organisations- und Schulungsmaßnahmen: Organisationsberatungen für einzelne Gewerkschaften v. a. in Afrika durch die Regionalvertreter, die sporadisch auch kurze Schulungsseminare (Afrika, Lateinamerika) durchführten; Vermittlung von Ressourcen des ISF/IBFG für Organisatoren und Schulungsseminare in den 60er Jahren; längerfristige Unterstützung des Organisationsausbaus eines Verbandes durch den Regionalvertreter (1973–1983 in Afrika); schließlich die Vermittlung von Schulungskursen an IBFG-Gewerkschaftsschulen oder nationalen Einrichtungen der Gewerkschaftsbildung (Großbritannien, Norwegen usf.) für einige Gewerkschaftsfunktionäre. – Zweifel an der Wirksamkeit dieser zumeist punktuellen Programme bestanden bereits Mitte der 60er Jahre. Als notwendige Maßnahme zur Stabilisierung der Gewerkschaften in den Ländern der Dritten Welt wurde die Durchführung von langfristigen und systematischen gewerkschaftlichen Grundschulungen angesehen, vgl. z. B. MIF, 40th International Congress, Hamburg, 1967, S. 109, 159–162.
201 Vgl. Protokoll einer Tagung des Exekutivausschusses des IBV, 27./28. 4. 1981, Freetown, S. 9 f.; Protokoll der Internationalen Bürotagung des IBV, 28. 10. 1981, Birmingham, Alabama, S. 9.

*Tabelle 17:*
**Schulungsprogramme des IBV (1983–1990)**

| Land | Gewerkschaft | Projektbeginn | Projektinhalt |
| --- | --- | --- | --- |
| PERU | FNTMMSP | 1982 | Pilotprojekt: Mitgliederschulung |
| | | 1984 | Mitgliederschulung; Aufbau eigener Schulungsabteilung |
| | | 1988 | Arbeitsschutzprojekt |
| KOLUMBIEN | UTRAMMICOL | 1982* | Pilotprojekt: Mitgliederschulung |
| | | 1983 | Arbeitsschutz-Information |
| | SINTERCOR/ UTRAMMICOL/ FENTRAMETAL | 1986 | Mitgliederschulung und Funktionärsschulung |
| GUYANA | GMWU/GBSU | 1983* | Pilotprojekt: Mitgliederschulung |
| | | 1986 | Mitgliederschulung und Funktionärsschulung |
| BRASILIEN | regionale Bergarbeitergewerkschaften | 1985 | Untersuchung über den Bergbau und die Gewerkschaften der einzelnen Regionen |
| | | 1986/1987 | Auswertungsseminar und nationale Konferenz |
| | | 1989 | Mitgliederschulung |
| BOLIVIEN | FSTMB | 1988 | Studie zur Reorganisierung des staatlichen Bergbaus |
| SIMBABWE | AMWZ | 1982/1990 | Mitgliederschulung, Funktionärsschulung; Aufbau eigener Schulungsabteilung; Arbeitsschutzprojekt |
| NIGERIA | MNMMU | 1983*/1986 | Mitgliederschulung |
| SÜDAFRIKA | NUM | 1984* | Organisationsaufbau und Funktionärsschulung; Aufbau eigener Schulungsabteilung; |
| | | 1988/89 | Mitgliederschulung; Rechtsberatungs- und Arbeitsschutzprojekt |
| TUNESIEN | FGOS | 1984*/1989 | Mitgliederschulung; Organisationsaufbau/ Funktionärsschulung |
| SAMBIA | MUZ | 1986 | Funktionärsschulung |
| | | 1989 | Mitgliederschulung |
| NAMIBIA | MUN | 1987 | Organisationsaufbau/Funktionärsschulung; Mitgliederschulung; Wählerschulung |
| SWASILAND | SMQWU | 1989 | Kurzschulung für Gewerkschaftsfunktionäre |
| UGANDA | UMMU | 1989 | Organisationsaufbau/Funktionärsschulung; Mitgliederschulung |
| INDIEN | INMF | 1987 | Mitgliederschulung |
| PHILIPPINEN | NAMAWU | 1989 | Mitgliederschulung |

(*) Beginn oder Weiterführung der Projekte wurden durch unterschiedliche Einflüsse (politische Situation im Land, organisatorische Schwierigkeiten, Situation der Gewerkschaft etc.) verzögert.
Quelle: MIF, 46. MIF Congress, Harare, Zimbabwe, 8–10 March, 1989, Education and Organisation Programm. Policy and Activities; MIF-Executive Committee Meeting, Brussels, 4th and 5th of May, 1990, Agenda Item 12: Programmes for 1990/91.

Gewerkschaften mittelfristig in die Lage zu versetzen, eigenständige Schulungsabteilungen aufzubauen, die die Schulungstätigkeit nach Ablauf des Projekts selbständig weiterführen. Von einer gewerkschaftlichen Grundschulung, die weite Mitgliederkreise erfaßt, wird erwartet, daß sie dem einzelnen Mitglied allgemeine und gewerkschaftliche Kompetenzen für eine aktive Beteiligung an der Organisationsarbeit vermittelt. Die angewandte partizipative und kooperative Lernform richtet sich innerorganisatorisch darauf, die Entscheidungs- und Organisationsstrukturen der Gewerkschaft durch eine aktive Beteiligung der Mitglieder zu demokratisieren und zu stärken. Die Verbesserung der Handlungs- und Konfliktfähigkeit und eine zunehmende Attraktivität für neue Mitglieder soll die Chancen gewerkschaftlicher Interessenvertretung und gesellschaftlicher Einflußnahme erhöhen und die Bereitschaft zu internationaler Kooperation steigern[202].

Die Durchführung von Schulungsprojekten, die 1982/83 mit Pilotprojekten in Lateinamerika (Peru, Kolumbien, Guyana) begonnen wurden, und die Möglichkeit, die gesetzten Ziele zu erreichen (Mitgliederschulung, mittelfristig die Übernahme der Schulungstätigkeit durch die Gewerkschaft), hängen von verschiedenen Faktoren ab, die häufig einen reibungslosen Verlauf beeinträchtigt haben. Hemmend für die Schulungsprogramme wirkten sich politische Rahmenbedingungen aus, die den Handlungsspielraum der Gewerkschaften einschränkten[203]. Verzögerung und Suspendierung konnten aus Akzeptanzproblemen leitender Gewerkschaftsfunktionäre entstehen, da die Studien-Zirkel-Methode mit der Konzentration auf eine aktive Mitgliederschulung von traditionellen Formen der Gewerkschaftsbildung abweicht und mittelfristig größere Legitimationsleistungen von den Gewerkschaftsfunktionären verlangt[204]. Daneben verzögerten Transferschwierigkeiten für Schulungsgelder, organisatorische Schwächen und in-

---

202 Vgl. MIF Edeucation Policy, approved by the 45th International Congress, Luxemburg, May 1984; MIF, Trade Union Education and Training Programme. Guidelines for Study Circle Project Descriptions.
203 Beispielsweise konnte das für Tunesien 1984 geplante Projekt nicht begonnen werden, weil Gewerkschaftsrechte in Tunesien außer Kraft gesetzt, Gewerkschafter inhaftiert und die Gewerkschaftsbüros von sogenannten »provisorischen Komitees« besetzt und übernommen wurden. In Guyana wurde die Fortsetzung des 1982/83 begonnenen Projekts verhindert, nachdem im Verlauf eines Streiks der Bergarbeitergewerkschaft gegen die unzulängliche Lebensmittelversorgung 1983 viele Gewerkschafter entlassen und vorübergehend inhaftiert worden waren und die GMWU in eine Vertrauenskrise geraten war. In Südafrika hemmten Ausnahmezustand (1986), der Bergarbeiterstreik von 1987 sowie Restriktionen des Apartheidsystems den Verlauf von Schulungsaktivitäten.
204 Das 1982 in Kolumbien mit der UTRAMMICOL begonnene Projekt nahm u. a. aus diesen Gründen keinen planmäßigen Verlauf und fand keine unmittelbare Fortsetzung, vgl. IBV-Gewerkschaftsschulungsprojekt: Bericht des Bildungsfunktionärs an die Bürotagung im Oktober 1982, D/B/3/82.

terne Differenzen der Gewerkschaften Planung, Beginn und Durchführung von Projekten.

In welchem Maße die angestrebten Ziele trotz der Hemmnisse und Schwierigkeiten von den Schulungsprojekten erreicht wurden, läßt sich summarisch nicht bewerten. Die kontinuierliche Ausweitung der Programme und das wachsende Interesse der Gewerkschaften an einer Fortsetzung der Schulungsaktivitäten und deren Nutzung für weitere Aufgabenfelder weisen darauf hin, daß die meisten Gewerkschaften, die IBV-Schulungsprojekte durchführten, ihre Organisationstätigkeit verbessern konnten und auf eine dem Organisationsfortschritt angepaßte Intensivierung und Spezialisierung der Programme drängen[205]. Zweifellos haben Schulungsaktivitäten dazu beigetragen, Gewerkschaften zu stabilisieren, die Bindung der Mitglieder an die Organisation zu verstärken sowie deren Handlungs- und Konfliktfähigkeit zu erhöhen[206]. Mitgliederwachstum, Beteiligung der Mitglieder am Willensbildungs- und Entscheidungsprozeß, Stärkung lokaler und regionaler Organisationseinheiten gegenüber den zentralen Leitungs- und Entscheidungsgremien und nicht zuletzt eine Verbesserung der Ressourcen (Beitragsleistungen) sind Veränderungen, die anscheinend von erfolgreich durchgeführten Schulungsprojekten beeinflußt wurden[207]. Einzelne Projekte haben darüber hinaus die Kooperation und Koordinierung von Gewerkschaften auf nationaler Ebene initiiert oder intensiviert[208].

Bislang haben nur wenige Gewerkschaften (AMWZ in Simbabwe, die NUM in Südafrika, die FNTMMSP in Peru, die MNMMU in Nigeria) durch das Schulungsprojekt eigene Schulungsabteilungen eingerichtet und

---

205 Zwischen 1982 und 1988 hat das IBV-Schulungsprogramm 13 langfristige Projekte und 11 Kurzprojekte in 16 Ländern durchgeführt, davon liefen Ende 1988 noch zwölf langfristige Projekte in neun Ländern. Zwischen 1989 und 1992 wurden 23 langfristige Bildungsprojekte und 16 Seminare, Studienreisen und mit Bildungsfragen befaßte Konferenzen durchgeführt, vgl. MIF, 46th MIF Congress, Harare, Zimbabwe, 8–10 March, 1989, Education and Organisation Programme. Policy and Activities, S. 1 f.; IBV, 47. Weltkongreß, Budapest, 1993, Tätigkeitsbericht 1989–1992, S. 74.
206 Beispielsweise hat das Schulungsprogramm der NUM in Südafrika, das zwischen 1984 und 1988 einen Schwerpunkt auf die Ausbildung von ca. 3 000 Shaft Stewards legte, die lokale Interessenvertretung verbessert, eine breite Schicht von Gewerkschaftsrepräsentanten herangebildet, was den erneuten Mitgliederzuwachs auf ca. 350 000 (1988) miterzeugte, zum Teil die Bindung der Mitglieder an die NUM stabilisieren konnte und deren Konfliktfähigkeit förderte, vgl. MIF, 46th MIF Congress, Harare, Zimbabwe, 8–10 March, 1989, Education and Organisation Programme. Policy and Activities, S. 3 f.
207 Vgl. MIF, Meeting of MIF Officials 22nd October 1985, Agenda Item 9: MIF Education Projects: Report of a visit to Peru 4–20 July 1985, S. 1–6.
208 In Brasilien hat ein Projekt, das in Seminarform Vertreter der bislang nur regional organisierten Gewerkschaften 1985/86 zusammenführte, die Abhaltung eines nationalen Kongresses der Bergarbeitergewerkschaften (1987) angeregt; 1992 schlossen sich 36 Regionalgewerkschaften zu einem nationalen Dachverband, der Confederacao Nacional dos Trabalhadores do Setor Mineral do Brasil, zusammen, vgl. IBV-Info, No. 10, Dezember 1992, S. 11.

eine eigenständige Bildungsarbeit konzipiert. Bei der Einrichtung gewerkschaftsintegrierter Bildungsabteilungen traten meist zeitliche Verzögerungen und Beschränkungen der personellen Ausstattung gegenüber den Projektplanungen auf. Eine vollständige Selbstfinanzierung konnte kaum erreicht werden. Zumindest für neue Projektschwerpunkte besteht ein Unterstützungsbedarf durch das IBV-Schulungsprogramm[209]. Über den nationalen Projektrahmen hinaus hat das Schulungsprogramm Ansätze zwischengewerkschaftlicher Zusammenarbeit gefördert, indem Organisationen mit längerer Schulungserfahrung inzwischen die Organisations- und Schulungstätigkeit anderer Gewerkschaften unterstützen[210] und indem Initiativen für regionale und interorganisatorische Kooperationen entstanden sind[211].

Die Bedeutung des Schulungsprogramms für die einzelnen Gewerkschaften kommt schließlich in der inhaltlichen Erweiterung der Projekte zum Ausdruck. Einen wachsenden Anteil nehmen inzwischen nationale und regionale Projekte ein, die eine Mitglieder- und Expertenschulung im Bereich des Arbeitsschutzes zum Gegenstand haben[212]. Daneben erfolgte eine Ausweitung auf Projekte, die Kompetenzen von Gewerkschaftsfunktionären im Bereich des Arbeitsrechts und des Organisationswesen (Buchführung und Finanzplanung) verbessern sollen.

Für den IBV bot das extern finanzierte Schulungsprogramm die Möglichkeit, den Mitgliedsverbänden in der Dritten Welt eine wichtige Service- und Unterstützungsleistung zu einem Zeitpunkt zur Verfügung zu stellen, als die eigene Ressourcenschwäche die Aktivitäten immer weiter reduziert hatte. Es eröffnete die Chance, die z. T. nur sporadischen Kontakte zu den Mitgliedsverbänden in Afrika, Lateinamerika und Asien zu intensivieren und – da das Schulungsprogramm nicht auf IBV-Mitglieder beschränkt ist – Verbindungen zu Gewerkschaften aufzunehmen und zu stabilisieren, die dem

---

209 Vgl. z. B. die Evaluierung des von 1982 bis 1990 durchgeführten Schulungsprojekts der AMWZ, MIF, Evaluation Report: Associated Mineworkers of Zimbabwe – Miners' International Federation Education Project for Mineworkers 1982–1990.
210 Beispielsweise unterstützten die Schulungsexperten der NUM (SAF) das Organisations- und Schulungsprogramm in Namibia (1986/87) und das 1991/92 begonnene Projekt in Tunesien, vgl. MIF, Executive Committee Meeting, Vienna 4th-5th May, 1991, Agenda Item 16: Programmes for 1991–1992, S. 4. – Diese Kooperation ist z. T. auch ein Ersatz dafür, daß der IBV bislang nicht über integrierte regionale Strukturen (Regionalorganisationen, Regionalsekretäre) verfügt.
211 Die Bildung der südafrikanischen Regionalorganisation (SAMF) ging u. a. von einem Auswertungsseminar des Schulungsprogramms aus, das im Januar 1985 in Simbabwe stattfand und an dem hochrangige Vertreter der AMWZ und der NUM (SAF) teilnahmen.
212 Pilotprojekte wurden bereits in Peru, Simbabwe und Südafrika durchgeführt. Eine Machbarkeitsstudie, die im Rahmen des Schulungsprogramms 1990/1991 durchgeführt wurde, entwickelte Vorschläge für ein langfristiges Schulungsprogramm, vgl. Thea Hilhorst, Miners' Unions and Health and Safety, Study on the feasibility of an international programme for the Miners' International Federation, 1991.

IBV nicht angeschlossen sind. Durch die Beschäftigung eines Projektkoordinators in Lateinamerika (1985), der zugleich als Regionalvertreter des IBV fungierte, konnte eine regionale Präsenz erreicht werden, wie sie seit Anfang der 70er nicht mehr bestand[213]. Diese Regionalaktivitäten konnten durch Konferenzen in Afrika (1990) und Lateinamerika (1991), die mit Unterstützung des Schulungsprogramms durchgeführt wurden, vertieft werden[214]. Schließlich boten die Schulungsaktivitäten auch die Gelegenheit, eine sachbezogene Zusammenarbeit mit konkurrierenden regionalen Organisationen wie der panafrikanischen African Federation of Miners' and Energy Workers' Trade Unions (AFMTU/FASME), eine OATUU Branchenorganisation, aufzunehmen[215].

Das Schulungsprogramm und die über das Programm entwickelten nationalen und regionalen Aktivitäten haben die Attraktivität der Bergarbeiter-Internationale gesteigert und Beitritte von Gewerkschaften begünstigt. Ohne Zweifel fand auch eine Erhöhung der Handlungs- und Konfliktfähigkeit einzelner Gewerkschaften statt. Sekundäre Effekte liegen in einer gegebenenfalls vorhandenen Mobilisierbarkeit für internationale Solidaritätsaktionen, einer Stärkung der regionalen und internationalen Zusammenarbeit und einer Verbesserung der Partizipation an den Willensbildungs- und Entscheidungsprozessen des IBV. Obwohl Ende der 80er/Anfang der 90er Jahre die Zahl der Mitgliedsverbände und der organisierten Mitglieder in den Regionen der Dritten Welt zunahmen, bringen sie bislang (noch) keinen wesentlichen Teil der finanziellen Ressourcen des IBV auf. Ein Entlastungseffekt zeichnet sich mittel- und langfristig zumindest dadurch ab, daß die Gewerkschaften befähigt werden, ohne externe Hilfen Schulungsprogramme durchzuführen, und daß diese Programme zur Stabilität und organisatorischen Eigenständigkeit sowie zum Mitgliederwachstum der Verbände beitragen.

---

213 Von 1985 bis 1991 war Dario Hoyos, seit 1991 ist Cristhian Rivas als Projektkoordinator und IBV-Repräsentant tätig.
214 Vgl. MIF, Report of the Interamerican Mineworkers' Conference, 15–19 July, 1991; ferner IBV, The Miner, No. 5, October 1991, S. 6–8.
215 Im März 1990 fand im Rahmen des Schulungsprogramms eine gemeinsame Konferenz des IBV und der African Federation of Miners' and Energy Workers' Trade Unions (AFMTU) in Harare zu Problemen gewerkschaftlicher Bildungsarbeit im Bereich der Arbeitssicherheit statt, die gemeinsame Aktivitäten in diesem Bereich vereinbarte. Die Initiative dazu ging von afrikanischen IBV-Gewerkschaften aus und macht deutlich, daß Entscheidungsprozesse im IBV zunehmend von Gewerkschaften aus Ländern der Dritten Welt mitgestaltet werden, vgl. die Diskussion auf der Exekutivkomitee-Sitzung 1990: Sitzung des IBV-Exekutivausschusses, Wien, 4./5. 5. 1991, Tagesordnungspunkt 3: Protokoll der IBV-Exekutivausschuß-Sitzung, Brüssel, 4./5. 5. 1990, S. 33–35; ferner IBV, 47. Weltkongreß, Budapest, 1993, Tätigkeitsbericht 1989–1992, S. 27.

Das Schulungsprogramm hat dem IBV seit Anfang der 80er Jahre die Entwicklung einer expansiven Regionalpolitik ermöglicht und die Bestandskrise nach dem Austritt der britischen NUM überwinden helfen. Der Umfang des extern finanzierten Programms[216] bedeutet aber eine erhebliche Abhängigkeit für die Bergarbeiter-Internationale. Um politische Einflußnahmen auf die IBV-Politik und die Mitgliedsverbände einzuschränken, stellte das Exekutivkomitee 1985 Grundsätze für die externe Finanzierung auf. Festgelegt wurde, daß Mittel nur von Organisationen akzeptiert werden können, deren Interessen nicht im Widerspruch zu den Zielen des IBV stehen, und daß bei den einzelnen Projekten Inhalt, Durchführung und Berichterstattung in der Verantwortung der nationalen Gewerkschaft und des IBV liegen[217]. Auch wenn die Geberorganisationen diesen Grundsätzen bislang entsprachen[218], besteht eine latente Abhängigkeit, da der IBV nicht in der Lage ist, das Schulungsprogramm beitragsfinanziert weiterzuführen[219]. Zugleich beinhaltet diese Konstellation eine potentielle Labilität des IBV, insofern das Schulungsprogramm wohl noch für längere Zeit als Angelpunkt für die Gestaltung und den Bestand der Beziehungen zu verschiedenen Gewerkschaften in Ländern der Dritten Welt anzusehen ist.

**Verteidigung von Gewerkschafts- und Menschenrechten**

Sicherung und Ausbau von Gewerkschaftsrechten gehören zu den zentralen Forderungen und Aufgaben internationaler Gewerkschaftsorganisationen. In den Statuten des IBV von 1951 wurde diese Aufgabe nur implizit ange-

---

216 Neben Mitteln, die zum größten Teil vom LO/TCO-Bistandsnämnd kommen, werden einzelne Projekte von der dänischen LO/FTF, der norwegischen LO, dem niederländischen FNV, dem schweizerischen Solifonds und dem IBFG finanziert.
217 Vgl. IBV, Vom Exekutivausschuß des IBV angenommene Resolutionen, Malmö, 22. 5. 1985: »Gewerkschaftliche Bildungsarbeit«.
218 Eine Ausnahme machen Kooperationen mit der Friedrich-Ebert-Stiftung (FES, BRD) und neuerdings mit dem Africa American Labor Center (AALC, USA), die u. a. einzelne Konferenzen (die FES beispielsweise die Panafrikanische Konferenz des IBV 1990 in Harare und die Internationale Arbeitsschutz-Konferenz des IBV 1992 in Haltern; das AALC 1992 ein dreitägiges Seminar afrikanischer Bergarbeitergewerkschaften aus französisch-sprachigen Ländern in Niamey, Niger) zumindest finanziell unterstützten. Die jeweils aufgewendeten Mittel wurden dem IBV nicht direkt zur Verfügung gestellt. Umfang und Verwendungsart sind im Rahmen des IBV nicht öffentlich und kontrollierbar ausgewiesen, vgl. IBV, 47. Weltkongreß, Budapest, 1993, Tätigkeitsbericht 1989–1992, S. 27, 79.
219 Änderungen zeichnen sich in zwei Aspekten bereits ab. Schulungsprojekte der LO/TCO werden zukünftig – wie im ursprünglichen Konzept vorgesehen – einen ausgewiesenen Eigenbeitrag der Gewerkschaften voraussetzen, und die relativ umfangreiche Finanzierung der Verwaltung, Koordinierung, Kontrolle und Auswertung der Projekte, die in den letzten Jahren etwa 10–15 % der für administrative Aufgaben dem IBV zur Verfügung stehenden Mittel ausmachte, soll reduziert oder eingestellt werden und in die Eigenfinanzierung des IBV übergehen, vgl. ebd., S. 79.

sprochen, wenn Artikel 2 als Ziel der Internationale, »die sozialen und wirtschaftlichen Interessen aller Bergarbeiter zu fördern«, bestimmt[220]. Erst die Satzung von 1984 nennt als Maßnahme für die Erreichung dieses Ziels den »Schutz seiner angeschlossenen Organisationen gegen Angriffe durch Regierungen, Arbeitgeber oder andere Organisationen«[221]. Forderungen nach demokratischen Grundfreiheiten, nach Organisationsfreiheit und dem Recht auf Kollektivverhandlungen (entsprechend den ILO-Konventionen 87 und 98) hat der IBV seit Anfang der 50er Jahre in allgemeiner Form durch verschiedene Kongreßresolutionen und mit Protesterklärungen gegen spezifische Verletzungen von Gewerkschafts- und Menschenrechten wiederholt. Doch erst auf dem Kongreß von Harare 1989 wurden den Themen »Menschen- und Gewerkschaftsrechte« und »Internationale Solidaritätsaktionen« eigene Tagesordnungspunkte gewidmet[222]. Das Referat von Harald Overaas (Norsk Arbeidsmandsforbund) und die vom Kongreß angenommene Resolution präzisierten und differenzierten die gesellschaftlichen Anforderungen und Ziele, die mit dem Begriffspaar »Menschen- und Gewerkschaftsrechte« angestrebt werden. Die Forderung nach Durchsetzung dieser Rechte richtet sich danach auf:

– politische und soziale Selbstbestimmung,

– Sicherung eines Lebens- und Einkommensniveaus, das die Teilhabe am wirtschaftlichen, sozialen und kulturellen Fortschritt erlaubt, und

– gewerkschaftliche Organisationsfreiheit, kollektivvertragliche Regelung der Lohn- und Arbeitsbedingungen und die Möglichkeit, durch Arbeitskampfmaßnahmen für diese Ziele einzutreten.

Voraussetzungen dafür sind bürgerliche, demokratische Grundrechte und Rechtsstaatlichkeit[223].

Trotz der frühen Sensibilität für die Problematik der Menschen- und Gewerkschaftsrechte und der Interventionen fordernden Konfrontation mit Verletzungen von Organisations- und Kollektivvertragsfreiheiten war der IBV bis in die 80er Jahre kaum in der Lage, anders als durch deklaratori-

---

220 Vgl. IBV, Statut des Internationalen Bergarbeiterverbandes, London, August 1951. Die Statuten von 1984 differenzieren dieses Ziel, indem nun auch die »politischen und kulturellen Interessen« der Arbeitnehmer »zu sichern und zu fördern« und der »Kampf gegen die Ausbeutung von Arbeitnehmern national und international zu unterstützen« sind, vgl. IBV, Statut des Internationalen Bergarbeiterverbandes, angenommen vom 45. Internationalen Bergarbeiterkongress, Luxemburg, Mai 1984, und geändert vom 46. Internationalen Bergarbeiterkongress, Harare, März 1989, Artikel 2.
221 Vgl. ebd.
222 Vgl. MIF, 46th Miners' International Congress, 1989, Harare, S. 40–51, 69–83.
223 Vgl. ebd., 69f., 116f.

schen Protest auf Verletzungen von Gewerkschaftsrechten zu reagieren. Ein wichtiger Grund für dieses Handlungsdefizit ist in dem spezifischen Charakter vieler Fälle von Gewerkschafts- und Menschenrechtsverletzungen zu sehen. Das Spektrum ist weitgespannt und reicht von ungerechtfertigten Entlassungen von Gewerkschaftsvertretern, Verzögerungen und Verweigerungen von Tarifverhandlungen bis zur Nichtanerkennung von Gewerkschaften; es umfaßt staatliche Einschränkungen von Organisationsmöglichkeiten, Kontrolle und Reglementierung der Gewerkschaften sowie Eingriffe in das Arbeitskampfrecht; Reglementierung nationaler und internationaler Zusammenschlüsse von Gewerkschaften sowie Verbot und Unterdrückung von Verbänden zählen ebenso dazu; schließlich Verfolgung, Inhaftierung und Ermordung von Gewerkschaftern[224]. Diese Aufzählung macht bereits deutlich, daß eine internationale Gewerkschaftsorganisation wie der IBV nicht in der Lage sein kann, seinen bedrohten Mitgliedsverbänden einen wirksamen Schutz zu bieten und staatliche Repressionen und Eingriffe zu verhindern.

Die Chance für eine mehr oder weniger erfolgreiche Intervention bei Verletzungen von Gewerkschaftsrechten hängt von zwei Faktoren ab: (1) den Akteuren und der Konfliktebene (Staat/Regierung oder Unternehmen/Betrieb) und (2) der Dimension des Konflikts. Bei staatlicher Politik ist von Bedeutung, ob es sich um Maßnahmen zur Macht- und Status-quo-Sicherung handelt, die zum Verbot und zur Unterdrückung von Gewerkschaften oder zur Einschränkung ihrer Rechte führen, ob sich eine Politik gegen die gesamte Gewerkschaftsbewegung oder branchenspezifisch auf eine Organisation richtet. Bei Unternehmen/Betrieben ist relevant, ob es sich um eine allgemeine Unternehmenspolitik handelt (Gewerkschaftsfeindlichkeit, Ablehnung von Tarifverträgen etc.) oder um punktuelle Konflikte (Reglementierungen, Entlassungen, Konsensprobleme bei Tarifverhandlungen). Je unspezifischer ein Konflikt und die Verletzung von Gewerkschaftsrechten, desto geringer sind die Chancen für den IBV, eigenständig erfolgreich zu intervenieren und einen Mitgliedsverband zu unterstützen. Gegenüber anderen Branchen hat der IBV noch das Handikap, daß der Bergbau häufig in staatlicher Regie betrieben wird oder aufgrund von Förderabgaben (Lizenz-/Konzessionsabgaben) eine wichtige staatliche Einnahmequelle darstellt und darüber hinaus nicht selten wirtschaftspolitisch als »strategische«

---

224 Vgl. die vom IBFG herausgegebene »Jährliche Übersicht über die Verletzung von Gewerkschaftsrechten«, Brüssel 1985 ff.

Industrie gilt, so daß eine ausgeprägte staatliche Interventionsneigung (nicht nur bei Arbeitskonflikten) besteht. Unterhalb der weitgehend determinierenden Konfliktstruktur sind Interventionschancen des IBV von internen Faktoren wie den verfügbaren Ressourcen, der Mobilisierbarkeit der Mitgliedsverbände und deren Konfliktfähigkeit bestimmt. Die Möglichkeit und die Wirkung von Einflußnahmen hängen schließlich noch von den Mitteln ab, mit denen auf Verletzungen von Gewerkschaftsrechten reagiert werden kann und die für die Unterstützung von Gewerkschaften zur Verfügung stehen.

Der IBV hat seit den 50er Jahren sowohl generell gegen die Unterdrückung von Gewerkschaftsfreiheiten und demokratischen Freiheiten und Rechten als auch zu einzelnen Verletzungen von Gewerkschaftsrechten in Form von Protesttelegrammen, Resolutionen und Erklärungen des Kongresses, des Internationalen Komitees oder des Büros Stellung genommen[225] und damit den universalen Geltungsanspruch dieser Rechte eingeklagt[226]. Eine unmittelbare Wirkung ist von solchen Stellungnahmen nicht zu erwarten. Sie dienen dazu, die Mitgliedsverbände zu informieren und zu sensibilisieren und sie zu Aktivitäten anzuregen. Darüber hinaus sind sie Teil einer (diffu-

---

225 So erklärte der Kongreß 1951 sich solidarisch mit Gewerkschaften in allen Ländern, in denen Grundfreiheiten eingeschränkt oder unterdrückt werden. Gegen die Franco-Diktatur und die Unterdrückung von Gewerkschaftsfreiheiten in Spanien wurde von 1951 bis 1975 auf jedem Kongreß eine Resolution verabschiedet. Protest wurde erhoben gegen die Niederschlagung der Arbeiterproteste in der DDR 1953, in Ungarn und Polen 1956. Eine Verurteilung des südafrikanischen Apartheidregimes erfolgte erstmals 1954 und auf allen Kongressen seit 1975. Stellung nahm der IBV gegen die Militärdiktatur in Griechenland 1967 und auf dem Kongreß 1975 gegen das Pinochet-Regime in Chile und erneut 1977 und 1979 gegen die Unterdrückung von Bergarbeitergewerkschaften in Chile und Bolivien bzw. in vielen lateinamerikanischen Ländern 1979. Ebenso verurteilte der IBV die Verhaftung von Gewerkschaftern in Tunesien 1978/1979 und 1985/86.
226 Nicht alle Protesterklärungen waren uneingeschränkt konsensfähig. So wurde die Stellungnahme des IBV-Exekutivkomitees 1956 zur Niederschlagung des Aufstandes in Ungarn durch die Intervention der Sowjetunion von Arthur L. Horner (NUM) mit dem Hinweis, »that the Hungarian workers were the victims of an American conspiracy against socialism« abgelehnt. Er fand für diese Position keine Unterstützung bei den übrigen Mitgliedern des Exekutivkomitees, denen als weitere NUM-Vertreter William E. Jones, Eduard Jones und William Lawther angehörten, vgl. Minutes of a Meeting of the Executive Committee of the MIF, 2./3. 11. 1956, S. 4–7. Diese Debatte wurde mit einer ähnlichen Polarisierung auf dem Kongreß 1957 weitergeführt, vgl. IBV, 37. Internationaler Kongreß, London, 1957, S. 204–212. – Zu anderen Gelegenheiten unterblieben Stellungnahmen seitens des IBV als Folge einer opportunistischen Rücksichtnahme auf die Position eines Mitgliedsverbandes. So verhinderte 1982 Adolf Schmidt (IGBE) als IBV-Vorsitzender die Verabschiedung eines von Lawrence Daly (NUM) vorgelegten Resolutionsentwurfs, der gegen den Militärputsch in der Türkei (1980), die Verhaftung von Gewerkschaftern und das Verbot von Gewerkschaften protestierte. Ein Grund für diese Zurückhaltung bestand darin, daß der IBV-Verband Türkiye Maden Iscileri Sendikasi von dem Verbot nicht betroffen war. Dessen Vertreter im Exekutivkomitee, Kemal Özer, rechtfertigte auf dieser Sitzung die Intervention und Machtnahme des Militärs, vgl. IBV, Protokoll der Internationalen Exekutivausschuß- und Kohlenausschußtagung, 16. 3. 1982, London, S. 7 f.

sen) kritischen internationalen Öffentlichkeit, die – wie vermittelt auch immer – einen Legitimationsdruck für die jeweiligen Regierungen erzeugen sollen. Gleichzeitig bieten sie betroffenen Organisationen ein Forum für ihre ansonsten unterdrückte Interessenartikulation.

Der IBV hat insbesondere der Exilorganisation der spanischen Bergarbeiter die Teilnahme an jedem Kongreß und an der Arbeit des IBV seit 1951 ermöglicht und damit die während des spanischen Bürgerkriegs begonnene Unterstützung fortgesetzt. So bildeten die IBV-Kongresse kontinuierlich ein internationales Forum für Informationen über die Unterdrückung der spanischen Bergarbeiter und Arbeiterschaft und für Proteste gegen das Franco-Regime.

Eine ähnliche Funktion haben Klagen vor dem ILO-Ausschuß für Vereinigungsfreiheit gegen Beschränkungen gewerkschaftlicher Freiheiten und Mißachtungen von ILO-Konventionen. Der IBV hat Klagen – mit unterschiedlichem Erfolg – erhoben: aufgrund der Repressionen des Franco-Regimes gegen streikende spanische Bergarbeiter (1958)[227]; gegen die Regierung Liberias wegen der Verhaftung von Gewerkschaftern und der Suspendierung des Streikrechts 1966/67[228] und erneut 1974 wegen der Verfolgung und Inhaftierung von Gewerkschaftern, der Behinderung der Tätigkeit von Gewerkschaftsfunktionären und Eingriffe in die Verwendung von Gewerkschaftsgeldern[229]; sowie gegen die Regierung Tunesiens 1978 wegen der Verhaftung von Spitzenfunktionären des Dachverbandes (UGTT) und der Bergarbeitergewerkschaft (FGTS)[230]. Die ILO verfügt allerdings über keine direkten Sanktionsmittel, um die Einhaltung ihrer Konventionen zu erzwingen. Klagen vor dem Ausschuß für Vereinigungsfreiheit haben die Funktion, das öffentliche Interesse auf Verletzungen von

---

227 Vgl. IBV, 38. Internationaler Kongreß, Stockholm, 1960, S. 47.
228 Vgl. IBV, Liberia, D/IC/9/67 – diese Aktion war insoweit erfolgreich, als die ILO u. a. Empfehlungen für die Gesetzgebung gab, die umgesetzt wurden und der Gewerkschaft größere Handlungsspielräume eröffneten, vgl. MIF, 40th International Congress, Hamburg, 1967, S. 54.
229 Vgl. IBV, Verteidigung der Gewerkschaftsrechte in Liberia, D/B/4/75; IBV, Liberia, D/B/9/75. Eine Regelung kam durch die lange Verzögerung einer Stellungnahme seitens der liberianischen Regierung nicht zustande; nach dem Militärputsch von 1980 wurde die ILO-Klage vom IBV zurückgezogen, vgl. IBV, Allgemeiner Bericht und Tagesordnung, 43. Internationaler Kongreß, Madrid, 1979; IBV, Situation der Nationalen Bergarbeitergewerkschaft von Liberia, D/B/14/79; IBV, Bericht des IBV-Verbindungsfunktionärs für Afrika, D/B/4/80.
230 Darunter auch des Generalsekretär des Bergarbeiter-Verbandes A. BeLaid; vgl. IBV, Situation in Tunesien, D/B/9/78; IBV, Situation der tunesischen Gewerkschaften, D/IC/11/78; IBV, Verurteilung von Abdelaziz BeLaid, D/B/18/78. Neben der ILO-Klage war die Verhaftung und spätere Verurteilung von A. BeLaid zu einer 5jährigen Zwangsarbeitsstrafe Gegenstand von Protest- und Unterstützungsaktionen des IBV und seiner Mitgliedsverbände, die zur Freilassung BeLaids am 19. 3. 1980 beitrugen, vgl. u. a. IBV, D/B/13/1979; D/IC/2/80 und Nachtrag.

Gewerkschaftsrechten zu lenken, durch die Anerkennung von Klagen seitens der ILO die Einhaltung von gewerkschaftlichen Mindeststandards generell zu fordern, Reaktionen der Regierungen durch die Verpflichtung zu Stellungnahmen zu erzwingen und dadurch einen Legitimationsdruck auszuüben. Schließlich soll die mit ILO-Klagen verbundene Publizität den betroffenen Gewerkschaften eine Argumentationshilfe für die Vertretung und Wahrung ihrer Interessen geben.

Die auf eine diffuse internationale »Öffentlichkeit« bezogenen Protestformen sind die Kehrseite einer fehlenden oder geringen Machtbasis des IBV und seiner Mitgliedsverbände für eine wirksame Einflußnahme gegen nationale/staatliche Restriktionen. Sie bedürfen daher der Ergänzung durch direkte Unterstützungen für Gewerkschaften, einzelne Gewerkschafter und deren Familien. Für solche Aufgaben verfügte der IBV bislang nur über geringe Ressourcen[231]. Diese materiellen Unterstützungs- und Hilfeleistungen können – gewerkschaftsstrategisch gesehen – meist nur die Funktion haben, mittel- und langfristig die organisatorische oder personelle Basis zukünftiger gewerkschaftlicher Aktivitäten zu bewahren.

Eine andere Chance für unterstützende Intervention bieten begrenzte Konflikte auf Unternehmens- und Betriebsebene, wenn sie in Tochtergesellschaften von Multinationalen Konzernen auftreten. Die willkürliche Entlassung von Gewerkschaftsvertretern und dagegen protestierenden Bergarbeitern in den Rietspruit Kohlengruben von Royal Dutch/Shell und Barlow Rand in Südafrika 1985[232] erlaubte eine internationale Protest- und Boykottbewegung und Einflußnahmen verschiedener Gewerkschaften, weil es sich bei Royal Dutch/Shell um einen international vertretenen Konzern handelt, aber auch weil eine kritische Öffentlichkeit gegen das Apartheid-System, das die Rahmenbedingungen für diesen Konflikt bereitstellte, bereits bestand. Eine ähnliche Konstellation bestand 1990 und 1992 in Kolumbien, als die Gewerkschaft Sintercor Tarifvereinbarungen mit dem Kohlenbergbau-Unternehmen Intercor, einer EXXON-Tochter, anstrebte und mit massiven Repressionen (einschließlich Truppenverlegung nach El Cerrejon) 1990 konfrontiert war. Auch hier bildete die internationale Struktur von EXXON die Voraussetzung dafür, daß der IBV Interventionen von

---

231 Neben direkten Hilfen für Familien von Gewerkschaftern (z. B. nach der Inhaftierung von A. BeLaid) gehören dazu Mittel, die ressourcenschwachen Gewerkschaften bei Streiks und Aussperrungen für die Unterstützung ihre Mitglieder zur Verfügung gestellt werden (in großem Umfang wurde diese Hilfe für die südafrikanische NUM seit Mitte der 80er Jahre geleistet), aber auch Mittel für Arbeitsgerichtsverfahren (ebenfalls für die NUM (SAF) erstmals in großem Umfang angewandt), um die Position der Gewerkschaft zu stärken.
232 Vgl. Kap.: Solidaritätsaktionen; Anti-Apartheidpolitik.

Mitgliedsverbänden, kooperierenden Gewerkschaften und Internationalen Berufssekretariaten mobilisieren konnte. Auch in diesem Fall wurden die Einflußchancen dadurch erhöht, daß bei anderen Gruppen und Organisationen (Menschenrechtsgruppen etc.) ein Problembewußtsein für die Verletzung von Gewerkschafts- und Menschenrechten in Lateinamerika und speziell in Kolumbien bestand und so eine über die Gewerkschaften hinausreichende Unterstützungsbereitschaft vorhanden war[233].

Im Vergleich zu anderen Internationalen Berufssekretariaten konnte die Bergarbeiter-Internationale solche MNK-Strukturen bislang kaum für Interventionen nutzen, da nur wenige ihrer einflußreichen Mitgliedsverbände (in Industrieländern) in MNK-Unternehmen vertreten sind, die Bergbau-Unternehmen in Ländern der Dritten Welt unterhalten. Bislang handelte es sich in den meisten Fällen, bei denen der IBV zu Interventionen gegen Verletzungen von Gewerkschafts- und Menschenrechten aufgefordert war, um staatliche Interventionen (überwiegend in Ländern der Dritten Welt) unterschiedlicher Reichweite. Aktivitäten des IBV zur Verteidigung von Gewerkschaften gegen diese Restriktionen können daher nicht darauf beschränkt sein, auf konkrete Interventionen zu reagieren, sondern verlangen eine Einbindung in eine weiter gefaßte und langfristige Strategie, um die Konflikt- und Handlungsfähigkeit der Gewerkschaft durch Organisations- und Schulungsprogramme, Rechtshilfe und direkte Konfliktunterstützung zu stärken. Als exemplarisch ist hier die IBV-Aktivität für die südafrikanische NUM anzusehen. Der hier geleistete Umfang an internationaler Unterstützung ist zwar nicht wiederholbar, aber er stellt dennoch eine Orientierung für die notfalls mobilisierbaren Möglichkeiten internationaler Solidarität dar[234].

**Anti-Apartheidpolitik/Südafrika**

Die Unterstützung der südafrikanischen National Union of Mineworkers (NUM/SAF) kann als eine der wichtigsten und erfolgreichsten Aktionen des IBV zur Verteidigung von Gewerkschafts- und Menschenrechten in den 80er Jahren angesehen werden. Die NUM (SAF) entwickelte sich seit Mitte der 80er Jahre zur mitgliederstärksten Gewerkschaft und zu einer der einflußreichsten Arbeitnehmerorganisationen Südafrikas und trug in beachtlichem Maße zur Überwindung des Apartheidsystems bei.

---
233 Vgl. Kap.: Solidaritätsaktionen.
234 Vgl. hierzu auch das Referat »Die Internationale Solidarität« des IBV-Präsidenten Anders Stendalen auf dem IBV-Kongreß in Harare (in der ausführlicheren deutschen Fassung des Kongreßberichts): IBV, 46th Congress, Zimbabwe 1989.

Die Förderung der NUM durch den IBV und seine Mitgliedsgewerkschaften verband die unmittelbare Unterstützung einer Gewerkschaft mit dem gewerkschafts- und gesellschaftspolitischen Ziel, der eklatanten Verletzung von Menschen- und Gewerkschaftsrechten entgegenzutreten, die das Apartheidsystem durch Rassendiskriminierung und Unterdrückung der gewerkschaftlichen Interessenvertretung »schwarzer« und »farbiger« Arbeitnehmer darstellte. Im Vergleich zu anderen Aktionen gegen Verletzungen von Menschen- und Gewerkschaftsrechten stellt die Anti-Apartheid-Kampagne einen Sonderfall dar. Sie wurde von einer breiten internationalen Öffentlichkeit getragen; sie führte zu Boykottaktionen gegen südafrikanische Produkte, vermochte staatliche Handelsbeschränkungen durchzusetzen und eine gewisse Ächtung der südafrikanischen Regierung zu erreichen. Und sie mobilisierte eine in ihrem Umfang beispiellose materielle Unterstützung für die schwarze und nicht-rassische Gewerkschaftsbewegung. Dennoch waren Interventionen internationaler Gewerkschaftsorganisationen – die bis in die 50er Jahre zurückreichen – über lange Zeit enge Grenzen gesetzt. Die Restriktionen insbesondere gegen schwarze Gewerkschaften waren Teil einer staatlichen Politik zur Absicherung des gesellschaftlichen Status quo zugunsten der sozialen, wirtschaftlichen und politischen Vormachtstellung und Privilegien der weißen Minderheit. Erst die ökonomische und soziale Strukturveränderung innerhalb der südafrikanischen Gesellschaft in den 70er Jahren, denen gegenüber sich das Apartheidsystem als dysfunktional und entwicklungshemmend erwies, verschob diese Interventionsgrenze. Bezogen auf die unabhängige schwarze Gewerkschaftsbewegung entstand ein Handlungsspielraum für ihre Organisierung, als in den 70er Jahren die Restriktionen gegen die Bildung und Anerkennung schwarzer und nicht-rassischer Gewerkschaften eher dazu führten, Konflikte zu erzeugen und zu eskalieren als sie zu verhindern oder zu kanalisieren[235]. Dieser Strukturwan-

---

235 Bezogen auf den Bergbau kam hinzu, daß bis Mitte der 70er Jahre etwa 75 % der beschäftigten schwarzen Wanderarbeiter nicht aus Südafrika kamen, sondern auf der Basis von Jahreskontrakten aus den Nachbarstaaten rekrutiert wurden, was – neben politischen Restriktionen – die Bildung von Gewerkschaften weitgehend verhinderte. Seit Mitte der 70er Jahre kehrte sich die Relation sehr schnell um, so daß der größte Teil der im Bergbau Beschäftigten, obwohl noch immer als Wanderarbeiter mit Zeitkontrakten, die in der Regel verlängert werden, versehen, nunmehr aus den »Homelands« kommen. Zunehmende Rationalisierung und Mechanisierung im Bergbau und damit verbundene wachsende Qualifikationsanforderungen führten seit den 80er Jahren dahin, daß einzelne Unternehmen den Umfang des Kontrakt- und Wanderarbeitersystems durch eine grubennahe Ansiedlung von Bergarbeitern mit ihren Familien zu reduzieren begannen. Beide Entwicklungen begünstigten die Organisationsmöglichkeiten für die NUM bzw. machten den Aufbau einer Gewerkschaft erst möglich. Zur Strukturveränderung des südafrikanischen Bergbaus vgl. J. Leger, Coal mining: past profit, current crisis?, in: S. Gelb, South Africa's Economic Crisis, London 1991, S. 129–155; B. Freund, South African gold mining in transformation, in: ebd, S. 110–128.

del und der sich daraus ergebende Handlungsspielraum ermöglichte eine wirksame Einflußnahme und Unterstützung durch internationale Gewerkschaftsorganisationen.

Bereits Anfang der 50er Jahre hatte der IBV gegen Rassendiskriminierung und das Apartheidsystem Stellung genommen[236]. Wegen dieser Haltung und Politik des IBV war 1954 die »europäische«, exklusiv weiße südafrikanische Mineworkers' Union (MWU) aus der Bergarbeiter-Internationale ausgetreten[237]. Vorausgegangen war, daß Ende der 40er Jahre der burische Einfluß in der MWU-Führung dominant wurde, so daß die MWU die Apartheidpolitik der Malan-Regierung unterstützte. Der IBV geriet so nicht in das Dilemma anderer internationaler Gewerkschaftsorganisationen, die Anfang der 80er Jahre »weiße« südafrikanische Mitgliedsverbände, die die Apartheidpolitik unterstützten, ausschlossen. Bis zur Aufnahme der NUM (SAF) 1983/84 hatte er allerdings auch keine Mitgliedsgewerkschaft in Südafrika und war daher nur indirekt mit der Entwicklung in diesem Land konfrontiert. Bis Mitte der 80er Jahre nahm der IBV deshalb nur sporadisch Stellung gegen das Apartheidsystem[238]. Anlaß dazu boten einzelne Konflikte wie die Erschießung protestierender Bergarbeiter durch Polizeikräfte in den Western Deep Level Goldbergwerken bei Carltonville am 11. September 1973, auf die der IBV mit einem Protesttelegramm an den Premierminister der Republik Südafrika und mit einer Kampagne gegenüber Multinationalen Konzernen reagierte, die aufgefordert wurden, die Arbeits-

---

236 Der IBV hatte bereits 1952/53 von seinen Mitgliedsverbänden in Nord- und Südrhodesien eine nichtrassische Gewerkschaftspolitik verlangt, indem er die Kooperation und nach Möglichkeit eine Fusion der »europäischen« Northern Rhodesia Mine Workers' Union (NRMWU) mit der Northern Rhodesia African Mineworkers' Trade Union (NRAMTU) vermittelte bzw. forderte und von der »europäischen« Associated Mine Workers of Rhodesia (Südrhodesien/Simbabwe) die Integration afrikanischer Arbeitnehmer erwartete, sobald es die rechtlichen Rahmenbedingungen zuließen, vgl. IBV, 36. Internationaler Kongreß der Bergarbeiter, Dortmund, 1954, S. 2–5, 64 f. Der Kongreß von 1954 verabschiedete eine Resolution zur »Gewerkschaftsfreiheit«, die u. a. die Politik der Rassentrennung der südafrikanischen Malan-Regierung verurteilte, ebd., S. 149.
237 Vgl. ebd., S. 18. Die MWU war seit 1949 Mitglied des IBV.
238 Nach dem großen Grubenunglück in Coalbrook Anfang 1960, bei dem 435 Bergarbeiter, überwiegend schwarze Wanderarbeiter, ums Leben kamen, hatte der IBV zunächst den Sicherheitsexperten der NUM, Keith Saunders, nach Südafrika entsenden können, eine Spendensammlung für die Hinterbliebenen eingeleitet und sich für eine angemessene Entschädigung der Hinterbliebenen eingesetzt, vgl. Minutes of a Meeting of the Executive Committee of the MIF, 3rd-5th May, 1960, Hamburg, S. 2 f.; Protokoll einer Sitzung des Exekutiv-Komitees des IBV, 29./30. 7. 1960, S. 2–6. Dieses Unglück und die Entwicklung der Regionalaktivitäten in Afrika veranlaßten den Kongreß von 1960, in einer Resolution gegen die Politik der Rassendiskriminierung in Südafrika und in anderen Ländern zu protestieren, vgl. IBV, 38. Internationaler Kongreß, Stockholm, 1960, S. 196. Anfang der 70er Jahre forderte der IBV seine Mitgliedsverbände auf, Anwerbungen von Bergarbeitern für südafrikanische Bergwerke zu verhindern, vgl. Protokoll einer Exekutivausschußsitzung des IBV, 16. 7. 1971, London, S. 8.

bedingungen der von ihnen beschäftigten schwarzen Arbeitskräfte zu verbessern[239]. Resolutionen gegen das Apartheidregime, gegen das System der job reservation und Kritik an der Haltung der MWU wurden auf den Kongressen 1975 und 1979 einstimmig beschlossen[240] und waren Teil einer allgemeinen, internationalen Kampagne gegen die Rassendiskriminierung in Südafrika.

Erst nachdem 1982 die NUM (SAF) gegründet worden war und 1983 die Aufnahme in den IBV beantragt hatte[241], verfügte die Bergarbeiter-Internationale über eine Mitgliedsorganisation, deren Aufbau und Politik konkret unterstützt werden konnte. Gefördert wurde die Entwicklung der NUM (SAF) insbesondere durch ein 1984 begonnenes, umfangreiches Schulungsprojekt. Bis 1988 konnten durch eine gewerkschaftliche Grundschulung etwa 3 000 Mitglieder als »Shaft Shop Stewards« ausgebildet werden[242]. Damit entstand eine breite, mitgliedernahe Basis von Gewerkschaftsaktivisten, die die Stabilisierung und Konsolidierung der rasch expandierenden Gewerkschaft[243] ermöglichte. Sie bildete die Voraussetzung für die Hand-

---

239 Vgl. IBV, Ermordung von Bergarbeitern in Südafrika, 12. 10. 1973, D/B/3/73; Bedingungen in der südafrikanischen Bergbauindustrie, 30. 4. 1974, D/IC/5/74; Protokoll einer Tagung des Exekutivausschusses des IBV, 24./25. 5. 1974, Richmond-upon-Thames, S. 2 f.; IBV, Generalbericht und Tagesordnung, 42. Internationaler Kongreß, New Delhi, 23.–27. 3. 1975, S. 35–37. Darüber hinaus hatte die UMWA 1974 eine Kampagne gegen den Import südafrikanischer Kohle initiiert.
240 Vgl. IBV, Zusammengefaßter Bericht des 42. Internationalen Kongresses, New Delhi, 1975, S. 31; IBV, Bericht über den 43. Internationalen Kongreß, Madrid, 1979, S. 12, 22.
241 Der IBV hatte bereits 1982 Kontakte zu einer Bergarbeitergewerkschaft, der Black Mineworkers' Union, aufgenommen, vgl. Situation der schwarzen Bergleute und Kontakt mit der »Schwarzen Bergarbeitergewerkschaft Südafrikas«, D/B/4/82; er gelangte jedoch zu der Einschätzung, daß es sich bei der Organisation um eine vom Arbeitgeber kontrollierte Organisation und eine »Ein-Mann-Gewerkschaft« handele, IBV, Protokoll einer Tagung des Internationalen Büros des IBV, 23. 10. 1982, Oporto, S. 18. Nach dieser Erfahrung wurde das Beitrittsgesuch der NUM (SAF) vom 11. 5. 1983 vom Exekutivkomitee zunächst »im Prinzip angenommen« und eine endgültige Entscheidung zurückgestellt, bis der Bildungsbeauftragte des IBV vor Ort Kontakt mit der NUM (SAF) aufnehmen konnte, IBV, Protokoll einer Tagung des Internationalen Exekutivausschusses, 15. 5. 1983, Essen, S. 9.
242 Zum Schulungsprogramm für die NUM (SAF) vgl. MIF, 46th MIF Congress, Harare, Zimbabwe, 8–10 March, 1989, Education and Organisation Programme. Policy and Activities, Appendix, S. 4–6. Erweitert und auf eine permanente Basis gestellt wurden diese Maßnahmen durch den Aufbau einer Schulungsabteilung der NUM (SAF) und durch die thematische Ausweitung des IBV-Schulungsprogramms, indem neben der gewerkschaftlichen Grundschulung und weiterführenden Funktionärsausbildungen die Bereiche Rechtsschulung und Arbeitsschutz in das Schulungsprogramm aufgenommen wurden.
243 Die Zahl der Mitglieder nahm von etwa 14 000 im Jahr 1982 und 25 000, als der Aufnahmeantrag gestellt wurde, auf 110 000 (1985), 250 000 (März 1986) und über 350 000 Anfang der 90er Jahre zu; nach den jüngsten Angaben (1992) hat die NUM (SAF) 250 000 Mitglieder.

lungs- und Konfliktfähigkeit der NUM trotz der Entlassung von Gewerkschaftsfunktionären und Massenaussperrungen, trotz der organisatorischen Schwierigkeiten während des Ausnahmezustands (1985/86, erneut 1986/91) und trotz der Massenverhaftung von Gewerkschaftsfunktionären, mit der die Botha-Regierung in den 80er Jahren die unabhängigen schwarzen und nicht-rassischen Gewerkschaften zu schwächen suchte.

Während die NUM (SAF) sehr schnell eine hohe Konfliktfähigkeit erreichte und von Bergbauunternehmen und der Chamber of Mines als tariffähige Gewerkschaft anerkannt wurde, benötigte sie erhebliche materielle Hilfen für den Aufbau ihrer Organisation, die Unterstützung von Mitgliedern bei Arbeitskämpfen, Aussperrungen und Entlassungen sowie für die gerichtliche Austragung von Arbeitskonflikten und Tarifstreitigkeiten. Über den vom IBV eingerichteten Südafrika-Solidaritätsfonds konnten der NUM (SAF) umfangreiche finanzielle Mittel für Infrastruktureinrichtungen (Transportmittel, Büroausstattungen usf.), für Rechtshilfe, für Streikunterstützungen und humanitäre Hilfen zur Verfügung gestellt werden[244]. Diese intensive Förderung hat zweifellos dazu beigetragen, daß die NUM (SAF) sich zu einer der einflußreichsten Industriegewerkschaften Südafrikas und des afrikanischen Kontinents entwickelte.

Parallel zur Förderung und Entwicklung der NUM (SAF) hatten Mitgliedsorganisationen des IBV seit 1985 verstärkt nationale und internationale Kampagnen gegen die Apartheidpolitik der südafrikanischen Regierung initiiert und unterstützt. Dazu gehörten u. a. begrenzt erfolgreiche Bemühung, den Import südafrikanischer Kohle in die USA und in EG- und EFTA-Länder zu blockieren, Beteiligung an nationalen Aufklärungskampagnen und Verbraucher-Boykotts gegen südafrikanische Produkte sowie eine konzentrierte Kampagne gegen das Südafrika-Engagement des Energie-Multis Royal Dutch/Shell[245]. Die im Rahmen des IBV national und international organisierten Anti-Apartheidaktionen und das Bemühen, die Anerkennung der NUM (SAF) als Gewerkschaft und Tarifvertragsorganisation

---

244 Der Umfang aller Unterstützungsleistungen (nicht nur für die NUM/SAF), die zwischen 1984 und 1989 über den IBV liefen, wurden von J. Olyslaegers auf dem Kongreß 1989 mit etwa 100 Mio. bfr. vermutlich zu niedrig beziffert, vgl. MIF, 46th Miners' International Congress, 1989, S. 30. Allein zwischen August 1987 und März 1988 – Anlaß war der die gesamte südafrikanische Bergbau-Industrie erfassende Arbeitskampf im September 1987, an dem 200 000 bis 300 000 Bergleute beteiligt waren – konnten der NUM (SAF) über den Südafrika-Solidaritätsfonds des IBV etwa 70 Mio. bfr. für Streik- und Rechtshilfe, für humanitäre Hilfen und für den Ausbau der organisatorischen Infrastruktur zur Verfügung gestellt werden, vgl. MIF, Executive Committee, London 16./17. 5. 1988, Item 6. 1 on the Agenda: South Africa Solidarity Fund.
245 Vgl. IBV, 46th Miners' International Congress, 1989, S. 23, 46 ff., 104–109.

durch Druck auf internationale Konzerne mit Beteiligungen an Bergbauunternehmen in Südafrika zu erreichen[246], dürften zur Stärkung der Positionen des südafrikanischen Bergarbeiterverbandes beigetragen haben. Sie hatten als Teil einer breiten internationalen Kampagne einen nicht näher qualifizierbaren Anteil an der Überwindung des Apartheidregimes. Die wesentliche Voraussetzung für diesen Einfluß blieb indes die Gründung und Entwicklung der Bergarbeitergewerkschaft.

Die dynamische Entwicklung der NUM (SAF) schloß Initiativen für eine regionale Koordination von Bergarbeiterorganisationen ein. Da im südafrikanischen Bergbau trotz der Umschichtung, die seit Mitte der 70er Jahre eingeleitet wurde, auch in den 80er Jahren etwa 20 bis 30 % der Beschäftigten Wanderarbeiter aus Nachbarstaaten Südafrikas waren, bestand für die NUM (SAF) und die Bergbaugewerkschaften im südlichen Afrika ein gemeinsames Interesse an einem kontinuierlichen Informationsaustausch und an der Koordination von Aktivitäten[247]. Auf Initiative der NUM (SAF) und der Associated Mine Workers of Zimbabwe (AMWZ) wurde auf einer Konferenz im November 1985 die Southern Africa Miners' Federation (SAMF) als formal eigenständige Organisation mit Sitz in Harare gegründet[248]. An der Gründungskonferenz 1985 und am ersten Kongreß 1988 nahmen fünf bzw. sechs Gewerkschaften teil, die dem IBV angeschlossen oder durch das IBV-Schulungsprogramm mit ihm verbunden sind[249]. Die weitgesteckten Ziele der Regionalorganisation, zu deren Hauptaufgaben ein Informationsaustausch über Arbeits-, Entlohnungs- und Lebensbedingungen und eine Koordination von Schulungs-, Organisations- und Forschungsprogrammen bestimmt wurden, sowie eine organisatorische Eta-

---

246 Da der südafrikanische Bergbau in allen Sparten (Gold, Diamanten, Erze und Kohle) in hohem Maße von südafrikanischen Konzernen und Konglomeraten beherrscht ist, gab es nur wenige Möglichkeiten, über die Strukturen internationaler Konzerne und das Einflußpotential von Bergarbeiterorganisationen in Industrieländern unmittelbaren Druck auf die Unternehmen auszuüben. Die IBV-Aktion gegen die Royal Dutch/Shell Company stellte daher eher eine Ausnahme dar. Das Unternehmen trug trotz des internationalen Embargos zur Ölversorgung Südafrikas bei und war an einem Kohlenbergbau-Unternehmen beteiligt, dessen Förderung in die USA und nach Europa exportiert wurde.
247 Vgl. Meeting of the MIF Officials, 22. 10. 1985, Agenda Item 7. 2: Regional Conference for Southern Africa.
248 Die Gründung der SAMF war zum Teil Folge des Organisationsdefizits des IBV, der zu dieser Zeit weder einen Regionalvertreter in Afrika hatte noch über regionale Organisationsstrukturen verfügte. Die 1984/85 vom IBV diskutierte Möglichkeit, für 1986 eine Regionalkonferenz in Afrika zu veranstalten, scheiterte an Ressourcenproblemen, vgl. Minutes of a Meeting of the MIF Officals, 21. 5. 1985, Malmö, S. 3 f.; Meeting of the MIF Officials, 22. 10. 1985, Agenda Item 7.2: Regional Conference for Southern Africa.
249 Der SAMF gehören Gewerkschaften aus Südafrika, Sambia und Simbabwe, Botswana, Swasiland und Namibia an. – Inzwischen (1993) sind alle Organisationen dem IBV beigetreten.

blierung durch die Bestellung eines hauptamtlichen Sekretärs konnten bislang nicht in Angriff genommen werden[250]. Abgesehen von Ressourcenproblemen wurde die Aufnahme von Aktivitäten durch die Situation in Südafrika, aber auch durch Organisationsprobleme und Kompetenzstreitigkeiten beeinträchtigt[251].

Die NUM (SAF) hat seit ihrer Gründung – trotz einiger organisatorischer Probleme seit dem Generalstreik 1987 und Überlastungen der Gewerkschaft durch ihr politisches Engagement – einen wachsenden Einfluß im südlichen Afrika, in der gesamten Region und auch im IBV[252] erlangt.

## Arbeitssicherheit und Gesundheitsschutz

Eine der zentralen Aufgaben von Bergarbeitergewerkschaften ist darauf gerichtet, die hohe Unfallgefahr im Bergbau zu bekämpfen und die Risiken betriebsbedingter Berufskrankheiten zu beseitigen und, falls das nicht möglich ist, einen Ausgleich durch Entschädigungsleistungen zu erreichen. Die Verbesserung des Arbeits- und Gesundheitsschutzes, die Durchsetzung von regelmäßigen Sicherheitsinspektionen mit Beteiligung der Bergarbeiter, Maßnahmen zur Unfallvermeidung, der Ausbau von Rehabilitationsmaßnahmen und sozialen Absicherungen waren und sind Problembereiche, die im Rahmen nationaler Gesetzgebung und Tarifvereinbarungen geregelt werden und deren Standard und Regelungstiefe von der Kompetenz und der Durchsetzungsfähigkeit der nationalen Organisationen abhängt.

Seit seiner Gründung befaßte sich der IBV mit Fragen der Arbeitssicherheit und des Gesundheitsschutzes. Seine Aufgaben in diesem Bereich haben sich im Laufe der Zeit auf drei Schwerpunkte konzentriert: (1) den Informationsaustausch und die Festlegung gemeinsamer Forderungen und Ziele; (2) die Erarbeitung und internationale Anerkennung von Sicherheits- und Gesundheitsschutzstandards durch die Mitarbeit in der ILO seit den 20er Jahren; (3) direkte Hilfe und Unterstützung für einzelne Mitgliedsverbände.

---

250 Vgl. IBV, 46th Miners' International Congress, 1989, S. 33–37.
251 Vgl. IBV, Protokoll der IBV-Exekutivausschuß-Sitzung, Brüssel, 4./5. 5. 1990, S. 32 f.
252 Die Kooptation eines Vertreters der NUM (SAF) – Cyril Ramaphosa – in das Exekutivkomitee erfolgte 1985. Auf dem Kongreß 1989 wurde der NUM-Präsident, James Motlatsi, zum Vizepräsidenten gewählt; er war bereits 1988 in diese Funktion kooptiert worden, nachdem James O'Connor (NACODS) als Vizepräsident zurückgetreten war.

## Information und Koordination

Das Thema Arbeitssicherheit und Gesundheitsschutz wurde als eigenständiger Tagesordnungspunkt auf verschiedenen Kongressen des IBV seit 1949 behandelt[253]. Neben regelmäßigen Mitteilungen über Grubenunglücke standen im Mittelpunkt dieser Kongreß-Diskussionen der Informationsaustausch über nationale Entwicklungen und die Formulierung von gemeinsamen Positionen zu spezifischen Themen (z. B. Arbeitsschutz im Uranbergbau, Anerkennung von Berufskrankheiten etc.[254]). Obwohl sich die einzelnen Gremien häufig mit Fragen des Arbeits- und Gesundheitsschutzes befaßten, gelang es dem IBV nicht, kontinuierlich und systematisch eigenständige Aktivitäten zu entwickeln. Ansätze dazu wurden zwar immer wieder unternommen (z. B.) durch die Anlage von Materialsammlungen über nationale Maßnahmen zur Staubunterdrückung (1952/53)[255], die Einsetzung eines Technischen Ausschusses (1957/60), der sich mit Sicherheitsfragen befassen sollte[256], oder die Einsetzung eines Unterausschusses für

---

253 Als Tagesordnungspunkte u. a.: 1951 – Unfallursachen und Berufskrankheiten; 1954 – Länderberichte über Gesundheit und Sicherheit; 1957 – bisherige Tätigkeit des IBV, der ILO etc.; Einrichtung eines IBV-Ausschusses für Sicherheitsfragen; 1971 – Schwebestaubproblem; 1989 – Intensivierung der IBV-Aktivitäten u. a. durch eine internationale Arbeitsschutz-Konferenz (1992) und Ausbau des Schulungsprogramms für Arbeitsschutzfragen.
254 Vgl. z. B. IBV, Zusammengefaßter Bericht des 41. Internationalen Kongresses, London, 1971, S. 49 f.; IBV, Bericht über den 43. Internationalen Kongreß, Madrid, 1979, S. 21.
255 Vgl. IBV, 36. Internationaler Kongreß der Bergarbeiter, Dortmund, 1954, S. 8. Diese Untersuchung wurde vom IBV beschlossen und durchgeführt, nachdem trotz Anfrage kein IBV-Vertreter zur ILO-Experten-Konferenz über Staubverhütung und Staubunterdrückung, die in Genf vom 1.–17. 12. 1952 stattfand, zugezogen wurde. An der nächsten Schwebestaubkonferenz der ILO nahm A. L. Horner als IBV-Vertreter teil.
256 Vgl. IBV, 37. Internationaler Kongreß, London, 1957, S. 40 f., 218. Anlaß zur Einsetzung des Ausschusses war zum einen die Erfahrung, daß viele Probleme und Fragen der Bergbausicherheit zwar im Rahmen der ILO behandelt werden, jedoch der Einfluß des IBV durch die dreigliedrige Struktur begrenzt ist oder gar nicht zum Tragen kommt, wenn Konferenzen und Aktivitäten außerhalb der dreigliedrigen Ausschüsse durchgeführt werden; und zum anderen die selbstkritische Erkenntnis, daß der »Tätigkeit in bezug auf Sicherheit und Gesundheit weder eine planmäßige Politik noch eine Entscheidung über die relative Wichtigkeit der verschiedenen Sicherheits- oder Gesundheitsprobleme innerhalb unserer Internationale« zugrunde liegen. Um eine systematische Politik einzuleiten, sollte ein IBV-Experten-Ausschuß eingesetzt werden, ebd., S. 40. Dieser »Technische Ausschuß« trat erst am 1. 3. 1960 zu seiner ersten und einzigen Sitzung zusammen. Er legte als Arbeitsschwerpunkte die Erstellung einer Mustervorschrift über Verfahren zur Staubverhütung und Staubunterdrückung sowie ein Tätigkeitsprogramm für weitere Tagungen fest, vgl. IBV, 38. Internationaler Kongreß, Stockholm, 1960, S. 32 f. Zu weiteren Tätigkeiten kam es nicht, da verschiedene ILO-Aktivitäten wie eine Experten-Tagung über Unfallverhütung (1961) und die Einrichtung eines Konsultativ-Komitees von Experten für Fragen der Bergbausicherheit (1966), dem 7 IBV-Vertreter angehörten, sich mit den geplanten Arbeiten des IBV-Ausschusses überschnitten, vgl. IBV, 39. Internationaler Kongreß, Wien, 1963, S. 17 ff.; MIF, 40th International Congress, Hamburg, 1967, S. 52 ff.

Arbeitssicherheit und Gesundheitsschutz (1975/78)[257]. Diese Aktivitäten zeigten einen sporadischen Charakter. Die eingesetzten Ausschüsse traten stets nur einmal zusammen, und andere beschlossene Vorhaben, wie die Einberufung einer Schwebestaub-Studiengruppe (1971)[258], kamen nicht zustande.

Die geringe Kontinuität der verschiedenen Initiativen des IBV war vor allem eine Folge paralleler Aktivitäten der ILO, die sich seit den 50er Jahren verstärkt mit Fragen des Arbeits- und Gesundheitsschutzes und der Unfallverhütung im Bergbau befaßte. Die ILO nahm dabei Anregungen und Forderungen auf, die der IBV u. a. im Rahmen des Kohlenbergbau-Ausschusses der ILO und der dreigliedrigen Fachtagungen für den Nicht-Kohlenbergbau vorgeschlagen hatte. Da sich diese Maßnahmen teilweise mit den Vorhaben des IBV überschnitten, blockierten sie diese. Erst mit der Zeit wurde für den IBV deutlich, daß auch diese Tätigkeiten der ILO aus unterschiedlichen Gründen (Konsensprobleme aufgrund der dreigliedrigen Struktur, Ressourcenprobleme etc.) hinter seinen Erwartungen zurückblieben. Seit den 60er Jahren spielte zugleich das Ressourcenproblem des IBV eine zunehmend restriktive Rolle für die Fähigkeit, eigenständige Initiativen zu entwickeln oder weiterzuführen. Hinzu kam, daß die einflußreichen Gewerkschaften der Industrieländer auf nationaler Ebene einen relativ hohen Sicherheitsstandard inzwischen durchsetzen konnten und über eigene Fachabteilungen und Sicherheitsexperten verfügten, weshalb sie nicht notwendig auf einen Ausbau dieses Tätigkeitsbereichs innerhalb des IBV angewiesen waren.

Erst die Intensivierung der Regionalaktivitäten in den 80er Jahren und die Reorganisation des IBV Ende des Jahrzehnts belebten angesichts der enormen Defizite im Bereich der Unfallverhütung und des Gesundheitsschutzes

---

257 Vgl. IBV, Zusammengefaßter Bericht über den 42. Internationalen Kongreß, New Delhi, 1975, S. 18 f. Die Einsetzung des Ausschusses erfolgte nicht zuletzt aus dem Grund, weil die 1966 von der ILO berufene Experten-Kommission nur korrespondierend konsultativ tätig wurde und nie als Gremium in Form einer Fachtagung zusammentrat. Der IBV-Unterausschuß kam zu seiner ersten und einzigen Tagung 1978 zusammen, wiederum um einen Arbeitsplan aufzustellen, Vorschläge für die Verbesserung der ILO-Mustersicherheitsbestimmungen zu entwickeln und die Notwendigkeit der Unfallursachen-Forschung für die Zukunft als Schwerpunkt der Arbeit festzulegen, vgl. IBV, Allgemeiner Bericht und Tagesordnung. 43. Internationaler Kongreß, Madrid, 1979, S. 14; ferner IBV, D/IC/20/77 und D/IC/2/79.

258 Vgl. IBV, Zusammengefaßter Bericht des 41. Internationalen Kongresses, London, 1971, S. 26 f. Die Durchführung dieses Kongreßbeschlusses wurde in den nächsten Jahren aufgeschoben, weil Experten-Konferenzen zu Staubproblemen von der EGKS/EWG (1972) und vom sowjetischen Bergarbeiterverband (1975) abgewartet werden sollten und weil die ILO 1974 angekündigt hatte, sich intensiver mit Fragen der Bergbausicherheit zu beschäftigen, vgl. IBV, Generalbericht und Tagesordnung, 42. Internationaler Kongreß, New Delhi, 1975, S. 13 ff.

in Ländern der Dritten Welt Anforderungen und Erwartungen an die Bergarbeiter-Internationale. Auf dem Kongreß in Harare 1989 standen Fragen der Arbeitssicherheit und des Gesundheitsschutzes daher als wichtige Themen auf der Tagesordnung[259]. Eine vom Kongreß beschlossene Resolution forderte die allgemeine Anerkennung und Anwendung von internationalen Sicherheitsstandards, die gegenseitige Unterstützung der Mitgliedsverbände in Sicherheitsfragen, eine fortlaufende Information durch den IBV über Fortschritte im Bereich der Arbeitssicherheit und des Gesundheitsschutzes sowie die Einberufung einer Arbeitsschutz-Konferenz durch den IBV[260].

Diese erste Arbeitsschutz-Konferenz des IBV fand zwar nicht, wie vom Kongreß empfohlen, innerhalb der nächsten zwölf Monate, sondern erst im April 1992 statt. Die Durchführung dieser Konferenz markierte jedoch die Aufwertung und die Intention zu einer eigenständigeren Wahrnehmung dieses Handlungsbereichs. Das von der Arbeitsschutzkonferenz beschlossene globale Aktionsprogramm enthält Grundforderungen und Mindeststandards für die Arbeitssicherheit und den Gesundheitsschutz im Bergbau, Forderungen nach Verbesserungen der Arbeits- und Lebensbedingungen und nach Maßnahmen zur Rehabilitation, Umschulung und Entschädigung berufsunfähig gewordener Bergleute sowie Forderungen nach einer umweltverträglichen Produktion im Bergbau. Angestrebt wird eine Intensivierung und Verzahnung lokaler, nationaler, regionaler und internationaler Arbeitsschutz-Aktivitäten der Mitgliedsverbände durch die Nutzung des Schulungsprogramms, durch die Verbesserung des Informationsaustausches und durch die Unterstützung und Förderung nationaler Entwicklungen in diesem Bereich. Neben der systematischen Nutzung der Informations- und Erfahrungsressourcen des IBV und seiner Mitgliedsverbände richtet sich das Aktionsprogramm auch auf die ILO, von der die Ausarbeitung einer Arbeitsschutz-Konvention für den gesamten Bergbau erwartet wird[261].

---

259 Vgl. MIF, 46th Miners' International Congress, Harare, 1989, S. 87–92, 124 f.
260 Vgl. ebd., S. 124 f.
261 Vgl. IBV, Internationale Konferenz über Arbeitsschutz im Bergbau, Haltern, 11.–13. 4. 1982. Programm, Tagesordnung, Information; IBV-Info, No. 8, Juni 1992, S. 1 f. – »Starke Gewerkschaften – besserer Arbeitsschutz«; ferner IBV, Arbeitsschutz im Bergbau. Das globale Aktionsprogramm des IBV. Internationale Konferenz über den Arbeitsschutz im Bergbau, Haltern, Deutschland, 11.–13. 4. 1992. Konferenzbericht und Schlußfolgerung; IBV, 47. Weltkongreß, Budapest, 1993, Tätigkeitsbericht 1989–1992, S. 88. – Planungen und Vorbereitungen für eine Arbeitsschutzkonvention für den Bergbau sind inzwischen soweit gediehen, daß die Behandlung dieser Frage auf der Tagesordnung der Internationalen Arbeitskonferenz für 1994 steht.

## Arbeitssicherheit und Gesundheitsschutz im Rahmen der ILO

Die meisten Aktivitäten des IBV im Bereich des Arbeits- und Gesundheitsschutzes richteten sich seit Ende der 40er Jahre auf die ILO, die bereits in den 20er und 30er Jahren damit begonnen hatte, Fragen der Unfallverhütung und der Arbeitssicherheit, des Gesundheitsschutzes und der Berufskrankheiten im Bergbau aufzugreifen und mehr oder weniger kontinuierlich zu behandeln. Ein für den Bergbau relevantes Ergebnis dieser Tätigkeit waren Musterbestimmungen für den Arbeits- und Gesundheitsschutz im Kohlenbergbau, die auf Anregung des IBV seit Mitte der 30er Jahre erarbeitet und nach der Unterbrechung durch den Zweiten Weltkrieg 1949 fertiggestellt wurden[262].

Für den IBV wurde der 1945 geschaffene Kohlenbergbau-Ausschuß der ILO zu einer wichtigen Einrichtung, in der auf internationaler Ebene und gemeinsam mit Vertretern von Regierungen und Arbeitgebern Fragen des Arbeits- und Gesundheitsschutzes behandelt, internationale Standards empfohlen und die ILO aufgefordert werden konnten, Untersuchungen zu spezifischen Problemen des Arbeitsschutzes durchzuführen[263]. Die Erwartung, über die ILO Regelungen einführen zu können, zu deren Durchsetzung die Gewerkschaften auf nationaler Ebene nicht in der Lage sind, hatte William Lawther (NUM, Sekretär des IBV) nach den Erfahrungen mit der Arbeitszeitkonvention in den 30er Jahren schon auf dem Kongreß 1949 zurückgewiesen, als er hervorhob: »Please remember it [ILO] is not a body which

---

262 Vgl. MIF, International Miners' Congress, Prague, 1936, S. 64–68; ferner MIF, Miners' International Congress, Luxembourg, 1938, S. 14–22; hier auch ein Überblick über die von der ILO unternommenen Arbeiten im Redebeitrag von Adolf Staal (ILO), S. 11 f. Darüber hinaus beschäftigte sich die ILO bereits in den 20er Jahren mit dem Problem (Anerkennung und Kompensation) von Berufskrankheiten. 1925 gelang die Annahme einer allgemeinen Konvention (Konvention Nr. 18) und die Erstellung einer Liste anerkannter Berufskrankheiten. – Eine überarbeitete Fassung dieser Musterbestimmungen wurde von der ILO 1985 mit Beteiligung von Arbeitgeber- und Arbeitnehmervertretern (Experten) erstellt, vgl. ILO, Safety and health in coal mines, Genf 1986.

263 Da der Kohlenbergbau-Ausschuß von 1945 bis Anfang der 90er Jahre 12 Sitzungen abhielt, konnten Arbeitsschutz-Probleme relativ oft auf die Tagesordnung gesetzt werden. Als Handikap für eine kontinuierliche Behandlung der Arbeitsschutzfrage erwiesen sich (1) die Unregelmäßigkeit der Sitzungen, deren Zeitabstände seit den 50er Jahren zunahmen, (2) die Beschränkung auf zwei »technische« Themen, so daß nicht auf jeder Sitzung Probleme des Arbeits- und Gesundheitsschutzes behandelt wurden, (3) die Dreigliedrigkeit, die eine hohe Kompromißbereitschaft fordert, und (4) der nur vorschlagende und empfehlende Charakter von Beschlüssen der Industrieausschüsse.

can impose its recommendations. We can only get acceptance and agreement«[264].
Deutlich wurde der begrenzte Einfluß des IBV bereits in den 50er Jahren. Vertreter der Arbeitnehmer-Gruppe hatten im Kohlenbergbau-Ausschuß 1949 die Annahme einer Resolution erreichen können, die eine Experten-Konferenz über Staubunterdrückung forderte[265]. Aber weder der IBV noch seine Mitgliedsverbände wurden zu der ersten Experten-Konferenz eingeladen, die 1952 zu dieser Frage stattfand. Auch auf anderen Fachtagungen und Expertenkonferenzen über Gesundheits- und Sicherheitsfragen, die z. T. von Anregungen und Forderungen des IBV ausgingen, waren Arbeitnehmer-Vertreter bzw. der IBV entweder nicht oder nur mit einer kleinen Delegation vertreten[266]. Der IBV konnte daher selten einen maßgebenden Einfluß auf die Ergebnisse erlangen[267]. Enttäuschend verliefen auch die Aktivitäten des 1966 von der ILO eingesetzten Experten-Ausschusses für Unfallsicherheit, obwohl sieben der 28 ernannten Mitglieder IBV-Gewerkschaften angehörten. Regelmäßig beklagte der IBV in seinen Kongreßberichten die Inaktivität des Ausschusses, der zu keiner Tagung zusammentrat[268]. Durch ihre Fachtagun-

---

264 MIF, 34th International Conference, Amsterdam, 1949, S. 35. – Eine Resolution des Kongresses forderte daher auch die Mitgliedsgewerkschaften auf »(1) to give the widest possible publicity to decisions of the ILO Coal Mines Committee and to the activities of the ILO in the field of safety and health in coal mines, and also to working conditions in mines other than coal mines, and (2) to work through their respective Governments for the full application of these decisions in mining countries.«
265 Vgl. ebd., S. 31.
266 So war der IBV nicht auf den von der ILO veranstalteten Sachverständigenkonferenzen über Silikose (1930, 1938 und 1950) und Pneumokoniose (1958) vertreten; zu den Konferenzen über Staubunterdrückung (1952 und 1955) war nur 1955 ein IBV-Vertreter eingeladen, vgl. IBV, 37. Internationaler Kongreß, London, 1957, S. 30–39; IBV, 38. Internationaler Kongreß, Stockholm, 1960, S. 15. An der Tagung des Fachausschusses der ILO für Verhütung von Unfällen durch Feuer und Elektrizität untertage in Kohlenbergwerken, die im Oktober 1957 stattfand und Mustervorschriften für beide Bereiche erarbeitete, nahmen neben Nicolas Dethier als IBV-Vertreter auch Arbeitnehmer-Sachverständige aus Großbritannien, der BRD und den USA teil, vgl. ebd., S. 15 ff.
267 So wurde auf der Fachtagung über Staubunterdrückung (1955), an der Arthur L. Horner (NUM) als einziger IBV-Vertreter teilnehmen konnte, keine Verständigung über eine Empfehlung für eine ILO-Konvention erzielt, vgl. IBV, 37. Internationaler Kongreß, London, 1957, S. 12. Auf der 8. Tagung des Kohlenbergbau-Ausschusses im Oktober 1964, auf deren Tagesordnung Maßnahmen zur Staubunterdrückung standen, konnte die Arbeitnehmer-Gruppe ebenfalls keine Mehrheit erreichen, um eine entsprechende ILO-Konvention zu empfehlen, vgl. MIF, 40th International Congress, Hamburg, 1967, S. 35. Die ILO-Sachverständigen-Tagung für Grubensicherheit im März 1961, an der als IBV-Vertreter nur Roger Touret (FO-Bergarbeitergewerkschaft) teilnahm, wurde eher als Desaster denn als konstruktiver Dialog erlebt, vgl. IBV, 39. Internationaler Kongreß, Wien, 1963, S. 17–20.
268 Vgl. MIF, 40th International Congress, Hamburg, 1967, S. 52 ff. Zur IBV-Klage zuletzt: IBV, 44. Internationaler Kongreß, Essen 1983, Allgemeiner Bericht und Tagesordnung, S. 25. Beispielsweise forderte der IBV die ILO 1972/73 vergeblich auf, Aktivitäten im Bereich der Unfallverhütung zu unternehmen, eine Sonderkonferenz einzuberufen, um Methoden der Grubeninspektion zu untersuchen und die Dokumentation über Grubenunfälle zu vereinheitlichen, vgl. IBV, Arbeitssicherheit in Bergwerken, D/B/6/73, und IBV, Sicherheit in Bergwerken, D/B/6/74.

gen und Konferenzen hatte die ILO zwar wichtige Themen der Bergbau-Sicherheit und des Gesundheitsschutzes aufgegriffen, aber dadurch den IBV veranlaßt, eigene Aktivitäten zurückzustellen.

Von größerer Bedeutung war daher die Behandlung von Fragen der Arbeitssicherheit und des Gesundheitsschutzes im Rahmen des Kohlenbergbau-Ausschusses und der dreigliedrigen NKB-Fachtagungen. Neben einem Meinungsaustausch boten sie die Möglichkeit, die ILO zu Untersuchungen über bestimmte Probleme der Arbeitssicherheit aufzufordern. Auch wenn Ausschuß und Fachtagung internationale Standards für Grubensicherheit und Gesundheitsschutz nicht verbindlich festlegen konnten, stellte deren Annahme doch eine Erklärung über eine wünschenswerte Praxis dar. Gehalt hatten derartige Erklärungen deshalb, weil ihre Annahme auf einem konsensualen Mehrheitsvotum einer Konferenz basierte, der Vertreter der Gewerkschaften, Arbeitgeber und Regierungen der wichtigsten Bergbauländer angehörten.

In der Folge von Beschlüssen und Resolutionen des Kohlenbergbau-Ausschusses hatte die ILO z. B. 1945 eine Charta für den Kohlenbergbau[269] angenommen und in den 50er Jahren die bereits erwähnten Fachtagungen über Staubverhütung und über Stauberkrankungen durchgeführt[270]. Auf der Tagung 1953 konnten Grundsätze für die Gesundheitsdienste und die Beschäftigung und Umschulung berufsunfähiger Bergleute aufgestellt werden. 1956 stand die Frage der Arbeitssicherheit im Mittelpunkt, und die angenommene Resolution stellte allgemeine Regelungen und Anforderungen zur Verbesserung der Grubensicherheit und zur Unfallverhütung auf[271]. Eine ausführliche Resolution konnte 1964 über Probleme der Staubunterdrückung in bezug auf die Gesundheitsgefährdung (Pneumokoniose) beschlossen werden[272]. 1976 wurde eine Entschließung zu Fragen der Sicherheit und Gesundheit im Bergbau angenommen[273] und 1982 waren Forderungen nach Beachtung des Umwelt- und Arbeitsumweltschutzes und zur Staubverhinderung und Staubunterdrückung mehrheitsfähig[274]. In ähnlicher Weise wurden vom IBV auch die Dreigliedrigen technischen Tagun-

---

269 Abdruck des Textes in: IBV, 37. Internationaler Kongreß, London, 1957, S. 42 f.
270 Vgl. IBV, 36. Internationaler Kongreß der Bergarbeiter, Dortmund, 1954, S. 47.
271 Vgl. IBV, 37. Internationaler Kongreß, London, 1957, S. 35–38.
272 Vgl. MIF, 40th International Congress, Hamburg, 1967, S. 36–42. Die Frage der Staubunterdrückung markierte indes auch die Grenzen der ILO-Politik des IBV (siehe oben), ferner IBV, Kohlenbergbauausschuß, D/B/10/63; IBV, 8. Tagung des Kohlenbergbauausschusses der IAO, Genf, 1964, D/ILO/1/64; IBV, 8. Tagung des Ausschusses für den Kohlenbergbau der IAO, D/B/10/64.
273 Vgl. IBV, Allgemeiner Bericht und Tagesordnung, 43. Internationaler Kongreß, Madrid, 1979, S. 17 ff.
274 Vgl. IBV, 44. Internationaler Kongress, Essen, 1983, Allgemeiner Bericht und Tagesordnung, S. 19–25.

gen für den Nichtkohlenbergbau für die Thematisierung von Problemen des Unfallschutzes und der Arbeitssicherheit genutzt[275]. Mit den verschiedenen ILO-Konferenzen, die für wenige Punkte durch ILO-Konventionen (z. B. Beschäftigung von Jugendlichen im Bergbau) verstärkt werden konnten, besteht eine mehr oder weniger kontinuierliche internationale Debatte über Sicherheitsstandards, Unfallverhütung und Gesundheitsschutz im Bergbau, deren Ergebnisse eine formelle oder informelle Akzeptanz von Mindestanforderungen bedeuten. Deren Funktion besteht nun darin, den nationalen Organisationen ein Referenzsystem für eigene Forderungen und Aktivitäten anzubieten.

An diesem Punkt liegt die bisherige Grenze der ILO-Politik des IBV. Bislang wurden keine Versuche unternommen, Ergebnisse von ILO-Konferenzen mit einem international koordinierten Aktionsprogramm zur Umsetzung dieser Standards auf nationaler Ebene zu verbinden. Die Chancen der Umsetzung und Anwendung beruhen daher letztlich auf der Möglichkeit der einzelnen Gewerkschaft, einen hohen Informationsstand über Unfallverhütung und Arbeitsschutz zu erlangen, über Experten zu verfügen und eine ausreichende Konfliktfähigkeit zu erreichen, um Maßnahmen zur Arbeitssicherheit und Forderungen zum Gesundheitsschutz über Tarifverträge oder die Gesetzgebung durchzusetzen.

### *Hilfs- und Unterstützungsaktivitäten des IBV*

Ein die eigenen Handlungschancen minimierendes Defizit im Bereich des Unfall- und Arbeitsschutzes haben vor allem Gewerkschaften in Ländern der Dritten Welt. Sie verfügen meist weder über die Ressourcen, um Fachkräfte innerhalb der Gewerkschaft auszubilden und Fachabteilungen zu unterhalten, noch besitzen sie die Erfahrung, die die meisten Gewerkschaften in Westeuropa und Nordamerika im Laufe der Jahrzehnte angesammelt haben. Die Aktivitäten des IBV, um dieses Defizit auszugleichen, waren bis in die

---

275 Eine auf verschiedene Aspekte der Unfallverhütung (Arbeitsinspektion, Arbeits- und Lebensbedingungen, Sozialdienste etc.) bezogene Erklärung war z. B. 1957 einer der Verhandlungspunkte, vgl. IBV, 38. Internationaler Kongreß, Stockholm, 1960, S. 11 f. – 1968 befaßte sich die Tagung mit Maßnahmen der Berufsausbildung zur Förderung und Anwendung von Sicherheits- und Gesundheitserfordernissen, vgl. IBV, Generalbericht und Tagesordnung, 41. Internationaler Kongreß, London, 1971, S. 12–23. Und 1984 standen Fragen der Arbeitsumwelt und des Gesundheitsschutzes zur Debatte, vgl. IBV, 45. Kongreß des IBV, Luxemburg, Bericht über die IAO: 4. dreigliedrige technische Tagung für den Nichtkohlenbergbau, Genf, 11.–19. 1. 1984. – Erfolglos blieb hingegen (u. a.) die Forderung, eine Musterbestimmung für Sicherheitsfragen im Nichtkohlenbergbau, vergleichbar mit der für den Kohlenbergbau, zu erarbeiten, vgl. IBV, 36. Internationaler Kongreß der Bergarbeiter, Dortmund, 1954, S. 34.

Gegenwart sehr begrenzt. Initiativen und Aktivitäten beschränken sich in den 60er und 70er Jahren auf die Entsendung von Sicherheitsexperten nach großen Grubenunglücken, um einzelne Gewerkschaften bei der Untersuchung der Unfallursachen, der zukünftigen Vermeidung von Gefährdungen und bei der Durchsetzung von Entschädigungsleistungen zu unterstützen[276]. Einen ähnlich punktuellen Charakter hatte die Entsendung von Arbeitsschutzexperten der NUM und der IGBE nach Kolumbien und Peru 1982, um den Gewerkschaften beim Aufbau von Arbeitsschutzsystemen zu helfen[277].

Mit der Forderung, ein systematisches Programm für die Verbesserung der Sicherheitsausbildung der Gewerkschaften zu entwickeln, wurde der IBV erstmals 1968/69 konfrontiert[278]. Aufgrund akuter Ressourcenschwäche war der IBV zu dieser Zeit nicht in der Lage auf diese Anforderung einzugehen[279]. Erst im Rahmen des in den 80er Jahren begonnenen Schulungsprogramms zeigte sich die Möglichkeit, ein systematisches Programm aufzubauen, um die Defizite der Gewerkschaften in Ländern der Dritten Welt im Bereich des Arbeitsschutzes und der Unfallverhütung auszugleichen. Seither hat der IBV einzelne Projekte durchgeführt[280]. Geplant ist inzwischen eine erhebliche Ausweitung. Eine Projektstudie über den Stand der Arbeitsschutz-Ausbildung und die Anforderungen der Gewerkschaften an entsprechende Schulungsaktivitäten wurde 1990/91 durchgeführt[281]. Die Arbeitsschutz-Konferenz des IBV von 1992 kann als Auftakt für ein globales Programm angesehen werden.

**Interessenvertretung gegenüber internationalen Organisationen**

Repräsentation und Koordination der Mitgliedsverbände gegenüber zwischenstaatlichen internationalen Organisationen (International Governmen-

---

276 Beispielsweise war der Sicherheitsexperte Keith Saunders (NUM) mit diesem Auftrag mehrmals nach großen Grubenunglücken für den IBV tätig: 1960 nach dem Unglück in Coalbrook (Südafrika), 1965 nach dem Grubenunglück im Dhori-Bergwerk (Indien) und erneut 1972 nach der Explosion im Wankie-Bergwerk (Rhodesien), vgl. IBV, 39. Internationaler Kongreß, Wien, 1963, S. 13; MIF, 40th International Congress, Hamburg, 1967, S. 6; IBV, Generalbericht und Tagesordnung, 42. Internationaler Kongreß, New Delhi, 1975, S. 17–19.
277 Vgl. H.-D. Bauer, Bericht über das Ergebnis einer Beratung in den Ländern Kolumbien und Peru, Ms, Bochum [1982]; IBV, Bericht über Kontakte in Lateinamerika, D/B/4/81.
278 Vgl. IBV, Protokoll einer Sitzung des Exekutivausschusses, 1./2. 5. 1968, Istanbul, S. 11; IBV, Protokoll einer Sitzung des Büros, 29./30. 1. 1969, Tunis, S. 4–6; MIF, Safety Training for Miners, D/B/1/68.
279 Vgl. IBV, Protokoll einer Sitzung des Büros, 29./30. 1. 1969, Tunis, S. 4–6; IBV, Generalbericht und Tagesordnung, 41. Internationaler Kongreß, London, 1971, S. 37.
280 Vgl. IBV, 47. Weltkongreß, Budapest, 1993, Tätigkeitsbericht 1989–1992, S. 89–91.
281 Vgl. Thea Hilhorst, Miners' Unions and Health and Safety, Study on the feasibility of an international programme for the Miners' International Federation, 1991.

tal Organisations, IGO) stellen einen Aufgabenbereich für internationale Gewerkschaftsorganisationen dar, der seit der Gründung der Internationalen Arbeitsorganisation und des Völkerbundes nach dem Ersten Weltkrieg mit unterschiedlicher Intensität von Internationalen Berufssekretariaten wahrgenommen wurde. Mit dem Entstehen spezialisierter internationaler Organisationen nach dem Zweiten Weltkrieg hat sich dieses Aufgabengebiet für die IBS grundsätzlich erweitert. Bereits in den 50er und 60er Jahren wurde jedoch deutlich, daß die meisten Berufssekretariate nicht über die personellen und materiellen Ressourcen verfügen, um einen breit angelegten internationalen Lobbyismus betreiben zu können. Ausschlaggebend für eine oft geringe und auf wenige internationale Organisationen konzentrierte Interessenvertretung war darüber hinaus, daß die meisten internationalen Organisationen einerseits nur geringe Kompetenzen und Funktionen besitzen, andererseits komplexe und langwierige Entscheidungsprozesse haben und daß ihre Vertretungsstrukturen nationalen und internationalen Gewerkschaftsorganisationen kaum Chancen für ein wirksame Einflußnahme bieten. Die internationale Interessenvertretung des IBV beschränkt sich daher auf wenige internationale Organisationen.

Im Mittelpunkt einer organisationsbezogenen Interessenvertretung steht für die Bergarbeiter-Internationale seit den 20er Jahren die Internationale Arbeitsorganisation (ILO). Daneben hat der IBV seit Anfang der 50er Jahre Verbindungen zu verschiedenen anderen internationalen Organisationen – OEEC, EGKS, Kohlenausschuß der Economic Commission for Europe (ECE) der Vereinten Nationen – unterhalten. Mit Ausnahme der Europäischen Gemeinschaft für Kohle und Stahl (EGKS) blieben diese Beziehungen auf einen Beobachterstatus beschränkt oder dienten wie die Institutionen selbst einzig der Informationsvermittlung. Angesichts ihrer geringen Kompetenzen und der unzureichenden Vertretungsmöglichkeiten für den IBV wurden diese Institutionen nicht zum Bezugspunkt für eine kontinuierliche Politik[282]. In anderen Fällen scheiterte der IBV bereits bei dem Versuch, zumindest einen Beobachterstatus zu erhalten. Institutionen, die direkt oder indirekt für eine internationale Regulierung von Rohstoffmärkten zuständig sind wie der Internationale Zinnrat und die Blei- und Zink-

---

282 Zwischen 1951 und 1958 hatte der IBV Vertreter in den Kohlenausschuß und in den Elekrizitätsausschuß der OEEC entsandt. Diese durchweg als unzureichend und frustrierend erfahrene Teilnahme wurde 1958 eingestellt. – Seit Anfang der 50er Jahre nahm ein Vertreter des IBV an den regelmäßig stattfindenden Sitzungen des ECE-Kohlenausschusses der UN teil. Dieser Kohlenausschuß diente einem stetigen, gesamteuropäischen Informationsaustausch über die Entwicklung der Kohlenförderung und des Kohlenverbrauchs. Die Teilnahme lieferte dem IBV statistisches Material und aktuelle Informationen über die Entwicklung des Kohlenmarktes. Vgl. D. Lazorchick, 1962, S. 158–161.

Studiengruppe, wehrten solche Initiativen des IBV in den 60er Jahren erfolgreich ab[283]. Aber auch die Mitwirkungsmöglichkeiten, die die 1951/52 entstandene EGKS für Gewerkschaften bot[284], konnte der IBV nicht für eine systematische Interessenvertretung nutzen. Die Begrenzung der Montanunion auf die sechs kontinentalen Länder und die Bildung eines eigenständigen gewerkschaftlichen Koordinationsorgans (21er-Ausschuß, Montanausschuß) für die EGKS-Politik hatten zur Folge, daß der IBV nicht zum Forum für die Koordination und Vertretung der Bergarbeitergewerkschaften gegenüber der EGKS wurde[285]. Die wichtigste internationale zwischenstaatliche Organisation für den IBV blieb daher – wie in der Zwischenkriegszeit – die ILO.

»Globale Förderung der sozialen Gerechtigkeit durch Verbesserung der Lebens- und Arbeitsbedingungen, Schaffung neuer Beschäftigungsmöglichkeiten und durch die Anerkennung fundamentaler Menschenrechte« als programmatisches Ziel macht die ILO zu einem Forum für eine internationale Vertretung von Arbeitnehmerinteressen[286]. Begünstigt wird dies durch die dreigliedrige Struktur dieser UN-Organisation, indem neben Repräsentanten von Regierungen Arbeitgebervertreter und Gewerkschafter in den meisten Gremien vertreten sind. Schließlich auch durch ihre konkrete Aufgabenstellung, indem der ILO die Ausarbeitung internationaler Mindestnormen (Übereinkünfte/Konventionen und Empfehlungen) arbeitsrechtlicher und sozialpolitischer Art, die Entwicklung internationaler technischer Zusammenarbeit und arbeitswissenschaftliche Forschung, Dokumentation und Information obliegt.

Die ILO-Politik des IBV seit dem Zweiten Weltkrieg wurde entscheidend

---

283 Vgl. MIF, 40th International Congress, Hamburg, 1967, S. 22f.
284 Durch den Beratenden Ausschuß des EGKS war eine auf Anhörung und Stellungnahme begrenzte Mitwirkungsmöglichkeit von Gewerkschaftsvertretern der 6 EGKS-Länder geschaffen worden. Parallel dazu war 1952 ein gewerkschaftliches Koordinationsgremium geschaffen worden, der 21er-Ausschuß, dem neben Vertretern der nationalen Dachverbände und Metall- und Bergarbeitergewerkschaften auch jeweils ein Vertreter des IBV, des IMB und des IBFG angehörten. Nach Gründung der EWG wurde der 21er-Ausschuß aufgelöst und durch den Montanausschuß (Verbindungsbüro der Freien Berg- und Metallarbeitergewerkschaften) ersetzt. In ihm waren neben den nationalen Berg- und Metallarbeiterorganisationen auch der IBV und der IMB vertreten.
285 Dazu trug bei, daß die EGKS im IBV durchaus kontrovers eingeschätzt wurde und für die Mitgliedsverbände außerhalb der EGKS (insbesondere für die britische NUM und UMWA) kaum gewerkschaftspolitische Bedeutung hatte. Vgl. u. a. die Stellungnahme von A. Moffat (NUM), MIF, 35th International Conference, Luxemburg, 1951, S. 19f.; ferner IBV, 36. Internationaler Kongreß der Bergarbeiter, Dortmund, 1954, S. 94–99. – Dennoch beteiligte sich der IBV in den 50er und 60er Jahren an den Kosten für die Unterhaltung des Büros des 21er-Ausschusses bzw. Montanausschusses in Luxemburg.
286 G. Unser, 1985, S. 22.

durch die Einrichtung eines dreigliedrigen Industrieausschusses für den Kohlenbergbau 1945 gefördert[287]. Die Tagungen des Kohlenbergbau-Ausschusses der ILO stellen ein internationales Forum dar, das mehr oder weniger kontinuierlich die Erörterung branchenspezifischer Themen ermöglicht. Der Ausschuß verfügt über keine direkten Entscheidungskompetenzen und kann nicht unmittelbar auf die nationalen Arbeitsbedingungen einwirken. Seine mit einfacher Mehrheit zu beschließenden Resolutionen und Schlußfolgerungen unterliegen der Kompromißfindung zwischen den drei beteiligten Gruppen. Sie haben nur empfehlenden und appellativen Charakter gegenüber dem Verwaltungsrat der ILO.

Dennoch waren die Erwartungen an die Regelungsfähigkeit und an Initiativen der ILO Ende der 40er/Anfang der 50er Jahre weiter gespannt, als es die Aufgabenzuweisung und die Struktur der ILO zuließen und die Erfahrungen des IBV in den 30er Jahren rechtfertigten. Mit Hilfe der ILO versuchte der IBV erneut, eine internationale Regulierung der Kohlenförderung, des Verbrauchs, der Preisgestaltung, der Entlohnung und der Arbeitszeit zu erreichen[288]. Das Scheitern dieser Forderung und Mißerfolge bei dem Versuch, eine Arbeitszeitkonvention für den Kohlenbergbau durchzusetzen, führten nicht zu einer ablehnenden Haltung gegenüber der ILO, sondern zu einer realistischen Einschätzung ihrer Handlungsbedingungen[289]: daß die Normsetzung der ILO kein Ersatz für die Defizite nationaler Gewerkschaftspolitik sein kann, sondern einen Kompromiß zwischen den beteiligten Gruppen darstellt, mit dem Mindeststandards und allgemeine Prinzipien aufgestellt werden können[290]. Die Verabschiedung von Konventionen, Empfehlungen und Resolutionen wie deren Umsetzung und Anwen-

---

287 Der IBV hatte bereits 1942 die ILO aufgefordert, einen dreigliedrigen Weltkohlenausschuß zur Regulierung der Produktion, der Preise und des Verbrauchs einzurichten. Ähnliche Forderungen wurden auch von anderen IBS erhoben und lagen, unterstützt von der britischen Regierung, 1943/44 der ILO vor. Sie führten 1945 zur Einrichtung von 9 dreigliedrigen Industrieausschüssen, vgl. MIF, 34th International Conference, Amsterdam, 1949, S. 68 f.
288 Vgl. die vom Kongreß 1949 angenommene Resolution, MIF, 34th International Conference, Amsterdam, 1949, S. 45. Siehe Kap.: Kohlenbergbau- und Energiepolitik.
289 Vgl. IBV, 36. Internationaler Kongreß der Bergarbeiter, Dortmund, 1954, S. 41–52, 141–144.
290 Von Bedeutung war in den 50er Jahren die Novellierung der 1931 von der ILO-Vollversammlung beschlossenen und 1935 revidierten, aber nicht ratifizierten Arbeitszeitkonvention für den Kohlenbergbau. Mit geringerem Aufwand wurden Konventionen erreicht, die ein Verbot der Untertagearbeit für Frauen (Nr. 45, 1935), das Mindestalter für Jugendliche für Untertagearbeit (Nr. 123, 1965), medizinische Untersuchung für Jugendliche im Bergbau (Nr. 124, 1965) sowie die Berücksichtigung bergbauspezifischer Berufskrankheiten bei der Konvention über Kompensationsleistungen bei Berufskrankheiten (1925, 1934) regelten. – Die geringe Intensität, mit der seit den 60er Jahren Forderungen nach einer Arbeitszeitkonvention wiederholt wurden, war nicht zuletzt Folge der in den Industrieländern inzwischen erreichten Arbeitszeitregelungen für den Kohlenbergbau.

dung auf nationaler Ebene hängen von der Fähigkeit der Gewerkschaften ab, auf Regierungen und Arbeitgeber Einfluß auszuüben.

Neben den Bemühungen um die Verabschiedung von Konventionen und Empfehlungen versuchte der IBV die Kapazitäten der ILO für die Untersuchung berufsspezifischer Probleme (Arbeitssicherheit, Unfallursachenforschung im Bergbau, Berufskrankheiten etc.) zu nutzen[291]. Der Kohlenbergbau-Ausschuß, der zwischen 1945 und 1988 zwölf Tagungen abhielt[292], erwies sich in diesem Zusammenhang als ein wichtiges Forum zur Erörterung dieser Fragen. Die von den einzelnen Tagungen zu den sachbezogenen Themen beschlossenen umfangreichen Schlußfolgerungen können, obgleich ihnen keine bindende Wirkung zukommt, den Charakter von Leitlinien annehmen. Sie stellen internationale Standards fest, die auf nationaler Ebene als Handlungsorientierung dienen können[293]. Neben den Schlußfolgerungen zu den »technischen« Tagesordnungsthemen richtete der Kohlenbergbau-Ausschuß Forderungen für bestimmte Folgetätigkeiten an die ILO. Sie betrafen hauptsächlich Fragen der Arbeitssicherheit, der Unfallverhütung und des Gesundheitsschutzes. Zum Teil wurden sie von der ILO aufgegriffen und führten zu Expertentagungen und gegebenenfalls zu Mustersicherheitsbestimmungen[294].

Die Tagungen des Kohlenbergbauausschusses boten dem IBV auch ein internationales Forum, um Grundfragen internationaler Gewerkschaftspoli-

---

291 Siehe auch Kap.: Arbeitssicherheit und Gesundheitsschutz.
292 Tagungen des Kohlenbergbau-Ausschusses der ILO fanden statt: 1945, 1947, 1949, 1951, 1953, 1956, 1959, 1964, 1970, 1976, 1982 und 1988. Obwohl der IBV wiederholt forderte, alle zwei oder drei Jahre eine Tagung abzuhalten, nahmen seit Ende der 50er Jahre die Abstände zwischen den Tagungen aufgrund der begrenzten Ressourcen der ILO und von Bestrebungen, die auf eine Abschaffung der Industrieausschüsse gerichtet waren, zu.
293 Die »technischen Tagesordnungspunkte« umfaßten Fragen des Arbeitsschutzes, der Unfallverhütung, des Gesundheitsschutzes, der sozialen Sicherung, der Arbeitsbedingungen und der industriellen Beziehungen. U. a.: Beschäftigungssituation im Bergbau (1945), Ausbildung im Bergbau (1947), Umschulung für berufsunfähige Bergarbeiter, Arbeitszeit im Kohlenbergbau, Arbeitsschutz für jugendliche Bergarbeiter (1949), Produktivität und Rationalisierung im Bergbau, soziale Wohlfahrt (Gesundheitsversorgung, Wohnungsbau für Bergarbeiter) (1953), Arbeitssicherheit und Unfallschutz im Kohlenbergbau (1956), Prinzipien und Methoden der Lohnfestsetzung, industrielle Beziehungen (1959), Maßnahmen zur Staubunterdrückung und soziale Folgen des technologischen Fortschritts (1964), Beschäftigungssicherheit und soziale und Arbeitsbedingungen in Rezessionszeiten, soziale Folgen der Mechanisierung im Kohlenbergbau (1970), Berufsausbildung und Umschulung, Sicherheit und Gesundheit (1976), Pensionsregelungen, Beschäftigung und Ausbildung im Zusammenhang mit Gesundheitsschutz und Arbeitsschutz (1982), Arbeitssicherheit, Beschäftigungssituation und Folgen des technologischen Wandels (1988).
294 Beispielsweise wurde die Fachtagung der ILO über Verhütung von Unfällen durch Feuer und Elektrizität im Kohlenbergbau im Jahr 1957, die zwei Mustervorschriften zu diesen Themen erarbeitete, auch durch eine Entschließung des Kohlenbergbau-Ausschusses von 1956 angeregt, vgl. IBV, 37. Internationaler Kongreß, London, 1957, S. 13 f.

tik wie die Einhaltung von Gewerkschafts- und Menschenrechten, Stellungnahmen gegen die Apartheidpolitik Südafrikas oder industriespezifische Forderungen nach einer internationalen Energiepolitik in Form von Resolutionen vorzulegen und zu thematisieren[295].

Für den Nicht-Kohlenbergbau (NKB) gelang es dem IBV nicht, wie noch Anfang der 50er Jahre gefordert, eine Einbeziehung in den Kohlenbergbau-Ausschuß zu erreichen oder die Einrichtung eines eigenständigen ILO-Industrieausschusses durchzusetzen[296]. Eine problemorientierte Behandlung von Fragen des Nicht-Kohlen-Bergbaus im Rahmen der ILO fand in »dreigliedrigen technischen Tagungen« statt (1957, 1968, 1975, 1984 und 1990)[297].

Seit 1949 hatte der IBV die ILO aufgefordert, sich mit Fragen des Erzbergbaus zu befassen, Untersuchungen über Lebens- und Arbeitsbedingungen von Bergarbeitern in Ländern der Dritten Welt durchzuführen, ILO-Konventionen, die bislang nur für den Kohlenbergbau galten, auf den Nicht-Kohlen-Bergbau auszudehnen und eine Mustersicherheitsbestimmung auszuarbeiten[298]. Diese wiederholten Forderungen führten in den 50er Jahren lediglich zur Einberufung der ersten dreigliedrigen technischen Tagung für den Nicht-Kohlen-Bergbau (1957), die durch verschiedene Untersuchungen der ILO vorbereitet wurde. Thematisch umfaßte diese Tagung Fragen der sozialen Probleme im NKB, Unfallschutz und Unfallverhütung, Verhandlungsstrukturen für die Lohnfestsetzung und Lohnsicherung sowie allgemein Probleme der industriellen Beziehungen[299]. Neben den Schlußfolgerungen zu den »technischen« Tagesordnungspunkten forderten die

---

295 Z.B. die Anti-Apartheid-Resolution von 1964, vgl. MIF, 40th International Congress, Hamburg, 1967, S. 33; Resolutionen zur Energiepolitik wurden u.a. 1964, 1970 und 1975 verabschiedet.
296 Vgl. MIF, 35th International Conference, Luxemburg, 1951, S. 28, 68. Aus pragmatischen Gründen rückte der IBV von der Forderung nach Einbeziehung des Nicht-Kohlen-Bergbaus in den Kohlenbergbau-Ausschuß Anfang der 50er Jahre ab und verlangte die Einrichtung eines eigenständigen Ausschusses, vgl. IBV, 36. Internationaler Kongreß der Bergarbeiter, Dortmund, 1954, S. 32, 34. Siehe auch Kap.: Mineralbergbau-Politik.
297 Diese Form der Institutionalisierung war eine Folge der geringen Repräsentanz der NKB-Gewerkschaften im IBV. Sie ergab sich aber auch aus dem niedrigeren Stellenwert des Erzbergbaus im Vergleich zu den Problemen der Energieversorgung in der unmittelbaren Nachkriegszeit, als die Mehrzahl der ILO-Industrieausschüsse eingerichtet wurden. Diese institutionelle Vernachlässigung des NKB-Sektors resultiert aber auch aus der Heterogenität des Nicht-Kohlen-Bergbaus. Und sie ist ebenfalls eine Folge der Ansiedlung der Mehrzahl der Erzbergbaubetriebe in Ländern der Dritten Welt, insofern ein geringes Interesse vieler Regierungen und Unternehmen in diesen Ländern besteht, Arbeitsschutz- und Arbeitssicherheitsstandards etc. anzuheben und Gewerkschaften Mitwirkungsrechte einzuräumen.
298 Vgl. MIF, 35th International Conference, Luxemburg, 1951, S. 34, 67; IBV, 36. Internationaler Kongreß der Bergarbeiter, Dortmund, 1954, 32ff.
299 Vgl. IBV, 38. Internationaler Kongreß, Stockholm, 1960, S. 11–15.

Arbeitnehmervertreter die Einrichtung eines Industrieausschusses, ohne daß dieser wiederholten Forderung in den nächsten Jahrzehnten entsprochen worden wäre.

Die erst nach erheblichen Protesten des IBV einberufenen weiteren NKB-Tagungen befaßten sich immer wieder mit Grundproblemen der Arbeitssicherheit und des Gesundheitsschutzes, der Beschäftigungssicherheit und der gewerkschaftlichen Vertretungsrechte[300]. Sie waren zugleich Anlaß für die Arbeitnehmergruppe, die ILO aufzufordern, den Einfluß Multinationaler Konzerne auf die Arbeits- und Sozialbedingungen im Erzbergbau in Ländern der Dritten Welt, Probleme der Arbeitsplatzsicherheit, der Sozialpolitik und der Arbeitszeitregelungen zu untersuchen. Auf der letzten dreigliedrigen technischen Tagung für den Nicht-Kohlen-Bergbau (1990) konnte die Arbeitnehmergruppe Resolutionen durchsetzen, die eine stärkere Berücksichtigung des Umweltschutzes im Bergbau verlangten und Probleme von Kleinstbetrieben im informellen Sektor thematisierten[301].

Die Bedeutung der Fachtagungen und des Kohlenbergbau-Ausschusses der ILO für den IBV liegt nicht allein in der internationalen Sachdebatte, den orientierenden Richtlinien und Schlußfolgerungen und der Möglichkeit, Prinzipien gewerkschaftlicher Interessenvertretung international einzuklagen. Die ILO-Tagungen boten dem IBV seit Mitte der 50er Jahre, als die Bergarbeiter-Internationale vorbereitende Treffen der Mitgliedsverbände und der Arbeitnehmergruppe organisierte, die Chance, ihren Anspruch als repräsentative Bergarbeiter-Internationale gegenüber der WVA- und der WGB-Bergarbeiterorganisation zu manifestieren und ihre Koordinations- und Handlungsfähigkeit zu demonstrieren.

Hingegen zeigt die Behandlung der Richtlinien und Schlußfolgerungen der ILO-Tagungen durch den IBV ein erhebliches Handlungsdefizit bezogen auf die Umsetzung dieser Verhandlungsergebnisse auf nationaler Ebene. Auf Folgetätigkeiten, die z. B. die detaillierten Schlußfolgerungen der je-

---

300 Als technische Tagesordnungspunkte wurden u.a. behandelt Fragen der Beschäftigung und der Arbeitsbedingungen im Hinblick auf Schwankungen auf den internationalen Rohstoffmärkten, Ausbildungsmaßnahmen zur Erfüllung von Sicherheits- und Gesundheitserfordernissen (1968), Berufsbildung und Umschulung, Sozialleistungen für Arbeitnehmer (1975), Gesundheit der Arbeitnehmer unter Berücksichtigung der Auswirkungen der Arbeitsumwelt und der technologischen Veränderungen, Vereinigungsfreiheit, industrielle Beziehungen und Kollektivverhandlungen (1984), Arbeitsbedingungen und Rechtsschutz, Auswirkungen technologischer Veränderungen auf Arbeitsplätze und Berufsqualifikationen und Anforderungen an eine kompensierende Beschäftigungs- und Sozialpolitik (1990).
301 Vgl. IBV, 45. Kongreß des Internationalen Bergarbeiterverbandes, Luxemburg 1984. Bericht über die IAO 4. dreigliedrige technische Tagung für den Nichtkohlenbergbau, Genf 11.–19. 1. 1984, D/CON/84/7, S. 10–13; IBV, 47. Weltkongreß, Budapest, 1993, Tätigkeitsbericht 1989–1992, S. 96 f.

weiligen Tagungen aufgreifen und in ein international koordiniertes Aktionsprogramm für die Mitgliedsverbände umsetzen, hat der IBV bislang verzichtet. Ein Grund für dieses Defizit dürfte – neben der personellen und Ressourcenschwäche – in der Interessenlage der Gewerkschaften in den Industrieländern zu sehen sein, die der im Rahmen der ILO aufgestellten Mindeststandards kaum bedürfen.

# Perspektiven

Seit Mitte/Ende der 80er Jahre hat sich der IBV reaktiviert und reorganisiert. Eine seit Anfang der 90er Jahre wachsende Zahl von Mitgliedsverbänden und organisierten Mitgliedern in allen Regionen demonstriert diese Entwicklung ebenso wie die Intensivierung und Erweiterung von Aktvitäten durch die Ausdehnung des Schulungsprogramms, die Durchführung von Regionalkonferenzen, die Gründung einer europäischen Regionalorganisation (EBV) und die Konzipierung eines globalen Arbeitsschutzprogramms.

Einen wichtigen Faktor, der zur Expansion des IBV seit Ende der 80er Jahre beigetragen hat, stellt der politische Wandel in Mittel- und Osteuropa durch den Zusammenbruch der staatssozialistischen Systeme dar. Eine Folge dieses Umbruchs – mit globalen Auswirkungen – ist der Abbau des politisch-ideologischen Abgrenzungs- und Konfrontationsmusters des Kalten Krieges und der Blockbildung seit 1945/47. Diese tiefgreifende Veränderung in den Staaten Mittel- und Osteuropas hat zwar nicht die ältere richtungspolitische Spaltung der Gewerkschaftsbewegung aufgelöst, sie hat diese jedoch abgeschwächt, indem sich die parteipolitische Bindung und Abhängigkeit von bislang kommunistisch dominierten Gewerkschaften vermindert hat. Nicht zuletzt dadurch ist ein größerer Handlungsspielraum für die Kooperation bislang gewerkschaftspolitisch konkurrierender Organisationen entstanden.

Aufgrund dieser Entwicklung erweiterte sich das Mitgliederspektrum des IBV durch die Aufnahme von neugegründeten und reformierten Gewerkschaften in Mittel- und Osteuropa, aber auch durch den Beitritt von Organisationen wie dem spanischen Bergarbeiterverband (FEM) der Comisiones Obreras oder der peruanischen FNTMMSP, die gewerkschaftspolitisch bislang außerhalb der »freien Gewerkschaftsbewegung« verortet wurden. Der Abbau politisch-ideologischer Abgrenzungen erlaubt eine sachbezogene Kooperation mit bislang konkurrierenden, politisch dem WGB nahestehenden Regionalorganisationen wie der OATUU-Bergarbeiterorganisation African Federation of Miners' and Energy Workers' Trade Unions (AFMTU/FASME). Der IBV entwickelt sich damit zu einer globalen, potentiell für alle unabhängigen und demokratischen Bergarbeitergewerkschaften offenen Berufsinternationale, was nach dem Austritt der NUM aus dem IBV und der Gründung der IMO Mitte der 80er Jahre eher in Zweifel stand.

Das Mitgliederwachstum, insbesondere der Beitritt von Verbänden aus Afrika, Lateinamerika, Asien und Mittel- und Osteuropa, konfrontiert den IBV mit vielfältigen Erwartungen und Anforderungen an Unterstützung, Hilfeleistung und Beratung:

- So nehmen die Anforderungen von bisherigen und neuen Mitgliedsverbänden in den Ländern der Dritten Welt an das Schulungsprogramm sowohl quantitativ wie qualitativ hinsichtlich der Aufnahme neuer Problemfelder (Arbeitsschutz, Organisationsschulung, Rechtshilfe etc.) zu, während gleichzeitig die externen Finanzierungsmöglichkeiten Veränderungen und Einschränkungen unterliegen.

- Umfangreiche Initiativen und Aktivitäten sind angesichts der erheblichen Defizite in Bergbaubetrieben der Dritten Welt und in Mittel- und Osteuropa schwerpunktmäßig im Bereich des Arbeitsschutzes gefordert, um die Kenntnisse und die Ausbildung der Gewerkschafter auf diesem Gebiet zu verbessern und die Handlungskompetenzen der Gewerkschaften in diesem Bereich zu entwickeln. Aktivitäten richten sich sowohl auf die Unterstützung der Organisationen (u. a. im Rahmen des Schulungsprogramms) als auch auf die Entwicklung internationaler Standards durch eine angestrebte ILO-Konvention.

- Ein hoher Beratungs- und Informationsbedarf besteht insbesondere bei den Gewerkschaften in Mittel- und Osteuropa angesichts ihrer organisationsinternen Aufbau- und Umstrukturierungsprozesse, aber vor allem angesichts des radikalen Strukturwandels und der Modernisierung von Wirtschaft und Gesellschaft in den ehemals staatssozialistischen Ländern, die den vielfältig vernachlässigten Bergbau (geringe Produktivität, hoher Personalbestand, niedriges Arbeitssicherheitsniveau etc.) mit am stärksten betreffen. Der IBV hat zwar Grundsatzforderungen für den Umbau des Bergbaus in Mittel- und Osteuropa und für die Sicherung des Kohlenbergbaus als Primärenergieträger aufgestellt. Der vielschichtige Beratungs- und Unterstützungsbedarf übersteigt jedoch die Kapazitäten der Bergarbeiter-Internationale. Der IBV kann hier nur als Netzwerk von Gewerkschaften mit unterschiedlicher Erfahrung, Kompetenz und Unterstützungsfähigkeit fungieren und bilaterale Kontakte zu einzelnen westeuropäischen Gewerkschaften vermitteln.

- Die Entwicklung des europäischen Binnenmarktes, der auch ein europäischer Energiemarkt sein soll und die bisher überwiegend im nationalen Rahmen betriebene Energiepolitik (die zum Teil eine Schutzpolitik für den Bergbau darstellt) ablösen soll, verlangt eine stärkere Koordinierung der europäischen (Kohlen-)Bergbaugewerkschaften. Ein Schritt in diese Richtung stellt die Gründung des Europäischen Bergarbeiterverbandes (1991) als integrierte Regionalorganisation des IBV dar. Die Aufgaben des EBV als gesamteuropäische Organisation umfassen sowohl die energiepolitische Interessenvertretung, insbesondere gegenüber der Europäischen Gemeinschaft, als auch den Informationsaustausch, die Koordination und die Unterstützung der mittel- und osteuropäischen Gewerkschaften.

- Mit dem zunehmenden Engagement Multinationaler Konzerne (z.T. Erdölgesellschaften wie Shell, BP, EXXON) im Kohlenbergbau entstand in den letzten Jahren die Anforderung und die Möglichkeit, auf die Politik dieser Unternehmen gegenüber einzelnen Gewerkschaften durch internationale Aktionen Einfluß zu nehmen. Dies betraf bislang – abgesehen von Südafrika – »nur« die Tarifpolitik. Die Perspektive einer MNK-Politik des IBV strebt jedoch grundsätzlich die Einflußnahme auf die energiepolitischen Aktivitäten dieser Unternehmen an.

Die Fülle neuer Aufgaben, von denen hier nur einige aufgelistet sind, steht bislang in einem ernsten Spannungsverhältnis zu den verfügbaren Ressourcen. Die außerordentliche Zunahme an Mitgliedern hat nicht dazu beigetragen, die Ressourcenausstattung des IBV wesentlich zu verbessern. Der Bestand und die (ressourcenabhängige) organisatorische Handlungsfähigkeit des IBV basiert nach wie vor auf der Bereitschaft und Fähigkeit weniger Gewerkschaften in den Industrieländern, zumeist Kohlenbergbau-Gewerkschaften, zu hohen Beitragsleistungen. Dem steht zwar eine bemerkenswerte Entwicklung einzelner Organisationen, vor allem in Afrika, gegenüber, die national, regional und international an Einfluß und Handlungskraft gewonnen haben. Sie haben bislang jedoch kaum die Fähigkeit erlangt, die ressourcenbezogene Bestandsvoraussetzung des IBV mitzutragen. Das Strukturdilemma des IBV seit den 60er Jahren hat daher an Aktualität nichts eingebüßt.

Kontinuität kennzeichnet auch die sektorale Struktur und Interessenvertretung im IBV. Nicht zuletzt mit dem Beitritt mittel- und osteuropäischer Gewerkschaften haben Fragen des Kohlenbergbaus und der Energiepolitik an Bedeutung zugenommen. Und auch das wachsende Interesse an einer international koordinierten Politik und Interventionsfähigkeit gegenüber Multinationalen Konzernen reagiert vor allem auf das wachsende Engagement und die beherrschende Stellung dieser Unternehmen im Energiesektor. Der industriepolitische Handlungsschwerpunkt des IBV liegt daher Anfang der 90er Jahre auf der Kohle- und Energiepolitik. Diese Orientierung wird perspektivisch durch die angestrebte Fusion mit der ICEF zu einer »Energie-Internationale« verstärkt, zumal einer der wichtigsten Kooperationspunkte in der Entwicklung gemeinsamer Strategien gegenüber den »Energie-Multis« bestehen soll. Demgegenüber nimmt die sektorale Interessenvertretung des Mineralbergbaus nach wie vor einen geringeren Stellenwert ein. Es bleibt offen, ob diese Differenzen in der Interessenorientierung und -vertretung mittel- und langfristig desintegrative Kräfte freisetzen werden, da die Mehrzahl der Mitgliedsgewerkschaften aus Ländern der Dritten Welt bislang überwiegend oder ausschließlich in diesem Sektor tätig ist.

Entlastend gegenüber den divergierenden und potentiell desintegrativen sektoralen Handlungs- und Vertretungsinteressen wirken bislang noch unterschiedliche Handlungsanforderungen der Gewerkschaften in den Industrie- und in den Entwicklungsländern an den IBV. Für eine industrie- und wirtschaftspolitische Interessenkoordinierung und -vertretung dient(e) der IBV (und der EBV) insbesondere den europäischen Gewerkschaften bzw. den Gewerkschaften der Industrieländer. Für die Gewerkschaften in Afrika, Asien und Lateinamerika sind organisationsbezogene Aktivitäten – Schulungsprogramme, Arbeitsschutzfragen, Unterstützung bei Arbeitskonflikten – noch immer von großer, wenn nicht zentraler Bedeutung.

Noch nicht abzuschätzen für die weitere Entwicklung und insbesondere für die Integrationsfähigkeit des IBV sind auch die Folgen, die sich aus der Abkehr von dem bislang (mehr oder weniger zielgerichtet) aufrechterhaltenen Grundsatz ergeben, möglichst nur eine Bergarbeitergewerkschaft eines Landes aufzunehmen. Dieses Prinzip konnte der IBV gegenüber nationalen Organisationen zwar nicht in der Weise durchsetzen, daß von ihm geforderte Fusionen auf nationaler Ebene tatsächlich stattfanden. Die richtungspolitischen Differenzen hatten aber bislang dazu geführt, daß die Mitgliederstruktur des IBV bis auf wenige Ausnahmen faktisch diesem Grundsatz entsprach. Der Bedeutungsverlust politisch-ideologischer Abgrenzung und die Lösung der Gewerkschaften von parteipolitischen Bindungen hat das politische Spektrum der Mitgliedsverbände erweitert und den Beitritt konkurrierender Organisationen eines Landes ermöglicht. Ob durch Konflikte und Differenzen auf nationaler Ebene die Konsensbildung innerhalb des IBV erschwert wird oder ob die gewerkschaftspolitische »Entideologisierung« und die Kooperation im IBV Zusammenarbeit und Zusammenschlüsse auf nationaler Ebene anregen, läßt sich derzeit nicht abschätzen.

Der Organisationserfolg seit Ende der 80er Jahre konfrontiert den IBV mit verschiedenen innerorganisatorischen Problemen und zugleich wachsenden Erwartungen an seine Handlungs- und Aktionsfähigkeit. Die vom Kongreß 1989 eingeleitete, vom Kongreß 1993 beschlossene und für November 1995 vorgesehene Fusion mit der Internationalen Föderation von Chemie-, Energie- und Fabrikarbeiterverbänden (ICEF) erfolgt mit der Erwartung, eine handlungsfähigere, wirksamere Internationale zu bilden und zugleich dem Strukturdilemma des IBV (abnehmende Zahl und abnehmender Anteil beitragsfähiger Mitglieder in den Industrieländern) entgegenzuwirken. Die Entscheidung für eine Fusion wird darüber hinaus von unterschiedlichen Motiven und Ambitionen bestimmt, die weniger von der Politikfähigkeit der Bergarbeiter-Internationale als von nationalen Problemlagen (mit internationalen Bezügen) ausgehen. Offen bleibt, ob eine Vereinigung beider Internationaler Berufssekretariate die strukturellen Probleme des IBV tatsächlich überwinden wird. Offen bleibt auch, wie die unterschiedlichen und weiter differenzierten sektoralen Interessen nach einer Fusion, die vor allem auf eine Konzentration und Handlungsoptimierung im Energiesektor ausgerichtet scheint, berücksichtigt werden. Offen bleibt schließlich auch die zukünftige Integrations- und Verpflichtungsfähigkeit eines »berufsbezogen« unspezifischeren Berufssekretariats.

# Bildteil

*Abbildung 1: 1. IBV-Kongreß; Maison du Peuple de Jolimont, Belgien, Februar 1890*

Abbildung 2: IBV-Exekutivausschuß, Genf, 1920

Abbildung 3: *IGB-Komitee gegen Krieg und Militarismus, November 1921. Der Internationale Gewerkschaftsbund (IGB), der internationale Zusammenschluß der freien Gewerkschaftsbewegung, bemühte sich, die politischen Spannungen vor allem zwischen Frankreich und Deutschland abzubauen und einen erneuten Kriegsausbruch zu verhindern.*

Abbildung 4: Die deutschen Delegierten beim 29. Internationalen Bergarbeiterkongreß in Krakau, Mai 1930. Fritz Husemann (im Vordergrund 4. v. r.), der seit 1922 Mitglied im Exekutivkomitee des Internationalen Bergarbeiterverbandes war, wurde 1930 zum Vize-Präsidenten gewählt.

*Abbildung 5: Entschließung des Exekutivkomitees der Bergarbeiterinternationale vom 30. Juli 1931 zur Errichtung eines Völkerbundamtes für Kohlenwirtschaft.*

Abbildung 6: Gedenkblatt des Internationalen Bergarbeiterverbandes für Fritz Husemann, 1935

*Bildteil*

*Abbildung 7: IBV-Exekutivausschuß, Washington DC, Mai 1949. (In der Mitte sitzend) John L. Lewis, Vorsitzender der Bergarbeitergewerkschaft der UMWA (USA)*

Abbildung 8: 34. IBV-Kongreß, Amsterdam, 1949

*Bildteil*

Abbildung 9: Sitzung des Exekutivkomitees des IBV in Stockholm, August 1950

Abbildung 10: IBV-Mission nach Indien, Dezember 1952. (Von links nach rechts:) N. K. Bhatt, INTUC, Indien; H. Shah, Herausgeber der Gewerkschaftszeitung »Indian Workers«; E. Mattson, IBV-Vize-Präsident (Schweden); K. Desai, Präsident des INTUC; N. Dethier, IBV-Exekutivausschußmitglied (Belgien); H. Shastri, Generalsekretär des INTUC; D. Edwards, stellv. Generalsekretär des IBV; K. Metha, Sekretär, INMF (Indien)

Abbildung 11: IBV-Exekutivausschuß, London, 1953

Abbildung 12: IBV-Mission nach Nord-Rhodesien, März 1954

*Bildteil*

Abbildung 13: Tagung des Exekutivausschusses des Internationalen Bergarbeiterverbandes in Brüssel, 19.–21. 10. 1955

Abbildung 14: IBV-Exekutivausschuß, Belgrad, 1956. IBV-Exekutivausschußmitglieder im Gespräch mit dem Präsidenten Jugoslawiens, J. B. Tito

*Abbildung 15: 37. IBV-Kongreß, London, 1957*

*Abbildung 16: Interamerikanische Konferenz des IBV, Lima, 1957*

*Bildteil*

*Abbildung 17: IBV-Asien-Konferenz, Neu Delhi, 1961. (Von links nach rechts:) G. L. Nanda (Arbeitsminister, Indien); M. John (IBV-Vize-Präsident); E. Jones; D. Edwards, IBV-Generalsekretär; K. Mehta (Indien); Sakaba (Zentanko, Japan); Y. Haraguchi (Zenko, Japan); Nomita (Tanro, Japan)*

*Abbildung 18: 39. Internationaler Bergarbeiterkongreß in Wien, 1963. Nach dem plötzlichen Tod von Heinrich Imig wählte das Exekutivkomitee des IBV Nicolas Dethier (Belgien) zum Präsidenten (in der Mitte). Heinrich Gutermuth (rechts) übernahm 1963 die Präsidentschaft, und Dennis Edwards (links) wurde zum Generalsekretär gewählt.*

219

Abbildung 19: 39. Kongreß, Wien, Juni 1963

Abbildung 20: 39. Kongreß, Wien, Juni 1963

*Bildteil*

*Abbildung 21: IBV-Veranstaltung für ein soziales Europa, Dortmund, Juli 1964*

*Abbildung 22: IBV-Exekutivausschuß, Istanbul, Mai 1968. (Von links nach rechts:) D. Edwards, IBV-Generalsekretär; S. Das Gupta (Indien); R. Henly (vom Sekretariat); B. Ben Slimane (Tunesien); R. Padilla (Philippinen); L. Bacci (Italien)*

*Abbildung 23: IBV-Veranstaltung, Haltern, Juni 1974. (Im Vordergrund von links nach rechts:) Dennis Edwards, Manfred Schneider, Fritz Hartbrich, Klaus Südhofer*

*Bildteil*

Abbildung 24: 42. IBV-Kongreß, Neu Delhi, Indien, 1975

*Abbildung 25: 42. IBV-Kongreß, Neu Delhi, 1975. (Von links nach rechts:) Dennis Edwards, IBV-Generalsekretär; Adolf Schmidt, IBV-Präsident; Indira Gandhi, Premierministerin von Indien; Kantí Mehta, IBV-Vize-Präsident (Indien)*

*Abbildung 26: Peter Tait, Generalsekretär des IBV, auf dem 43. Kongreß des IBV, Juni 1979, Madrid*

*Bildteil*

*Abbildung 27: IBV-Präsident Adolf Schmidt auf dem 44. Internationalen Bergarbeiterkongreß in Essen, 1983. Die englische Bergarbeitergewerkschaft mit ihrem neuen Vorsitzenden Arthur Scargill verließ den Kongreß, nachdem der IBV sich gegen einen Zusammenschluß mit den kommunistischen Bergarbeitergewerkschaften ausgesprochen hatte.*

*Abbildung 28: 46. IBV-Kongreß in Harare, 8.–10. März 1989, Eröffnungsfeier*

Der Internationale Bergarbeiterverband 1890–1993

Abbildung 29: 46. IBV-Kongreß in Harare, 8.–10. März 1989. (Am Rednerpult:) Anders Stendalen (Präsident des IBV)

Abbildung 30: 46. IBV-Kongreß in Harare, 8.–10. März 1989. (Im Bild von links nach rechts:) Hans Berger, Heinz-Werner Meyer, Klaus Südhofer

*Bildteil*

Abbildung 31: 46. IBV-Kongreß in Harare, 8.–10. März 1989. Mitglieder der deutschen Delegation

Abbildung 32: Streikposten in Zonguldak, Türkei, Januar 1991. (4. v. links) Manfred Warda, IGBE; (4. v. rechts) Peter Michalzik, IBV-Generalsekretär; (2. v. rechts) Mikail Zopi mit türkischen Kollegen

Abbildung 33: IBV-Exekutivausschuß, Wien, 4.–5. Mai 1991. (Von links nach rechts:) Cyril Ramaphosa, Generalsekretär der NUM Südafrika; Kanti Mehta (Indien); M. Ersson (Schweden); Anders Stendalen, IBV-Präsident (Schweden); Peter Michalzik, IBV-Generalsekretär; Hans Berger (Deutschland)

Abbildung 34: IBV-Exekutivausschuß, Wien, 4.–5. Mai 1991. Cyril Ramaphosa, Generalsekretär der NUM Südafrika

*Bildteil*

*Abbildung 35: Interamerikanische Konferenz des IBV, Bogotá, Juli 1991*

*Abbildung 36: Internationale Arbeitsschutzkonferenz des IBV, Haltern, April 1992. (Von links nach rechts:) Damien Roland, Assistent des Generalsekretärs; Horst Brinkhoff, Berater des IBV; Peter Michalzik, IBV-Generalsekretär; Anders Stendalen, IBV-Präsident (Schweden); Kanti Mehta (Indien)*

*Abbildung 37: Internationale Arbeitsschutzkonferenz des IBV, Haltern, April 1992. Heribert Maier, Stellvertretender Generaldirektor der Internationalen Arbeitsorganisation (IAO)*

*Bildteil*

*Abbildung 38: »Der Zusammenschluß beider Internationalen wird nun vorbereitet.« Gemeinsame Sitzung des IBV-Präsidiums und des Geschäftsführenden Ausschusses der ICEF, Haltern, 9. April 1992. (Von links nach rechts:) 1. Reihe: Kanti Mehta (IBV), Anders Stendalen (IBV), Hermann Rappe (ICEF); 2. Reihe: Peter Michalzik (IBV), Eduardo Guarino (ICEF), Hans Berger (IBV); 3. Reihe: Uno Egberg (ICEF), James Motlatsi (IBV), Raul Balsells (ICEF), Richard Trumka (IBV), Michael D. Boggs (ICEF)*

*Abbildung 39: Aufmerksame Zuhörer bei der Sitzung in Haltern im April 1992. (Im Vordergrund) Kurt Hammer (Österreich); (im Hintergrund, letzte Reihe links:) Roland Houp (FO, Frankreich); (in der ersten Reihe von links nach rechts:) Peter Szabo (Ungarn); Ahmed Remilla (Tunesien); Roberto Padilla (Philippinen)*

Abbildung 40: Grubenfahrt vom IBV-Sekretariat/IGBE Internationale Abteilung auf dem Bergwerk Sophia Jacoba, Juni 1992

Abbildung 41: IBV-Generalsekretär Peter Michalzik im Gespräch mit dem ungarischen Staatspräsidenten Árpád Göncz im August 1992 in Budapest

*Bildteil*

*Abbildung 42: IBV/IGBE-Delegation in Südafrika, Dezember 1992. (Von links nach rechts:) Peter Michalzik, IBV-Generalsekretär; Nelson Mandela, Südafrika; Hans Berger (Deutschland); James Motlatsi, Südafrika; Cyril Ramaphosa, Südafrika*

*Abbildung 43: Sitzung des IBV-Präsidiums, Johannesburg, Januar 1994. (Von links nach rechts:) Antal Schalkhammer (Ungarn); Hans Berger (Deutschland); Peter Michalzik, IBV-Generalsekretär; Kanti Mehta (Indien); Anders Stendalen, IBV-Präsident (Schweden); James Motlatsi (Südafrika); John Maitland (Australien)*

Abbildung 44: IBV-Konferenz für Asien und den Pazifik, 4.–6. Oktober 1994, Manila. (Von links nach rechts:) Roberto Padilla, Vorsitzender der Bergarbeitergewerkschaft der Philippinen; Anders Stendalen, IBV-Präsident; Peter Michalzik, IBV-Generalsekretär

Abbildung 45: IBV-Konferenz für Asien und den Pazifik, 4.–6. Oktober 1994, Manila. Die IBV-Mannschaft im Gespräch mit Fidel V. Ramoz, dem Präsidenten der Philippinen.

*Bildteil*

*Abbildung 46: Eröffnung des 47. IBV-Kongresses im Mai 1993 in Budapest*

*Abbildung 47: Sitzung des Präsidiums, Cairns, Australien, 3. Mai 1995. (Von links nach rechts:) Peter Michalzik, IBV-Generalsekretär; Anders Stendalen, IBV-Präsident (Schweden); Richard Trumka, IBV-Vizepräsident (USA); Kanti Mehta, IBV-Vizepräsident (Indien); James Motlatsi, IBV-Vizepräsident (Südafrika); Hans Berger, IBV-Vizepräsident (Deutschland); John Maitland, IBV-Vizepräsident (Australien); Antal Schalkhammer, IBV-Vizepräsident (Ungarn)*

Abbildung 48: Mitglieder des IBV-Exekutivausschusses, Sitzung 4.–5. Mai 1995, Cairns, Australien. (Von links nach rechts:) 1. Reihe: Damodar Pandey, Jeffrey Mutandare, Roberto Padilla, Kanti Mehta, Anders Standalen, Hans Berger, Ahmed Djedidi-Remilla, H. Hüseyin Kayabasi; 2. Reihe: Antal Schalkhammer, Klaus Südhofer, Peter Michalzik, John Maitland, Robert K. Cole, Roland Houp, Rafael Varea Nieto; 3. Reihe: Uwe Persson, Tony McGrady (Bergbau- und Energieminister von Queensland, Australien), Richard Trumka, James Motlatsi, Matt Miller, Vitaly Budko, Kgalema Motlanthe

# Anhang

# Abkürzungsverzeichnis

| | |
|---|---|
| AALC | Africa American Labor Center (USA) |
| AFL | American Federation of Labor |
| AFL-CIO | American Federation of Labor and Congress of Industrial Organizations |
| AFMTU | African Federation of Miners' and Energy Workers' Trade Unions (FASME) |
| AMWZ | Associated Mineworkers of Zimbabwe |
| AWU-FIME | Australian Workers Union – Federation of Industrial, Manufacturing and Engineering Employees |
| BACM | British Association of Colliery Management (Großbritannien) |
| BAV | Bergbauindustriearbeiter-Verband (Deutschland) |
| BBC | British Broadcasting Corporation |
| BDSZ | Bányaipari Dolgozók Szakszervezeti Szövetsége (Ungarn) |
| bfr. | Belgischer Franc |
| CC.OO | Confederación Sindical de Comisiones Obreras (Spanien) |
| CGT | Confédération Générale du Travail (Frankreich) |
| CIO | Congress of Industrial Organizations |
| EBV | Europäischer Bergarbeiterverband |
| ECE | Economic Commission for Europe (Wirtschaftskommission der Vereinten Nationen für Europa) |
| EG | Europäische Gemeinschaft(en) |
| EGB | Europäischer Gewerkschaftsbund |
| EGKS | Europäische Gemeinschaft für Kohle und Stahl |
| EITUC | Emergency International Trade Union Council (IGB) |
| EWG | Europäische Wirtschaftsgemeinschaft |
| FEM | Federación Estatal Minera de CC.OO (Spanien) |
| FES | Friedrich-Ebert-Stiftung |

| | |
|---|---|
| FGMM | Fédération Générale des Mines et da la Métallurgie (CFDT, Frankreich) |
| FGOM | Fédération Générale des Ouvriers Mineurs (UGTT, Tunesien) |
| FNFOM | Fédération Nationale Force Ouvrière du Personnel des Mines, Minières, et de Transformation des Produits du Sous-sol |
| FNSS-CGT | Fédération Nationale des Travailleurs du Sous-Sol (CGT) |
| FNTMMSP | Federación Nacional de Trabajadores Mineros, Metalúrgicos y Siderúrgicos (Peru) |
| FNV | Federatie Nederlandse Vakbeweging |
| FO | Force Ouvrière |
| GRUV | Svenska Gruvindustriarbetareförbundet |
| IAMF | Interamerican Miners' (Mineworkers') Federation |
| IBA | Internationale Berufsabteilungen der Gewerkschaften (auch: IVG/TUI) |
| IBBH | Internationaler Bund der Bau- und Holzarbeiter |
| IBCG | Internationaler Bund Christlicher Gewerkschaften |
| IBFG | Internationaler Bund Freier Gewerkschaften |
| IBS | Internationale(s) Berufssekretariat(e) |
| ICEF | Internationale Föderation von Chemie-, Energie- und Fabrikarbeiterverbänden (International Federation of Chemical, Energy and General Workers' Unions) |
| IGB | Internationaler Gewerkschaftsbund |
| IGBE | Industriegewerkschaft Bergbau und Energie |
| IGCPK | Industriegewerkschaft Chemie-Papier-Keramik |
| IGO | International Governmental Organisation(s) |
| ILO | International Labour Organisation/International Labour Office |
| IMB | Internationaler Metallgewerkschaftsbund |
| IMO | International Miners' Organisation |
| INMF | Indian National Mineworkers' Federation |
| ISF | Internationaler Solidaritätsfonds |
| ITF | Internationale Transportarbeiterföderation |
| IVG | Internationale Vereinigung der Gewerkschaften (Branchenorganisationen des WGB) |
| KPD | Kommunistische Partei Deutschlands |
| LO | Landsorganisationen (Schweden) |
| MFGB | Miners' Federation of Great Britain |
| MIF | Miners' International Federation |

| | |
|---|---|
| MNK | Multinationale(r) Konzern(e) |
| MNU | Miners' National Union (Großbritannien) |
| MTUI | Miners' Trade Union International (WGB) |
| MUN | Minworkers' Union of Namibia |
| MUZ | Mineworkers' Union of Zambia |
| NACODS | National Association of Colliery Overmen, Deputies and Shotfirers (Großbritannien) |
| NUM | National Union of Mineworkers (Großbritannien) |
| NUM (SAF) | National Union of Mineworkers of South Africa |
| NVV | Nederlands Verbond van Vakverenigingen |
| OATUU | Organisation of African Trade Union Unity |
| OECD | Organisation for Economic Co-operation and Development |
| OEEC | Organisation for European Economic Co-operation |
| ORIT | Organización Regional Interamericana de Trabajadores (IBFG) |
| PSI | Public Services International |
| RGI | Rote Gewerkschafts-Internationale |
| RWG | Rat für gegenseitige Wirtschaftshilfe |
| SAF | Südafrika |
| SAMF | Southern Africa Miners' Federation |
| TCO | Tjänstemännens Centralorganisation (Schweden) |
| UGTT | Union Générale des Travailleurs de Tunisie (UGTT) |
| UMW | United Mine Workers (Australien) |
| UMWA | United Mine Workers of America |
| UN | United Nations (Vereinte Nationen) |
| UNCTAD | United Nations Conference on Trade and Development |
| WFTU | World Federation of Trade Unions |
| WGB | Weltgewerkschaftsbund |
| WVA | Weltverband der Arbeitnehmer |

# Tabellenverzeichnis

| | | |
|---|---|---|
| TABELLE 1: | Mitgliedergröße der IBV-Gewerkschaften auf den Kongressen 1907–1913 | 32 |
| TABELLE 2: | Steinkohlenproduktion in den wichtigsten Kohlenförderländern Europas und in den USA (1913–1935) | 48 |
| TABELLE 3: | Beschäftigte im Bergbau in Kohlenförderländern Europas und in den USA (1913–1935) | 48 |
| TABELLE 4: | Mitgliederentwicklung des IBV (1920–1938) | 51 |
| TABELLE 5: | Delegierte auf den Kongressen (1949–1993) | 91 |
| TABELLE 6: | Regionale Verteilung der Mitglieder des Exekutivkomitees (1989 und 1993) | 94 |
| TABELLE 7: | Besetzung der Leitungsfunktionen des IBV (1949–1993) | 96 |
| TABELLE 8: | Mitglieder des Büros bzw. der Präsidentschaft nach Ländern (1949–1993) | 97 |
| TABELLE 9: | Mitgliederentwicklung des IBV (1949–1991) | 105 |
| TABELLE 10: | Regionale Verteilung der Mitglieder (1986/1993) | 114 |
| TABELLE 11: | Größter Mitgliedsverband in den Regionen (1993) | 115 |
| TABELLE 12: | Beitragsfähigkeit der Mitgliedsverbände (1993) | 116 |
| TABELLE 13: | Beitragsleistungen der Mitgliedsverbände (1960–1985) | 128 |
| TABELLE 14: | Beitragsaufkommen nach Regionen (1988–1992) | 132 |
| TABELLE 15: | Verteilung der Einnahmen und Ausgaben (1988–1992) | 134 |
| TABELLE 16: | Kohlenförderung und Beschäftigung im Steinkohlenbergbau (1950–1985) | 139 |
| TABELLE 17: | Schulungsprogramme des IBV (1983–1990) | 166 |
| | | |
| SCHAUBILD: | Organisationsstruktur des IBV (Stand 1994) | 89 |

# Quellen- und Literaturverzeichnis

## Protokolle und Geschäftsberichte

International Miners' Congress, held at Jolimont, Belgium, May 20th, 21st, 22nd, and 23rd, 1890

Miners' Federation of Great Britain, International Miners' Conference, held in the Bourse du Travail, Paris, on the 31st March, 1891, and four following days, o. O., o. J.

Zweiter Internationaler Congress der Bergarbeiter, abgehalten am 31. März und am 1., 2., 3. und 4. April, 1891, in der Bourse du Travail, Paris, Officieller Bericht, London 1891

Miners' International Federation. Some Remarks upon the International Miners' Congress, held in Paris, 1891, and a short review of previous international congresses, by S. H. Whitehouse, o. O. 1891

Miners' International Congress, Third International Miners' Conference, held at the Westminster Town Hall, London, on the 7th June, 1892, and three following days, o. O., o. J.

Miners' Federation of Great Britain, Fourth International Congress, held at Brussels, May 22nd, 1893, and four following days, o. O., o. J.

Miners' Federation of Great Britain, The Fifth International Miners' Congress, held at the Concordia Saale, Berlin, on May 14th, 1894, and five following days. Full Report of Proceedings, o. O., o. J.

5. Internationaler Bergarbeiter-Kongress, in Berlin. Bearbeitet von F. Jones, Berlin 1894

Report of the Sixth International Miners' Congress, held in the Café du Globe, Paris, on Monday, June 3rd, and following days, 1895, o. O., o. J.

Report of the Seventh International Congress, held in the Golden Gate Hall, Aix-La-Chapelle, on Monday, May 25th, 1896, and 3 following days, London 1896

Protokoll des 7. Internationalen Bergarbeiter-Congresses zu Aachen. Abgehalten vom 25. bis 28. Mai 1896. Mit einem Vorwort von Heinrich Möller (Weitmar), Bochum 1896

Eigth International Miners' Congress, held at St. Martin's Town Hall, London, W., June 7th and the four following days, 1897, o. O., o. J.

Ninth International Miners' Congress, held at the Hotel Ronacher, Vienna, on Monday, August 1st, 1898, and four following days, o. O., o. J.

Tenth International Miners' congress, held at the Maison du Peuple, Brussels, on Monday, May 22nd, 1899, and four following days, o. O., o. J.

The Eleventh International Miners' Congress, held at the L'hotel des Societes Savantes, Paris, on June 25th, 1900, and following days, Manchester o. J.

The Twelfth International Miners' Congress, held at the Westminster Palace Hotel, London, on May 27th, 1901, and following days, Manchester o. J.

Special International Committee Meeting, held at the Lord Warden Hotel, Dover, on Thursday, Nov.[ember] 14th, 1901, o. O., o. J.

Thirteenth Miners' International Congress, held at Dusseldorf, Germany, May 19–23, 1902, Report of Proceedings, o. O., o. J.

Protokoll des 13. internationalen Kongresses der Bergarbeiter, abgehalten vom 19. bis 23. Mai 1902 in Düsseldorf, Bochum o. J.

Bericht vom 14. Internationalen Bergarbeiter-Kongress in Brüssel 1903, o. O., o. J.

Bericht vom 15. Internationalen Bergarbeiter-Kongreß, zu Paris vom 8. bis 12. August 1904, o. O., o. J. [Typoskript]

Internationaler Verband der Grubenarbeiter, Sechzehnter Internationaler Congress der Grubenarbeiter, abgehalten in dem Casino Gretoy, Lüttich, 7.–11. August 1905, Manchester o. J.

Internationaler Verband der Grubenarbeiter, Der Siebzehnte Internationale Kongress der Grubenarbeiter, abgehalten im Westminster Palace Hotel, London, Dienstag, den 5. Juni 1906, und an den folgenden Tagen, Manchester o. J.

Internationaler Verband der Grubenarbeiter, Der Achtzehnte Internationale Kongress der Grubenarbeiter, abgehalten im Kurhaus zu Salzburg, Österreich, am 16. September 1907 und an den folgenden Tagen, Manchester o. J.

Internationaler Verband der Bergarbeiter, Der Neunzehnte Internationale Bergarbeiterkongress, abgehalten im Saale des Café du Globe, Paris, Montag den 8. Juni und an den folgenden Tagen [1908], Manchester o. J.

Internationaler Verband der Bergarbeiter, Zwanzigster Internationaler Bergarbeiter-Kongress, abghalten im Gewerkschaftshaus, Berlin, Montag, den 31. Mai 1909, und an den folgenden Tagen, Manchester o. J.

Internationale Bergarbciterföderation, Einundzwanzigster Internationaler Bergarbeiterkongress, abgehalten im Maison du Peuple, Brüssel, Montag, den 8. August 1910 und an den folgenden vier Tagen, Manchester o. J.

Internationaler Verband der Bergarbeiter, Internationaler Bergarbeiter-Kongress, abgehalten im Westminster Palace Hotel, London, Montag, den 24. Juli 1911, und an den folgenden Tagen, Manchester o. J.

Internationaler Bergarbeiterverband, Bericht, Juli 1911, Thomas Ashton, Generalsekretär, Manchester o. J.

Internationaler Verband der Bergarbeiter, Dreiundzwanzigster Internationaler Bergarbeiterkongress, abgehalten im Concertgebouw, Amsterdam, Holland, Montag, den 8. Juli, 1912, und an den folgenden Tagen, Manchester o. J.

Internationale Bergarbeiterföderation, Sitzung des Internationalen Komitees, abgehalten im Westminster Palace Hotel, London, am Mittwoch und Donnerstag, 21. und 22. Februar, 1912, Manchester o. J.

Internationaler Bergarbeiterverband, Sitzung des Internationalen Komitees, abgehalten im Maison du Peuple, Brüssel, Freitag und Samstag, den 3. und 4. Mai, 1912, Manchester o. J.

Internationale Bergarbeiterfoederation, Bericht über die Sitzung des Internationalen Komitees, abgehalten zu Brüssel, im Maison du Peuple, am 28. Februar und ersten März 1913, [Manchester o. J.]

Internationaler Verband der Bergarbeiter, Vierundzwanzigster Internationaler Bergarbeiter-kongress, abgehalten im Hotel Weber, Karlsbad, Montag, den 21. Juli, 1913, und an den folgenden Tagen, Manchester o. J.

Internationale Bergarbeiterföderation, Sitzung des Internationalen Komitees, abgehalten zu Karlsbad während der Kongresswoche (21.–26. Juli 1913) und zu Paris am 29. Oktober 1913

Internationaler Bergarbeiterbund, Protokoll des 25. Internationalen Bergarbeiter-Kongresses, abgehalten im Maison du Faubourg in Genf vom 2. bis 6. August 1920, Bochum o. J.

Bericht der Versammlungen des Internationalen Bergarbeiter-Verbandes, Genf, Freitag, den 30. Juli, Sonnabend, den 31. Juli, Mittwoch, den 4. August und Freitag, den 6. August 1920. Brüssel, Montag und Dienstag, den 13. und 14. Dezember 1920. London, Montag und Dienstag, den 24. und 25. Januar 1921, London 1921

Internationaler Bergarbeiterverband, Sitzung des Komitees des Internationalen Bergarbeiterverbandes, abgehalten im Haag (Holland), am 1. August 1921, Wien, am 4. und 5. Oktober 1921, und in Amsterdam, am 14. November 1921, London 1921

Die Wirtschaftliche und Soziale Lage der Bergarbeiter im Jahre 1922. Angaben und Zahlen über Löhne und Arbeitsbedingungen der Bergarbeiter in Grossbritannien, Frankreich, Deutschland, Belgien, Österreich, der Tschechoslowakei und Italien. Vorgelegt dem XXVI. Internationalen Bergarbeiterkongress, Frankfurt a. M., August 1922, o. O., o. J.

Internationaler Bergarbeiterbund, Protokoll des 26. Internationalen Bergarbeiter-Kongresses, abgehalten im Volksbildungsheim in Frankfurt am Main vom 6. bis 11. August 1922, Bochum o. J.

Internationaler Bergarbeiterbund, Protokoll des 27. Internationalen Bergarbeiter-Kongresses, abgehalten in Prag auf der »Schützeninsel« (Strelnicky Ostro) vom 3. bis 8. August 1924, Bochum o. J.

Internationaler Bergarbeiterverband, Protokoll des 28. Internationalen Bergarbeiter-Kongresses, in Nîmes (Frankreich) vom 28. bis 31. Mai 1928, Bochum 1928

Internationaler Bergarbeiterverband, Protokoll des 29. Internationalen Bergarbeiter-Kongresses, vom 12. bis 16. Mai 1930 im Sitzungssaale des Rathauses in Krakau, Bochum 1930

Internationaler Bergarbeiterverband, Protokoll des 30. Internationalen Bergarbeiterkongresses in London, 13. bis 16. September 1932, Bochum o. J.

Internationaler Bergarbeiterverband, Berichte zum 30. Internationalen Bergarbeiter-Kongreß in London, vom 2. bis 5. August 1932, Bochum o. J.

31. Internationaler Bergarbeiter-Kongress in Lille (Nordfrankreich) vom 5. bis 9. August 1934, Saarbrücken o. J. [Bericht zum Kongreß]

International Miners' Congress, held at the Town Hall, Lille, France, Monday, August 6 [–9], 1934, o. O., o. J.

Internationaler Bergarbeiterverband, Bericht zum 32. Internationalen Kongress, abgehalten in Prag vom 3. bis 6. August 1936, London o. J.

International Miners' Congress, held at the Slovansky Ostrov, Prague, on the 3rd to 6th August, 1936, o. O., o. J.

Internationaler Bergarbeiterverband, Bericht zum 33. Internationalen Kongress, abgehalten in Luxemburg vom 23. bis 26. Mai 1938, London o. J.

Miners' International Congress, held in the Festival Hall, Municipality of Cercle, Luxembourg, 23rd to 26th May, 1938, London o. J.

Miners' International Federation, Special International Conference, held in Conway Hall, London, 1st May, 1942, London o. J.

245

Internationaler Bergarbeiterverband, Allgemeiner Bericht an den vierunddreissigsten Internationalen Kongress, abgehalten in Amsterdam, vom 5. bis 7. Oktober 1949, London o. J.

Miners' International Federation, Thirty-Fourth International Conference, held in the Krasnapolsky Hotel, Amsterdam, Holland, on the 5th and 6th October, 1949, London o. J.

Miners' International Federation, Thirty-Fifth International Conference, held in the Cercle Municipal, Luxemburg, on 20th, 21st, 22nd and 23rd August, 1951, London o. J.

Miners' International Federation, Thirty-Sixth International Congress, held in the Westfalen Halle, Dortmund, on 2nd, 3rd, 4th, 5th and 6th August, 1954, London o. J.

Der 36. Internationale Kongress der Bergarbeiter, Westfalen Halle, Dortmund, 2., 3., 4., 5. und 6. August 1954, o. O., o. J.

Internationaler Bergarbeiterverband, Bericht der Verfahren des Siebenunddreissigsten Internationalen Kongresses, abgehalten in County Hall, London, England, vom 17. bis 22. Juni 1957, London o. J.

Miners' International Federation, Report of Proceedings of Special International Congress on the Economic Situation in the Coal Mining Industry, held in Trade Union congress House, London, England, on 10th and 11th December, 1958, London o. J.

Internationaler Bergarbeiterverband, Bericht der Verfahren des Achtunddreissigsten Internationalen Kongresses, abgehalten in Folkets Hus, Stockholm, Schweden, vom 1. bis 5. August 1960, London o. J.

Miners' International Federation, Report of Proceedings of African Regional Miners' Conference, held in The Hall of Trade Unions, Accra, Ghana, 9th to 11th May, 1961, London o. J.

Internationaler Bergarbeiterverband, Verfahrensbericht des Neununddreissigsten Internationalen Kongresses, abgehalten im Franz-Domes Lehrlingsheim, Wien, vom 10. bis 14. Juni 1963, London o. J.

Miners' International Federation, Report of Proceedings of the Fortieth International Congress, held in Gewerkschaftshaus am Besenbinderhof, Hamburg, on 22nd to 26th May, 1967, London o. J.

Internationaler Bergarbeiterverband, Generalbericht und Tagesordnung, 41. Internationaler Kongress, Mounty Royal Hotel, London, 19.–23. Juli 1971, London o. J.

Internationaler Bergarbeiterverband, Zusammengefasster Bericht des Einundvierzigsten Internationalen Kongresses, abgehalten im Mounty Royal Hotel, London, 19.–23. Juli 1971, London o. J.

Internationaler Bergarbeiterverband, Generalbericht und Tagesordnung, 42. Internationaler Kongress, Vigyan Bhavan, New Delhi, Indien, 23.–27. März 1975, London o. J.

Internationaler Bergarbeiterverband, Zusammengefasster Bericht des Zweiundvierzigsten Internationalen Kongresses, abgehalten im Vigyan Bhavan-Zentrum, New Delhi, Indien, vom 23.–27. März 1975, London o. J.

Internationaler Bergarbeiterverband, Allgemeiner Bericht und Tagesordnung, 43. Internationaler Kongress, Hotel Convencion, Madrid, Spanien, 4.–8. Juni 1979, London o. J.

Internationaler Bergarbeiterverband, Ausschuss für Kohle und Energiepolitik, 43. Internationaler Bergarbeiter-Kongress, Hotel Convencion, Madrid, Spanien, 4.–8. Juni 1979, London o. J.

Internationaler Bergarbeiterverband, Bericht über den 43. Internationalen Kongress in Madrid, Spanien, 4.–8. Juni 1979, London o. J.

Internationaler Bergarbeiterverband, Bericht über den 44. Internationalen Kongress in Essen, Bundesrepublik Deutschland, am 16. und 17. Mai 1983, London o. J.

Internationaler Bergarbeiterverband, Allgemeiner Bericht und Tagesordnung, 44. Internationaler Kongress, Essen, 16.–20. Mai 1983, London o. J.

Miners' International Federation, 46th Miners' International congress, 8–10 March 1989, Harare, Zimbabwe, Speeches, Decisions, Resolutions, Brussels o. J.

Internationaler Bergarbeiterverband, 47. Weltkongress, Budapest, 12.–14. Mai 1993, Finanzbericht 1989–1992 und Bericht der Rechnungsprüfer, Brüssel o. J.

Internationaler Bergarbeiterverband, 47. Weltkongress, Budapest, 12.–14. Mai 1993, Umwelt, weltweite Energie- und Rohstoffsituation, internationale Märkte, Brüssel o. J.

Internationaler Bergarbeiterverband, 47. Weltkongress, Budapest, 12.–14. Mai 1993, Die Umstrukturierung des Bergbaus in Mittel- und Osteuropa: Eine Herausforderung an die Demokratie. Die Antwort der Gewerkschaften, Brüssel o. J.

Internationaler Bergarbeiterverband, 47. Weltkongress, Budapest, 12.–14. Mai 1993, Kooperation und Zusammenschluss von IBV und ICEF. Einen effizienteren Verband aufbauen, Brüssel o. J.

Internationaler Bergarbeiterverband, 47. Weltkongress, Budapest, 12.–14. Mai 1993, Arbeitsschutz im Bergbau. Das globale Aktionsprogramm des IBV. Internationale Konferenz über den Arbeitsschutz im Bergbau, Haltern, Deutschland, 11.–13. April 1992, Konferenzbericht und Schlußfolgerungen, Brüssel o. J.

Internationaler Bergarbeiterverband, 47. Weltkongress, Budapest, 12.–14. Mai 1993, Tätigkeitsbericht 1989–1992, Brüssel o. J.

# Literatur

Abelshauser, Werner: Der Ruhrkohlenbergbau seit 1945. Wiederaufbau, Krise, Anpassung, München 1984

Arnot, R. Page: The Miners: Years of Struggle. A History of the Miners' Federaton of Great Britain (from 1910 onwards), London 1953

Betz, Joachim: UNCTAD, in: Pipers Wörterbuch zur Politik (hrsg. von Dieter Nohlen), Bd. 5: Internationale Beziehungen. Theorien – Organisationen – Konflikte, hrsg. von Andreas Boeckh, München 1984, S. 490–497

Bieber, Hans-Joachim: Gewerkschaften in Krieg und Revolution. Arbeiterbewegung, Industrie, Staat und Militär in Deutschland 1914–1920, 2 Bde., Hamburg 1981

Brody, David: Arbeitsbeziehungen im amerikanischen Kohlenbergbau. Probleme einer Industrie im Wandel des Wettbewerbs, in: Feldman, Gerald D., Tenfelde, Klaus (Hrsg.): Arbeiter, Unternehmer und Staat im Bergbau. Industrielle Beziehungen im internationalen Vergleich, München 1989, S. 66–106

Buschak, Willy: »Arbeit im kleinsten Zirkel«. Gewerkschaften im Widerstand gegen den Nationalsozialismus, Hamburg 1993

Deinhardt, E.: Die Internationalen Beziehungen der Gewerkschaften, in: Sozialistische Monatshefte, 13. Jg. (1907), Heft 10, S. 835–847

Die Gewerkschaften in der Endphase der Republik 1930–1933, bearb. von Peter Jahn unter Mitarbeit von Detlev Brunner. (= Quellen zur Geschichte der deutschen Gewerkschaftsbewegung im 20. Jahrhundert, Bd. 4, hrsg. von Hermann Weber, Klaus Schönhoven, Klaus Tenfelde), Köln 1988

Feldman, Gerald D., Tenfelde, Klaus (Hrsg.): Arbeiter, Unternehmer und Staat im Bergbau. Industrielle Beziehungen im internationalen Vergleich, München 1989

Freund, Bill: South African gold mining in transformation, in: Stephan Gelb (ed.), South Africa's Economic Crisis, London 1991, S. 110–128

Gladen, Albin: Die Streiks der Bergarbeiter im Ruhrgebiet in den Jahren 1889, 1905 und 1912, in: Arbeiterbewegung an Rhein und Ruhr. Beiträge zur Geschichte der Arbeiterbewegung in Rheinland-Westfalen, hrsg. von Jürgen Reulecke, Wuppertal 1974, S. 111–148

Gold, Michael, Hall, Mark: Europaweite Informations- und Beratungsmaßnahmen in multinationalen Unternehmen: Auswertung der Praxis, Luxemburg 1992

Gottfurcht, Hans: Die internationale Gewerkschaftsbewegung im Weltgeschehen. Geschichte, Probleme, Aufgaben, Köln 1962

Herrmann, Karl-Georg: Der Internationale Bergarbeiterverband 1890–1939. Fallstudie einer internationalen Berufsorganisation, Diss., Ms, München 1985

Herrmann, Karl-Georg: Die Geschichte des Internationalen Bergarbeiterverbandes 1890–1993, Frankfurt a. M. 1994

Hue, Otto: Die Bergarbeiter. Historische Darstellung der Bergarbeiter-Verhältnisse von der ältesten bis in die neueste Zeit, Bd. 2, Stuttgart 1913

Koch, Max Jürgen: Die Bergarbeiterbewegung im Ruhrgebiet zur Zeit Wilhelms II. (1889–1914), Düsseldorf 1954

Koch-Baumgarten, Sigrid, Rütters, Peter (Hrsg.): Zwischen Integration und Autonomie. Der Konflikt zwischen den internationalen Berufssekretariaten und dem Weltgewerkschaftsbund um den Neuaufbau einer internationalen Gewerkschaftsbewegung 1945 bis 1949. Eine Quellenedition, Köln 1991

Kulemann, W.: Die Berufsvereine, 6. Bd., Berlin 1913

Kulemann, W.: Die Gewerkschaftsbewegung. Darstellung der gewerkschaftlichen Organisation der Arbeiter und Arbeitgeber aller Länder, Jena 1900

Lazorchick, Daniel C.: Miners' International Federation. An International Labor Study, Washington 1962

Leger, Jean: Coal mining: past profit, current crisis?, in: Stephan Gelb (ed.):, South Africa's Economic Crisis, London 1991, S. 129–155

Mielke, Siegfried (Hrsg.): Internationales Gewerkschaftshandbuch, Opladen 1983

Mommsen, Hans, Borsdorf, Ulrich (Hrsg.): Glück auf, Kameraden! Die Bergarbeiter und ihre Organisation in Deutschland, Köln 1979

Peukert, Detlev, Bajohr, Frank: Spuren des Widerstands. Die Bergarbeiterbewegung im Dritten Reich und im Exil, München 1987

Piehl, Ernst: Multinationale Konzerne und internationale Gewerkschaftsbewegung. Ein Beitrag zur Analyse und zur Strategie der Arbeiterbewegung im international organisierten Kapitalismus insbesondere in Westeuropa, Frankfurt a. M. 1974

Reulecke, Jürgen (Hrsg.): Arbeiterbewegung an Rhein und Ruhr. Beiträge zur Geschichte der Arbeiterbewegung in Rheinland-Westfalen, Wuppertal 1974

Rütters, Peter, Tudyka, Kurt P.: Internationale Gewerkschaftsbewegung – Vorbereitung auf den Europäischen Binnenmarkt, in: Michael Kittner (Hrsg.), Gewerkschaftsjahrbuch 1990, Köln 1990, S. 567–593

Rütters, Peter: Chancen internationaler Gewerkschaftspolitik. Struktur und Einfluß der Internationalen Union der Lebens- und Genußmittelarbeiter-Gewerkschaften (1945–1985), Köln 1989

Sassenbach, Johannes: Twenty-Fife Years of International Trade Unionism, Amsterdam 1926

Schevenels, Walter: Forty-Five Years International Federation of Trade Unions, 1901–1945. A historical Precis, Brüssel o. J. [1956]

Schevenels, Walther: Forty-Five Years International Federation of Trade Unions, 1901–1945, Brüssel o. J. [1956]

Stöckl, Ingrid: Gewerkschaftsausschüsse in der EG. Die Entwicklung der transnationalen Organisation und Strategie der europäischen Fachgewerkschaften und ihre Möglichkeiten zur gewerkschaftlichen Interessenvertretung im Rahmen der Europäischen Gemeinschaft, Kehl a. Rhein 1986

Tschirbs, Rudolf: Tarifpolitik im Ruhrbergbau 1918–1933, Berlin 1986

Tudyka Kurt P., Etty, Tom, Sucha, Marian: Macht ohne Grenzen und grenzenlose Ohnmacht. Arbeitnehmerbewußtsein und die Bedingungen gewerkschaftlicher Gegenstrategie in Multinationalen Konzernen, Frankfurt a. M. 1978

Unser, Günter: Internationale Arbeitsorganisation/IAO (International Labour Organization/ILO), in: Uwe Andersen, Wichard Woyke (Hrsg.), Handwörterbuch Internationale Organisationen, Opladen 1985, S. 22–25

Waldmann, Peter: Gewerkschaften in Lateinamerika, in: Siegfried Mielke (Hrsg.), Internationales Gewerkschaftshandbuch, Opladen 1983, S. 119–147

Wichert, Udo: 11. 3. 1933 – Der Modellfall Bochum, in: Manfred Scharrer (Hrsg.): Kampflose Kapitulation. Arbeiterbewegung 1933, Reinbek bei Hamburg 1984, S. 216–239

Wirtschaftsvereinigung Bergbau e. V. (Hrsg.): Das Bergbau-Handbuch, vierte, neubearb. Auflage, Bonn, Essen 1983

Wolfram, Adam: Bergarbeiter im Widerstand. (= Gedenkstätte Deutscher Widerstand Berlin: Beiträge zum Widerstand 1933–1945. Nr. 18.), 2. Auflage, Berlin 1985

9. Sonderheft zum Reichs-Arbeitsblatte. Die internationalen Beziehungen der deutschen Arbeitgeber-, Angestellten- und Arbeiterverbände, Berlin 1914

# Bildnachweis

IBV-Archiv Amsterdam: Abbildungen 1, 2, 7, 8, 9, 10, 11, 12, 13, 14, 15, 16, 17, 19, 20, 21, 22, 23, 24, 25, 26

IBV-Archiv Brüssel: Abbildungen 33, 34, 35, 36, 37, 38, 39, 41, 42, 43, 44, 45, 47 (Shannon Maitland), 48 (Shannon Maitland)

IGBE-Archiv Bochum: Abbildungen 3, 4, 5, 6, 18, 27

Franz-Josef Sonnen, Hückelhoven: Abbildungen 28, 29, 30, 31

Manfred Warda, Bochum: Abbildung 32

Werkzeitschrift Sophia Jacoba: Abbildung 40

BDSZ, Ungarn: Abbildung 46

# Personenregister

Abrahams, William  28
Arendt, Walter  96, 126
Ashton, Thomas  28, 31, 41 ff.
Augard, André  96

Banovic, John  94, 96
Bartuel, Casimir  42, 44, 53
Becker, Karl  65
BeLaid, Abdelaziz (= Abdelhamid Laid)  175, 176
Berger, Georg  62
Berger, Hans  96
Biever, Nicolas  78
Bilt, Christian van de  63
Blomqvist, Stig  165
Bolle, Martin C.  78
Botha, Pieter Willem  181
Bowman, James  74, 78 f.
Boyle, William Anthony  96
Brüning, Heinrich  58
Burt, Thomas  28

Cinger, Peter  35
Citrine, Walter  73
Coine, Désiré  52
Cook, Arthur James  43 f., 51, 55
Crawford, William  23, 25

Daly, Lawrence  96, 174
Deakin, Arthur  73
Defnet, Gustav  27
Déjardin, Joseph  42
Delattre, Achille  45 f., 52, 55, 57, 62, 71 f., 77, 78, 96, 98
Dethier, Nicolas  79, 96, 119, 138, 188
Dole, Elizabeth  154

Dufresne, Augustin  121
Duguet, Ferdinand Victorin  71

Edwards, Dennis  65, 96, 98, 129, 157
Edwards, Ebenezer (Ebby)  43, 45, 59, 63 f., 70 ff., 75
Evans, Sir Lincoln  66

Foday, Sahr S.  126, 130, 156, 159
Ford, Sydney  96
Foevie, Daniel K.  156
Frisch, Wilhelm  65

Gormley, Joseph  96, 129
Gutermuth, Heinrich  96

Haase, Emil  59
Keir Hardy, James  33
Harvey, William E.  35
Hindson, William  156 f.
Hodges, Frank  44 f., 50, 54
Horner, Arthur Lewis  73, 76, 78 f., 119, 141, 174, 184, 188
Hoyos, Dario  170
Husemann, Friedrich (Fritz)  52, 54, 62 f.

Imig, Heinrich  95 f.

Janecek  58
Jecny, F.  79
John, Michael  93, 96
Jones, Edward  96, 174
Jones, John T.  72, 79
Jones, William Ernest  96, 119, 174
Joyce, Jack  156 f.

Kemetmüller, Albert  162

251

Kennedy, Thomas 74, 119
Kirn, Richard 64 f.
Knöchel, Wilhelm 64 f.

Lawther, Sir William 70, 80, 96, 98, 119, 157, 161, 174, 187

Maitland, John 94, 96
Malan, Daniel François 104, 179
Malik, František 74, 79
Mattson, Eduard 50, 72, 79, 96, 114
Metha, Kanti 94, 96, 107, 126, 129, 154, 159, 161
Meyer, Heinz-Werner 94, 96
Michalzik, Peter 96, 98
Miller, Arnold 96, 129
Moffat, Abe 138, 193
Möller, Heinrich 23
Morel, Charles 119
Morris, W.B. 158
Motlatsi, James 94, 96, 183
Mugrauer, Hans 64 f.

O'Connor, James 96, 183
Oldenbroek, Jacobus H. 66
Olyslaegers, Jan 96, 98, 121, 129, 152, 181
Ovalle, Manuel 155
Overaas, Harald 172
Özer, Kemal 174

Padilla, Roberto 96
Parrott, William 34
Paynter, (Thomas) William 96, 142
Pickard, Benjamin 28 f.
Pohl, Adolf 58

Ramaphosa, Cyril 183
Richardson, William P. 43
Rivas, Cristhian 170
Roberts, James George 126, 156 ff.
Roland, Damien 101

Sachse, Hermann 39
Saunders, Keith H. 179, 191
Scargill, Arthur 121
Schalkhammer, Antal 95 f.
Schevenels, Walter 66, 73 f., 76
Schirmacher, Hans 126, 162
Schmidt, Adolf 96, 174
Schmidt, August 62
Smillie, Robert 41
Staal, Adolf 59, 187
Stanczyk, Jan 58
Stark, Simon 32
Standalen, Anders 94, 96, 152, 177
Swan, Barry 108

Tait, Peter 96, 98
Tanner, Jack 66
Tarasov, Mikhail Petrovich 77
Thatcher, Margaret 121
Touret, Roger 188
Trumka, Richard 94, 96

Vigne, Pierre 55, 59, 64
Vogt, Franz 63 ff.

Wagner, Gerrit Abram 152
Watanabe, M. 119